公民关系管理

政府治理中的客户关系管理研究

Citizen Relationship Management

A Study of CRM in Government

[美] 亚历山大·舍隆 (Alexander Schellong) 著
杨光煜　尚　翔　等译

中国财富出版社

图书在版编目（CIP）数据

公民关系管理：政府治理中的客户关系管理研究/（美）舍隆著；杨光煜等译．—北京：中国财富出版社，2015.1

ISBN 978-7-5047-5438-7

Ⅰ．①公… Ⅱ．①舍… ②杨… Ⅲ．①公民—关系—国家行政机关—行政管理—研究 Ⅳ．①D035

中国版本图书馆 CIP 数据核字（2014）第 244119 号

Alexander Schellong：Citizen Relationship Management

ISBN：978-3-631-57844-5

著作权合同登记号 图字：01-2013-8401

策划编辑	寇俊玲	**责任印制**	方朋远
责任编辑	丁美霞 辛倩倩	**责任校对**	梁 凡

出版发行	中国财富出版社		
社 址	北京市丰台区南四环西路 188 号 5 区 20 楼	**邮政编码**	100070
电 话	010-52227568（发行部）		010-52227588 转 307（总编室）
	010-68589540（读者服务部）		010-52227588 转 305（质检部）
网 址	http://www.cfpress.com.cn		
经 销	新华书店		
印 刷	北京京都六环印刷厂		
书 号	ISBN 978-7-5047-5438-7/D·0115		
开 本	710mm×1000mm 1/16	**版 次**	2015 年 1 月第 1 版
印 张	18	**印 次**	2015 年 1 月第 1 次印刷
字 数	343 千字	**定 价**	30.00 元

谨以此书献给我的父母

泽塔·舍隆和独立聘任医学博士导师胡贝图斯·舍隆

何种政府是最好的？就是那种教会我们如何管理我们自己的政府。

——约翰·沃尔夫冈·歌德（1749—1832）

并非所有重要的东西都计算得清楚，也并非所有计算得清楚的东西都重要。

——艾尔伯特·爱因斯坦（1879—1955）

作者简介

亚历山大·舍隆，哈佛大学肯尼迪政府管理学院的研究员，美国剑桥数字化政府治理、网络化政府治理项目国家研究中心研究员。先后在哈佛大学（美国）、蒙特雷科技大学（墨西哥）、东京大学（日本）、埃尔福特大学埃尔福特公共政策学院（德国）任教。其在德国法兰克福大学获得政治学硕士和经济学博士学位，主要专注于研究技术发展对于组织的影响以及以客户为导向的管理实践，同时就这些方面或其他议题为本地及国际公共或私营组织提供咨询。

译者简介

杨光煜，女，任职于天津财经大学管理信息系统系。主要科研方向为客户关系管理。长期以来关注并致力于客户关系管理在企业管理、政府治理以及高校管理中的应用与发展。曾发表论著《客户服务的商业实施》；主持开发了天津市档案局项目“客户资源档案管理系统”与天津市教委项目“中小企业客户关系管理模式研究与软件系统开发”。

尚翔，男，任职于天津财经大学管理信息系统系。主要研究方向为数据库、数据仓库、数据挖掘技术的研究与应用。目前主要从事有关人口信息系统及人口与经济发展理论及方法的研究。曾发表论著《企业战略决策最佳路径理论研究》；主持了天津市科委项目“主动数据库中间件系统”的开发工作。

译者序

20世纪末期，全球经济一体化给各国提供了更新、更广的竞争舞台。随着社会经济的发展，公民对政府提供的公共产品与服务的质量都提出了更高的要求。而与此同时，许多国家的政府机关却由于种种原因导致政府效率低下，远不能满足公众的需求。同时，大众传播媒介（尤其是互联网）的普及带来的监督作用，致使政府和公共部门的活动无时无刻不在受到公众的审视和评判。为了适应新的竞争态势，在新管理主义思潮的影响下，西方大部分发达国家均出现了大规模的政府再造运动。在政府再造过程中，西方社会政府规制理念的变化为服务型政府的培育提供了沃土。在我国，从2002年政府工作报告初次提出、2003年正式提出把服务职能转到经济调节、市场监管、社会管理和公共服务上来之后，直至2010年提出要努力建设人民满意的服务政府，全面增强基本服务能力，可以看出，近年来，发展公共服务、建设服务型政府业已成为我国发展的重要国策。

随着服务型政府概念的提出和以公众满意度为目标的政府改革步伐的推进，强调让服务对象满意的，“以客户为中心开展个性化服务，最大限度地满足客户需求以提高客户满意度”的，已被广泛地运用于企业管理的客户关系管理（Customer Relationship Management，CRM）理念也逐渐被引入政府治理中。国内外的许多成功经验也充分证明，在政府治理中引入客户关系管理理念，有助于政府拓展与企业、公众的沟通渠道和沟通方式，有利于政府为各政府部门、企业和公众提供个性化的服务，可使政府真正实现为民服务的宗旨，进而改善政府在公众心目中的形象，真正令公众满意。

作为一名高校教师，更作为一位将客户关系管理、电子商务与政府治理、电子政务作为研究方向的跨领域研究人员，长期以来，本人一直在关注并致力于客户关系管理在企业管理、政府治理以及高校管理中的应用与发展。近年来，全球一体化经济与新公共管理理论引发的政府再造风暴为客户关系理念在政府治理中的应用所带来的良好契机也使我得以以西方发达国家的政府改革为参照，将自己的研究向纵深发展。在研究政府如何经营好与公民之间的关系，获取较高的公民满意度，进而提升政府的执政能力与竞争优势的时候，我一直找不到一本比较权威的系统地描述如何处理政府与公民之间关系的得力的参考书。在我得到舍隆先生这本《Citizen Relationship Management》时，不免欣喜若狂。尤其是看到书名下面那个“A Study of CRM in Government”副标题时，更有一种如获至宝的感觉。在我如饥似渴地浏览完整本书之后，当下决定将其翻译出来，以供那些有志于研究将客户关系管理有效运用于政府治理的同行们参考。同时，也将其作为我的研究生们的主要参考书。

本书作者亚历山大·舍隆（Alexander Schellong）先生为哈佛大学肯尼迪政府管理学院的研究员，剑桥数字化政府治理国家中心、网络化治理项目的研究成员。他一直以来在哈佛大学（美国）、蒙特雷科技大学（墨西哥）、东京大学（日本）以及埃尔福特大学埃尔福特公共政策学院（德国）等多家高校任教。作者重点研究技术发展对于组织的影响以及以客户为导向的管理实践，曾发表过多篇学术论文，出版过多本专著及案例集。作为国内外一些公共和私营组织服务领域的顾问，舍隆也有着丰富的实践经历。他的观点、见解和经验颇受业界人士的推崇。

本书中，作者在肯定了CRM在政府治理中的积极作用（鉴于CRM所具有的通用性，政府机关对其加以应用，就能够加强政府对公众的服务，体现以公民为中心的原则，并提高政府机关的办事效率，简言之，CRM能够改善政府与民众的关系，并能提高政府公众服务的水平）的前提下，在进行了大量调研工作、研究了多部相关文献（文献涉及的领域包括政治科学、行政科学、商业管理和信息科学等）的基础上，跨学科地对CRM进行了探讨，提出了公民关系管理模型。为了清晰地描述CRM在政府行政中的应用，作者在本书中用“CiRM”来表示公民关系管理（Citizen Relationship Management）。作者从美国地方政府的CiRM第一手资料入手，描述了行政官员对于CiRM的理解以及CiRM在多级市和多个司法环境下的实施与影响。其所进行的研究填补了有关公民关系管理的学术空白。

鉴于美国进行的CiRM实证研究具有试验性，CiRM在实际中推广具有一定的现实意义，CiRM的概念和一些经验教训对于政府部门、管理咨询公司或技术公司也具有指导意义。正如作者所说，本研究为CiRM研究者对该问题的系统化研究提供了理论基础及清晰的研究框架，CiRM的一些衍生概念也有待学者们进行彻底的探讨。

从辗转购得舍隆先生专著时的欣喜若狂，到为译著争取版权时的焦灼难耐，从翻译专著时的迫不及待，到审编校对时的小心翼翼，再到完稿后的如释重负，我的心路历经了太多的演变，可谓好事多磨。如今，当我们将审校好的译稿交递给出版社、等待译著出版的时候，我又犹如一个经历了十月怀胎艰辛的待产者，忐忑着，殷切地，盼望着那幸福的降临。

而此时此刻，对于在此书出版过程中给予过支持和帮助的朋友们，我内心更多的，还是感激满怀！

首先，我要向中国财富出版社的寇俊玲女士致以深深的谢意！如果没有她锲而不舍的积极努力，译著的版权将无从争取。我曾经想过放弃，但她的支持让我坚持着等来了佳音。对于出版社的辛倩倩女士，我也满怀感激。在译稿的审校过程中其不厌其烦地与我们进行沟通，细致入微地给我们提出修改建议。既要尊重译者的意见，又要保证译著的质量，还要顾及段落、格式与原文的对应，其工作的艰辛是可想而知的。在此，我要对寇俊玲和辛倩倩致以诚挚的敬意！

其次，我还要对和我一起翻译本书的我们天津财经大学商学院管理信息系统系的同事们表示感谢。本书第一章及附录由尚翔老师翻译；第二章由笔者翻译；第三章及第六章由单春玲老师翻译；第四章由王悦老师翻译；第五章及前言部分由陈洁老师翻译。正是我的同事们的辛勤努力与无私付出才使本译著得以如期交付。此外，我也要感谢我的研究生们。如果没有阎锦和姜姗姗的加盟，需要保持原文的附录与参考文献部分的英文录入，我一个人全然不可能在几天之内顺利完成。

在这里，我还要特别感谢天津外国语大学的田路老师。尽管我和我的同事在翻译过程中精心细做，但还是受限于我们的英文水平，翻译的初稿甚是粗陋。田路老师几乎是字斟句酌地将我们的译稿与原文进行了比对，从句法到用词，都为我们一一把关。当我看到译稿中那密密麻麻的审阅批注时，内心的感激之情是无以言表的。

在此，我要再一次由衷地对那些支持和帮助过本书出版的朋友们道一声：谢谢！

本书力争成为有志于客户关系管理在政府治理中的有效运用的同人们难以释卷的实用案本，也将作为我的研究生们的极具价值的参考书。尽管如此，由于本人经验有限，加之成书仓促，错误和问题在所难免。书中不妥之处，还望业界前辈和同人以及广大读者不吝赐教。

杨光煜

2014 年 7 月 8 日　于天津

致 谢

我关注到在世界范围内，目前政府治理方面对于以公民为导向的执行与承诺之间仍存在巨大的差距，我开始进行这项研究致力于弄清楚在私有企业管理领域被称为客户关系管理的这项实践是否可以有效地运用到政府治理方面。我时常意识到客户关系管理的某些方面与政府治理有异曲同工之处。这项研究应该允许研究者和实践者更好地理解、应用或者研讨公民关系管理。

该项专题研究的完成也意味着我的人生中一段兴奋且充满挑战的时光的结束。在进行这项专题研究的过程中，我有机会在铺满长春藤的围墙的哈佛大学和坐落在世界上最生动城市之一的东京大学度过。对于那些对此次专题研究做出过贡献的朋友的感激之情我无以言表。

首先，我要向我的导师迪特尔·曼斯教授致以深深的谢意，感谢他一直以来对我充满了信任和信心。对于我的许多想法，他都持开放和支持的态度，这一点是这项专题研究能得以成功完成的关键。他认真倾听并且对值得商榷的地方提出疑问，但是最终允许我以自己的方式去探究。同时，我还要感激我的第二位导师约瑟夫·埃瑟教授和国防委员会成员克劳斯·阿勒贝克教授、覃佳·布鲁赫教授以及安德鲁斯·诺克教授。

我还要特别感谢珍·芳顿教授和大卫·雷泽教授，他们邀请我到政府数字治理国家中心，对我在研究者这条道路上的发展以及这项专题研究的结构都产生了深刻影响。没有他们的支持，此项研究无法达到目前的状态，也无法获得像哈佛大学这样的机构的可利用资源。而且，大卫还将我引入社交网络这一有趣的领域。事到如今，任何事物都是相互联系的。

对于那些参与我的采访的朋友，我也心怀感激。他们中没有一位拒绝我的求助。与此相反，我得到的帮助远远超过我的预期。所有的参与者都允许我去观察、互动、提问任何问题，从中获得与此次研究有关联的或无关联的深刻的见解。我开始意识到在构建公共价值方面充满了挑战。我尤其尊敬那些我从公共服务领域获得电话而取得联系的朋友。不幸的是，由于我向他们承诺匿名，这样我就不能说出他们其中很多人的名字以表感谢。要特别感谢来自迈阿密州戴德郡的支持，尤其是朱迪和她的家人的资助。她的领导方式、改革精神以及远瞻性对我的研究是一个极大的鼓励。同时，我要感谢该郡的管理者乔治·伯吉斯、贝琪·格罗沃和洛雷塔·克罗恩科。正是由于埃利奥特·施兰格的帮助，才使我得以在巴尔的摩开展研究并且能参与到 CitiStat 会议。泰德·奥基夫帮助我在芝加哥的研究打开了渠道。詹森·雷萨极其耐心地回复了我几乎所有的要求，并且完美地安排了采访活动。对于像纽约市这样的地方，基诺·门基尼、迪恩·施罗耶和劳伦斯·科耐弗几位专家对于公共管理的复杂特性都给出了见解。我还要感谢来自盖特纳公司的约翰·考斯特、来自 Winboume & Costas 咨询公司的杰夫·温伯恩以及来自埃克森咨询公司的马克·霍华德，他们为了支持此次研究，开放并共享了各自的专业知识和网络。

我想对奥村裕一先生表达谢意。奥村先生让我对日本文化的理解进一步加深，也为我在日本进行的研究活动提供了各种帮助。对于政府的新的政策、方针以及文化的差异性，日常的相互对话都是十分珍贵的东西。我也想感谢东京大学法学政治学研究科的城山英明教授，因为受邀到日本，我才拓展了自己的研究视野。另外，对在其他方面帮助我的佐藤邦子小姐、毛利美都代小姐、藤井秀之小姐，我也要表示感谢。

在与我的同事们以及在此次专题研究过程中遇到的同僚的互动与反思过程中我也受益匪浅。伯尼尔·卡希尔、托马斯·朗根伯格、柯特·奇尼耶尔、杰夫·博厄斯、珍妮·曼吉斯、比吉特·拉布尔、安德鲁·费尔德曼，我与这几位在哈佛的同事一直保持着朋友的关系，我要特别感谢伊内丝·莫吉尔教授。与肯尼迪学院几位同僚的研讨对完善我的思路结构是一个很大的帮助，促使我找到了一些进行研究的新途径。鲍勃·贝恩教授在绩效管理和 CitiStat 系统方面给予了我很多指导。杰瑞·梅克林教授带我进入其所进行的行政教育项目“网络世界的领导力”，使我意识到跨界合作和 ICT 领域存在的挑战。菲利普·穆勒教授在我的学术研究以及非学术的生活的很多方面都是一位良师益友，他对人们充满了信任。

约翰·沃尔夫冈·歌德研究生奖学金和西门子 AG 博士奖学金对此次研究给予了资助。在这里，我也要感谢杰尔达·郑、卡尔·克鲁格、托马斯·戴尔教授以及亚历山大·冯·艾德曼斯多夫先生。

最后，我对大力支持此次研究项目的所有朋友和家人表达深深的感激，特别是我的父母，是他们一如既往的支持成就了今天的我，并且使我能在我的研究领域取得今天的成绩，感谢你们！

缩写列表

115	德国联邦政府为非紧急情况公共服务保留的呼叫号码
211	美国联邦政府为社交和公共健康相关领域公共服务保留的呼叫号码
311	美国联邦政府为非紧急情况服务保留的呼叫号码
411	美国联邦政府为查询电话号码服务保留的呼叫号码
511	美国联邦政府为交通信息查询服务保留的呼叫号码
911	美国联邦政府为紧急情况公共服务保留的呼叫号码
B2C	企业对消费者的电子商务模式
B2G	企业与政府之间通过网络所进行的交易活动的运作模式
BmI	德国联邦内政部
BPA	业务流程分析
BPR	业务流程重组（再造）
CAS	电脑自动销售
C	公民
C2C	消费者与消费者之间的电子商务模式
CIO	企业首席信息官
CiRM	公民关系管理
CitiStat	绩效管理系统
CitiTrack	客户服务请求软件系统
CLI	主叫线路识别
CLV	客户终身价值
CiLV	公民终身价值
CRM	客户关系管理
CSA	客户服务倡导者
CSR	客户服务代表（接线员）

CTI	计算机电话集成
CompStat	起源于纽约警察局的“情报引导警务”模式
DMV	机动车辆管理部
DOD	国防部
DOB	建设部
DoITT	信息技术和电信部
DOS	卫生部
EA	企业架构
eGov	电子政务
EO	当选的官员
ERP	企业资源规划
FCC	联邦通信委员会
G2C	政府对公民的电子政务模式
GIC	政府信息中心（迈阿密州戴德郡）
GIS	地理信息系统
ICT	信息和通信技术
IRS	美国国内税收总署
IVR	语音应答系统
KGSt	德国公司名
MBO	目标管理
NAO	国家审计局
NPM	新公共管理
NPR	国家绩效评估
NSM	新控制模式
NYPD	纽约市警察局
OLAP	在线联机分析处理
PA	公共行政
PPP	公共部门与私营企业合作模式
RM	关系营销
SEM	结构方程建模
SES	社会经济地位
SOA	面向服务的体系架构

SR	服务请求
TQM	全面质量管理
VoIP	IP 语音
ZBO	零基预算法

目　录

图目录

表目录

1　介绍/导语

国家政府机关，特别是负责公共服务的行政部门，在公民的生活中占有十分重要的地位。20 世纪 80 年代，当很多民主国家面临经济停滞的时候，这些国家的政府机关，却由于条条框框过多和官僚作风，导致政府行政效率低下。民众因此对政府产生了信任危机。迫于压力，各国政府于 50 年来首次重新考虑其行政模式问题。所有这些因素促使全球许多国家的政府开始重新定位政府与公民的关系。其中一个共同的目标是：让政府更加为公众着想，并且为公众提供更便利的公众服务。后来（随着网络技术的发展），各国政府都将互联网作为反馈民众意见、加强国家管理的重要手段（Fountain，2001a）。

面临日趋激烈的竞争和全球化趋势，商界的精英们不再一味将工作重心放在拓展市场和开发产品上，而是开始集中精力进行客户服务研究。随着客户需求更为复杂化，相关的学术研究也在不断深入，这些私人企业发现独立的客户都有其特质性，因此客户关系成为了企业重要的优良资本。事实上，在 20 世纪 80 年代，客户关系就被认定为是一种潜在的竞争资源（Porter，1985）。互联网的出现和普及使得客户在商业运作中的作用变得更加重要，它还为企业提供了更多的客户资源，如劳动力资源、知识资源和社会资本等。因此，企业必须放弃其曾经奉行的以产品为导向策略，转而实施以客户为导向策略。甚至，企业必须彻底地实施以客户为中心的经营模式，并坚持不懈地促进客户关系。所有这些策略最终导致客户关系管理（CRM）的出现。

CRM 是客户关系管理（Customer Relationship Management）的简称，是企业推行的管理理念、实施细则及技术应用等的统称。CRM 的内容涵盖丰富，其实施方法多种多样，而其实际影响还有待人们进一步的体会。许多人认为，鉴于 CRM 所具有的通用性，政府机关对其加以应用，就能够加强政府对公众的服务，体现以公民为中心的原则，并提高政府机关的办事效率。简言之，CRM 能够改善政府与民众的关系，并提高政府公众服务的水平。

本研究将涉及下列问题：

美国政府是如何理解 CRM，并将之应用于日常工作的？在实施 CRM 之初会产生什么影响？CRM 对于正在实施的改善民众与政府关系的改革有什么推动作用？回答上述问题还要完成本项研究的两个附加目标的调研工作：一是，回答一个基本问题——私人 CRM 和公共 CRM 是否有区别；二是，解释公民关系管理的含义。

1.1 研究背景及范围

在公民与政府关系的讨论中，虽然公共行政在政府对社会实施影响方面扮演着极其重要的角色，但是它经常被忽略。与公共行政部门，诸如执法部门和公共服务代理机构等的互动，是公民了解国家政策和政府结构的窗口。行政实施与能力经常被归入政府与政府对公民的义务的讨论中。实际上，政府行政功能的理念基础很少被讨论（Waldo，1984；Rohr，1986）。但是，民众对城市政治体系的参与，就是通过市民向行政官员表达诉求，或者向官员抱怨服务不到位这一重要形式来实现的（Coulter，1988）。由于引起政府与市民互动的事由是市民最重要、最直接的诉求，这些互动也就成为赫斯曼“声音选择”一种纯粹形式的体现（Coulter，1988：1）。市民提出的意见，能够为政策的制定者提供：“①理解民众需求并制定相应政策的机会依据；②提高公共行政服务水平，并加强与民众的沟通；③评估民众对公共行政服务的满意度”（Vigoda，2000：167）。

对于普通公民来说，其与基层的非民选的行政服务提供者接触的机会很多；而与那些民选的较高级别的官员接触的机会寥寥。正如 Naschhold，Watt 和 Arnkil（1996：131）所论述的：“在政治舞台上，地方政府才是绝对主角。”政策的制定和实施很大程度上依赖于公共行政人员的参与（Hansen，Ejersbo，2002）。而民众的主要兴趣也集中在他们居住的社区（Steyarert，2000）。因此，地方行政机构，可以看作是公民—政府关系诚信体系建立的关键（Phillips，1996）。

政府一直致力于提高办事效率。政府为了提高其公共行政服务水平所做的努力可以追溯到 20 世纪初。在新经济形势下，随着新公共管理（New Public Management，NPM）理论以及与此相关的全面质量管理（Total Quality Management，TQM）概念的出现，政府向“客户服务型”转变就成为公共行政服务和理论指导的议程之一（Osborne，Gaebler，1992；Swiss，1992；Gore，1993；

Albrecht，1993；Kibler 等，1997；Alkadry，2003；OECD，2003）。尽管学术界有关企业—客户关系的研究成果颇丰，但将公民作为客户，为政府公共行政服务提供理论支持的研究成果却寥寥无几。公共行政机关通过推行客户服务理念，致力于从公民对公共行政服务的满意度中寻找自身影响力的价值。同时，公民的需求也被视为组织变革的推动者（Lowenthal，1994）。新公共管理（NPM）成为一种规范性模型。它影响着公共行政的思维方式、服务理念及其服务目标（Denhart，Denhart，2003）。但正如 Hood 和 Peters 在 2004 年指出的，还没有人总结出一套理解和实施 NPM 的普适方法。随着工程包出制和管理分权制这样的管理革新的出台，政府系统内部已经出现了更加细化的协商和合作，这二者都与公共利益和可见效益无关（Batley，2004）。全面质量管理（TQM）是指根据统计，通过雇员授权和客户咨询，达到持续提高产品质量的目的的一系列的管理活动。而新公共管理（NPM）与之不同，它更强调单方面的努力，并且更加注重内容的革新（Traunmuller，Lenk，2002）。

20 世纪 90 年代后期，电子政务出现了。它给 NPM 带来了新的动力，并且通过电子信息和服务设置，提高了政府服务公民的水平（Caldow，1999；Cook，2000；Hagen，2000；Fountain，2001a；Gilsler，Spahni，2001；Ashford，Rowley，Slack，2002；Abramson，Morin，2003；West，2005a）。发达的信息技术和通信技术使“虚拟政府”的建立得以实现（Fountain，2001a）。这种“虚拟政府”打破了政府机关和公众服务机构在时间、空间以及等级制度上的限制。调查发现，无论是从业者还是学术研究人员，都感觉在“虚拟政府”中，政府不再剥夺信息通信技术给公民本位和公民参与带来的潜在利益（Christensen，Verlinden，Westerman，2002）。大部分电子政务并不需要政府在编制和机构上真正改变，政府只需将现有实体政府的模式制度和结构关系复制到电子政府里即可（联合国，2003）。

在电子政务得到发展的同时，经营者和研究人员都对公民关系管理（CiRM）表现出极大的兴趣（Kavanagh，2001；Janssen，Wagenaar，2002；Trostmann，Lewy，2002）。这个术语源自受客户关系管理影响的 CRM（Berry，1983）。

CRM 是一个在私人企业里得到普遍认可的概念，它关系到企业能否与其客户建立起更加紧密的关系（Peppers，Rogers，2004）。CRM 的核心是企业通过与客户建立长期关系而提高客户收入。人们普遍认为，企业更大的惠利在于降低营销成本，提升客户的品牌忠诚度或认知度，进而得以展开向上销售和配套销售。为了建立客户关系，企业需要特别的资源支持，需要倾注大量的努力，同时还要改善其机构设置。CRM 特别依赖于信息技术的支持来协调来自各种渠道的、各种类型的营销。信息技术可以帮助企业储存、分析现有客户和潜在客户的信息，将之与其他数据综合分析，帮助企业做出管理决策和服务操作。CRM 有各种版本的定义。有的学者认为 CRM 仅仅局限于一系列的以客户服务为目的的技术解决方案；有的学者则强调它含义的全面性，认为 CRM 包含以客户为中心的商业理念、商业过程的重新设定，以及频繁的文化及组织结构的变化（Zablah，Bellenger，Johnston，2004）。目前还没有证据能够充分证明 CRM 对一个公司产生的影响到底多大，或者客户对 CRM 的效果的看法到底为何。事实上，有文献记载，CRM 项目在实施过程中总会遭遇挫折而难以最终完成（Verhoef，Langerak，2003）。例如，如果一个公司客户的异质性（偏好和需求）增加，其客户关系管理会变得更加复杂，其效率就会大打折扣（Sawhney，Zabin，2002；Eriksson，Mattsson，2002）。还有人指出，CRM 误解了人类关系和要素的基本自然属性，如信任和亲密度（Fournier，Dobscha，Mick，1998）。而企业还要不断探索以建立和维持良好的客户关系（Price，Arnould，Tierney，1995）。与对 CRM 的研究形成鲜明对比的是关于公民关系的研究，后者才刚刚进入初始阶段。现在对公民关系的研究大多是借助接触中心的 CRM 软件这一技术手段来完成。一些公共事业单位（如供水、排水或者电力部门）实际上已经用 CRM 软件来管理它们的客户了。通过全面理解 CRM 来给 CiRM 下定义，那么将 CRM 应用于政府部门就要考虑其有效性和适用性。过多使用 CiRM 将会导致传统行政结构和联邦制度的崩溃，导致责任义务的缺失以及公民隐私的泄露等问题出现，它还会改变行政机关在政治中的角色作用。政府与企业不同，前者的财政收入源于向公民收缴的税款，而后者则是通过向客户出售产品和提供服务而得到利润。此外，CRM 中许多方面没有涉及部门分工明细（如通过多渠道提供各种服务等），所以它能够应用于政府管理。为了向民众提供个性化的服务，政府工作人员已经掌握了公民详细的个人信息，所以公务员可以通过各种渠道（如电话、面谈、网络）向公民提供所需服务。

最后，“客户”这个源于私人企业的名词本身也存在缺陷（Moore，1995）。在这一模式中，个人利益以及个人效用最大化才是民众追求的最终目标（Roberts，2004）。客户必须向政府部门提供信息或资本作为资源（Mills，Chase，1983）。而且，人们很难界定到底谁才是政府机关服务的真正客户。那些推崇传统公共行政管理模式的人指出，政府机构要向公众提供服务，但同时也要确保公民的集体利益，而不是单纯地满足不同的人的偏好就可以了（Kelly，2005）。即使所有的客户都已得到确认，但政府机构还是会进退维谷，因为公民的利益似乎总是存在差异，甚至是相互矛盾的（Denhart，Denhar，2003）；当某些公民的价值创造得到满足时，其他民众却无法同时获益。更有甚者，政府部门往往会给公众强加许多义务，而不是尽心地为公众提供服务（Swiss，1992）。

特别引起研究人员关注的是在消费主义理念指导下，将“公民”的概念解构为“客户”这种情形的出现（Barnes，Prior，1995；Hood，1995）。研究人员主要反对的是民主参与制的公民—政府关系蜕变为商业化的交易关系。Box（1999）及与他持相同意见的研究人员（Walsh，1991；Brown，1992；Ryan，2001）认为，如果过分强调“客户”的重要性，就会增加政府的精英政治色彩，而使复杂的公民—政府关系简单化了。他们的这一观点，通过在以色列进行的一项公共行政服务与公民关系的测试中得到了印证。Vigoda（2002a）发现，随着公民对行政服务满意度的逐渐提高，他们参与政治交流的热情会随着降低。甚至为了达到服务客户的目标，政府有可能放弃其长远的政治目标，转而采取急功近利的政策以博得民众好感（Swiss，1992）。

1.2 术语定义

在本书中，公众关系管理（CRM）具有广义的内涵。CRM 是指为了建设一个以客户为中心的政府而设计的一系列理论、策略以及为实施这些理论策略而采取的技术保障。为了清晰地描述 CRM 在政府行政中的应用，我将使用 CiRM（Citizen Relationship Management，公民关系管理）这一名称。“理解”指为给某个具体或抽象的事物下定义而反复解释的过程（Miyake，1986）。“实施”指为了将某一概念、政策或意向付诸实施而进行的一系列活动。最后，“影响”指某一概念在应用于组织内部或组织之间时，对其组织文化、管理以及对政治、公共行政和公民关系产生的作用。

1.3 研究方向

本书在研究了多部相关文献的基础上，探讨了对 CRM 的理解。文献涉及的领域包括：政治科学、行政科学、商业管理和信息科学，所以该研究的基本研究方向与政策科学研究相似。政策科学的基本研究方法包括：问题导向法、跨学科研究、多元分析、经验法、意图法、过程导向、价值约束法（既不是价值中立法也不是价值忽略法）(Brnner，1982；Torgerson，1985；DeLeon，1997)。如果过于拘泥于一种学术流派，将导致对 CiRM 的复杂内容的理解过于狭隘，最终导致政策制定的偏颇（DeLeon，Steelman，2001)。Minsky（1986）也指出，只有运用多种方法才能充分理解某一问题。

政治科学的文献详细地描述了 CiRM 应用环境的各种特点，提供了关于政策制定和实施、立法机制的属性与行为以及公民理论等的政治解释。行政科学文献完整地阐述了民主政治体制下的公共行政和公共管理，并且描述了一些重要的改革范例，如 NPM 及电子政务；对于不同的公民角色也有详尽的描述；总结了改革措施的实践经验以及这些改革对于公共行政的影响。商业管理文献，特别是有关营销学的文献提供了 CRM 及其在政府中的探索的研究框架，而且提出如果要构建一种新的概念——将公民当作客户对待——则要考虑客户行为以及客户满意度。信息科学文献，特别是行政信息科学提供了有关 CRM 和电子政府的技术方面的解释；技术发展的可能性和局限性对于 CRM 策略与实施会产生一定的影响。

1.4 研究的意义

那些倡导在政府内部实行 CRM 的人通常的关注点在于现有的公共行政潜在的效率低下和客户服务的缺失。因此，他们提出了 CRM 的理论。从列举的一小部分事例可以看出，他们并没有找到一个令人满意的框架来对 CRM 进行研究，无论其是否应用于行政管理领域。甚至，即使他们之中大部分的人确定“公民”的含义要比“客户”丰富许多，但在发表著作时并没有将以公民为导向的政府与公民关系的文献回顾纳入其中。

本研究则弥补了上述有关公民关系管理的学术空白。本研究最先使用从地方政府和郡政府处收集到的 CiRM 的第一手资料，描述了行政官员对于 CiRM 的看法、CiRM 的实施情况以及 CiRM 对政府这个复杂的环境产生了何种影响。本研究涉及政府机关各阶层中的重要角色，从行政主管到执行人员、外勤人员，因此本研究是对实际操作中的 CiRM 所做的一个更为准确的评估。本研究还对传统的观点——公共行政管理对公民诉求反应迟缓和不能以公民利益服务为核心——提出了质疑。本书对现有各领域文献中有关各学术流派关于 CRM、NPM、TQM、电子政府和公民等概念进行了综合研究，从而发现了这些概念的相同及不同之处。由于美国案例研究的结果仅为暂时性结论，所以仍然欢迎那些致力于推广 CiRM 的研究人员高度参与讨论该结论的普遍适用性。CiRM 的概念和一些经验教训对于政府部门、管理咨询公司或技术公司也具有指导意义。此外，本研究为 CiRM 研究者对该问题的系统化研究提供了理论基础及清晰的研究框架，CiRM 的一些衍生概念也有待学者们进行彻底的探讨。Lengnick Hall（1996：818）写道：

“管理者应该用心对待以客户服务为方法和以客户满意为目标的管理方法。客户对于这种管理方法有巨大的潜在影响，该影响有正面的也有负面的。Miller（1990）将之描述为要素。传统的客户很可能成为永久客户，他们能发挥巨大的潜能，进而把其他的客户逐出局。因此，应认真对待以客户服务为方法和以客户满意为目标的管理方法所共同产生的作用。有关客户参与的研究表明，如果客户成为长期的、正式的、有影响力的客户，他们对于管理过程也有所参与，那么他们会积极参与管理过程而且会对结果感到满意。”

以上 Lengnick Hall 的论述说明公民关系管理和启用新的公民参与模式的必要性。但正如电子政务一样，CiRM 要求政府部门能跨越司法的界限找到新的管理模式。这必然导致另一种政府革新的出现，即网络管理（Goldsmith，Eggers，2004），也就是说，在整个网络中，政府只扮演某个角色，按照预先设计完成其职能。按照 Kamarck（2002）的说法，与传统的官僚政府相比，对于复杂的问题网络政府具有一定的优势，它能够找到一种创新的解决方法，而传统的循规蹈矩的政府是无法做到的。当然，这种改革仍然存在人为因素和司法因素的限制，本研究也对该问题进行了详细的探讨。总而言之，本文呼吁官员在应用 CiRM 时要充分考虑实施目标、方法、结果以及一些不确定的因素。并且，本文在跨学科多种实证研究和文献的基础上，为行政科学的研究提出了 CiRM 的一个框架。

1.5 本研究的实证对象

本书是针对 CRM 在地方行政机关和各种司法环境下的实施情况以及产生的影响而展开的研究。需要指出的是，CRM 的应用现在还处于初始阶段。本文所讨论的实证研究，都是 CiRM 在一些政府部门的实验性的应用，在未来几年里，这些部门将会继续通过它们的实践，对 CiRM 的概念及具体操作提出修正意见。有三座城市的决策者和官员从市政角度提出了对于 CiRM 的见解，分别是：芝加哥、巴尔的摩和纽约。为了使 CRM 真正发挥作用，政府机关曾打破了司法界限，进行了紧密合作。迈阿密—戴德郡就是一个 CRM 在多种司法机构间成功运作的范例。而且，由于戴德郡较其他城市晚些才开始实施 CiRM 实验，它参考了芝加哥、巴尔的摩和纽约三座城市的经验，将 CiRM 模式进行了调整。总体说来，这些案例有相似之处。例如，在实施 CiRM 的实验初始阶段，每个城市的市政府都向市民公布了一个热线——311，方便市民与政府联系。但是，各个实验案例又有其独特之处，由于各个城市的规模、城市文化、事件复杂性、行政领导者风格各异，CRM 在各个城市各个阶段的实施也各不相同。所以通过对每个实证案例的研究和所有案例的综合，可以给 CiRM 准确地下定义。虽然此项实验的大部分内容围绕着如何给 CiRM 下定义，它的实证对象却是公布 311 热线这一措施，因此就传递了这样一个信息——这一研究的目的不在于探索公民—行政关系。

1.6 本书结构

本书分为两部分。理论阐述部分为引述文献和论述研究基础；实证部分展示了数据并对其进行了讨论和分析。本书结构如下：

第一章：提出问题，介绍 CiRM 的研究理论。

第二章：各学科文献回顾。展示 CRM 研究设计和讨论的理论依据。从公民本位角度回顾 NPM，TQM 和电子政务的理论背景及实证数据。本章讨论的基本要素是公民与公共行政的关系，特别是在当公民被视为客户时的有关情况。

第三章：方法论部分。讨论在本研究涉及的案例中，应用 CiRM 时所采用的研究策略。研究方法包括调查问题、筛选案例、数据收集、分析过程以及有限处理等相关步骤，并且对每个案例的大致情况进行概述。

第四章：阐述研究发现。实证研究的结果分为三部分：CiRM 的实施、CiRM 的影响和对于 CiRM 的理解。

第五章：讨论 CiRM，并对其下定义。

第六章：结论及对未来研究的建议，并阐述了本书对于公共管理理论和实践所产生的影响。

参考文献。

最后为附录 A 为案例研究的工具和准备资料；附录 B 为基础理论分析的编码；附录 C 为 TQM 材料；附录 D 为案例研究中收集到的补充材料。

2 从客户关系管理到以公民为导向的政府

在着手研究公共关系管理之前，有必要对三方面的文献进行回顾。其中每一个方面都可以使我们对如何促进政府的公民本位、如何给公共关系管理概念以正确的含义以及公共关系管理对社会和政体有怎样的潜在影响等有更多的了解。首先，2.1 部分探讨了企业管理文献中的客户关系管理。其次，2.2 部分对当下流行的新公共管理（NPM）和电子政务等旨在以某种方式改善公民—政府关系的不同行政改革方法进行了概述。最后，2.3 部分对公民与公共管理之间的关系研究进行了简要概括。除此之外，我回顾了关于公民角色的论述，尤其是把公民比作公共管理中的“客户”的论述。2.4 部分是文献综述小结。

2.1 客户关系管理

总的来说，一旦抛开公司所有其他的活动，一个企业的目的就是要做赢家，要保持或增加客户的收益。这一点无论对于非营利性的还是以营利为目的、公立的还是私立的企业都适用（Bergeron，2002；Peppers，Rogers，2004：5）。这些企业通常围绕它们提供的产品和服务进行组织与管理（Homburg，2003）。20 世纪 80 年代，企业开始意识到了客户外部导向的重要性；直到 20 世纪 90 年代，商家才意识到客户是具有特性的个体（McKean，2004）。商家必须应对客户不断变化的购买行为，而这导致产品寿命和专利保护期变得越来越短（Schumacher，Meyer，2004：12）。此外，由于客户通过各种渠道获得的信息量不断增加、全球化竞争日益加剧以及信息技术的不断发展（Payne，Frow，2004），企业要取得并保持竞争优势变得越来越艰难（Porter，1985；Barney，1991；Dyer，Singh，1998）。

企业通过客户关系管理与客户建立更为密切的关系被认为是应对这些挑战的可能的解决方案。在客户关系管理中，客户被视为长期资产，因而也是企业赢得竞争优势的主要因素（Peppers，Rogers，2004）。研究表明，将营销资源集中于增加企业份额的客户业务对一家企业的赢利能力的影响要胜于增加客户的总量（Peppers，Rogers，1993）。进一步的优势应该是营销成本的降低，客户忠诚度和满意度的提升，价格敏感度的降低，升级、交叉销售以及退出壁垒的新机会（Janssen，Wagenaar，2002）。所以，企业在开展客户关系管理项目之初总是抱着很大希望，但是结果往往让人失望。实施客户关系管理项目以失败告终的主要原因之一是对于客户关系管理所包含的关于商业部分的技术方面关注过多（Campbell，2003：375；Newell，2003：10－13），这在文献中被反复提到。客户关系管理的适用范围一直未变，但关注点却发生了变化（Freeland，2002）。最早的客户关系管理起源于 20 世纪 90 年代初，其主要研究如何提升作为服务渠道的呼叫中心的作用（Xu 等，2002）。例如，企业利用 IVR 技术来精简客户电话咨询的处理流程。最初关注点是销售，而后在 20 世纪 90 年代末进一步扩展到各种服务渠道，尤其是互联网。此外，企业还建立起数据仓库和客户分析，以便更好地了解它们的客户。随着客户关系管理复杂度的增加，企业把精力集中于管理和集成服务以及跨渠道数据收集。

客户关系管理是基于市场营销学以及其他研究领域的不同分支（Bligh，Turk，2004）而形成的概念，但它还没有达到独立成为一个学科的层面；对实践者和研究者来说，它更像是一个大家共同感兴趣的研究领域（Ehret，2004）。客户关系管理起源于关系营销（Relationship Marketing，RM）。RM 是由 Berry（1983）提出来的一个概念，他将其定义为“在多重服务组织中吸引、保持并服务客户”。RM 这一概念的出现，引起了市场营销理论和实践中的思考模式的转变（Kotler，Bliemel，2001）。Häkansson（1975）、Gummesson（1987）和 Grönroos（1990a）在业务关系、互动和网络上的研究很大程度地影响了 RM 的概念化（Ballantyne，Christopher，Payne，2003：160）。Grönroos（1990b；1994）建议要理解客户服务管理五个方面的内容：①服务管理是一种理念（企业文化），它引导并推动整个组织内部的所有决策；②决策是以客户或市场为导向的；③服务管理具有整体性；④服务管理和质量管理紧密联系；⑤员工对于组织效率所起到的作用是被认可的。对关系营销更多的影响则来自直接营销（Lumpkin，Caballero，Chonko，1989）、一对一营销（Peppers，Rogers，1993）、数据库营销（Nash，1993）以及特许营销（Godin，1999）。与交易营销侧重“起点明确、历时短、以绩效告终的离散交易”（Dwyer，Schurr，Oh，1987）不同，关系营销看重长期的与业务合作伙伴之间的关系与互动，包括客户、经销商、供应商。此外，它还包括购买流程，这在早期的概念中是被忽略掉了的。然而，现在有些学者赞成营销多元化，这是因为交易的方式决定了市场营销的形式（Brodie 等 . 1997；Möller，Halinen，2000）。除了营销学，客户关系管理还受到知识管理（Hedlund，Nonaka，1993；Nonaka，Takeuchi，1995；Alavi，Leidner，2001）、全面品质管理（Deming，1986）和业务流程重组（Business Process Reengineering，BPR）(Hammer，1990；Hammer，Champy，1993）研究的影响。

在不断出版的各种文献中，关于客户关系管理的定义千差万别，因此，也就很难找到一个唯一的富于说服力的关于客户关系管理的权威定义（Hart，Hogg，Banerjee，2004）。Zablah、Bellenger 和 Johnston（2004：476）认为围绕着流程、策略、理念、技术和资源五个方面，大约有 45 个关于客户关系管理的不同版本的定义（见表 2－1）。本研究将依据这样的分类，来鉴别行政管理人员对客户关系管理概念的理解。总的来说，目前大多的定义都强调整体研究和理解的重要性，这也是我认为最适合本研究的方法。关于客户关系管理的狭隘定义有助于重点定位某一问题，但由于本项研究的探索性目的，只有对这一概念的全面定义方可适用。因此，基于以上释义，我采用的客户关系管理定义如下：

全方位的管理理念与战略，有技术支持，旨在创建一个以客户为中心的组织，保持并优化客户关系以提升企业的竞争优势。

因此，客户关系管理要求企业的全部职能（营销、销售、服务和研发）都有助于全面开展以客户为中心的经营战略，这可能会带来企业内部文化的变革。

表 2－1　　客户关系管理主导观点

视角	描述	影响客户关系管理实施成功的因素	代表性概念
流程	买卖双方的关系随着时间的推移越来越好，并且发展为持久的关系。 宏观视角包含所有的行为（过程），而微观视角下仅仅关注互动管理	取决于该企业是否有能力发现并对不断演变的客户需求、偏好做出反应	建立并借力于与外部市场实体的联系和关系，特别是渠道和最终用户（Srivastava，Shervani，Fahey，1999：169）
策略	以客户的生命周期内的全部价值来决定对某一关系投入的多少和类型	需要企业持续不断地评估并依据客户生命周期利润贡献能力对客户关系进行分级	投资于对企业有价值的客户，将对没有价值的客户的投资减到最少（Verhoef，Donkers，2001：189）

续 表

视角	描述	影响客户关系管理实施成功的因素	代表性概念
理念	保留客户的最佳方式是以建立并维护关系为重点	要求企业以客户为中心，并根据其对客户需求变化的理解做出相应反应	旨在实现企业以客户为中心的经营理念（Hassn，2003；Piccoli 等，2003）
功能	只有当企业能够一直将以个体客户为自己的行动指南，才能建立可以长期获利的关系	取决于企业是否拥有允许其依据个体客户的不断变化而灵活调整的有形的和无形的资源	愿意并能根据客户告知的和任何其他能了解到的有关客户的信息来改变自己针对个体客户的行为（Peppers，Rogers，Dorf，1999：101）
技术	知识和互动管理技术是企业用以建立可长期获利的客户关系的主要资源	主要受到企业所应用的、致力于建立客户知识和互动管理技术性能的影响，以及客户对此项技术接受程度的影响	客户关系管理是用于将销售、营销和服务信息系统综合于一体从而与客户建立合作关系的技术及互联网能力（Shoemaker，2001：178；Xu 等，2002）

资料来源：Zablah，Bellenger，Johnston，2004：476

客户关系管理的基本原则是个性化（产品、信息、服务）、客户整合以及客户亲近（流程规划、产品开发、合作）、互动（联系渠道、长期沟通、问卷调查）以及客户细分（识别出为企业带来 80%利润的位于前 20%的客户，终止不产生盈利的客户）。此外，质量管理、绩效管理、变更管理以及包含促进企业形成客户导向文化措施的策略，对于任何客户关系管理理念或项目都是至关重要的。

我将在这一部分陈述客户关系管理的主要方面。人们普遍认为，客户愿意与企业建立关系是受到高阶精神产品的影响，如信任、感知服务质量和客户满意度。而有关客户满意度的描述会在 2.1.1 部分进行。客户关系管理的核心任务通常是将客户分类（2.1.2 部分），并在客户与企业间建立关系（2.1.3 部分）。这种关系会使客户与企业保持亲近，这一概念将在 2.1.4 部分概述。客户关系管理的流程以及管理客户互动的方法会在 2.1.5 和 2.1.6 部分陈述。2.1.7 部分将描述客户关系管理系统（由硬件、软件和应用组成的复合集成系统）的主要功能和结构。最后两个部分的讨论重点是客户关系管理应用案例（2.1.8 部分）及目前政府客户关系管理研究综述（2.1.9 部分）。

2.1.1 客户满意度

根据高德纳公司 2003 年对 174 家公司的调查研究，它们的客户关系管理系统的目的是提升客户满意度（Gartner，2004）。对客户满意度的调查主要集中在影响客户满意程度的因素上：客户预期、期望失验、绩效、情感和公平（Szymanski，Henard，2001）。Homburg 和 Stock（2003）对客户满意度理论做了很好的介绍。客户满意度的定义方法主要分两类：特定交易法和累积法（Anderson，Fomell，Lehmann，1997）。特定交易法把客户满意度看成是对交易体验的事后评价。特定交易客户满意度有别于累积满意度，后者是客户对于企业服务或产品的满意程度的过去、现在和未来的综合评价的累积概念（Garbarino，Johnson，1999）。

图 2－1 展示了影响客户满意度的关键因素，如绩效的提升并不一定能够得到客户的满意，如果客户对绩效的预期值也相应提升或者提升度更大的话。同样，公平感知，即一个消费者参考其他人所得而做出的公平判断，会随着绩效的提升而保持不变或下降。关于服务，Bitner（1990）指出，在缺乏具体变量的情况下来评估质量，客户将使用其他有形资产来对服务质量进行预评价或设置预期值。这些包括环境因素（温度、气味）、服务提供者以及其他客户的行为举止，或有形展示，如外观设计。Hayes（1998）对客户满意度测评方法进行了讨论。在客户关系管理章节中，他指出，客户满意度是企业绩效及以客户为中心的基本指标，因为其可以与行为和经济后果联系起来（Anderson，Fomell，Rust，1997）。

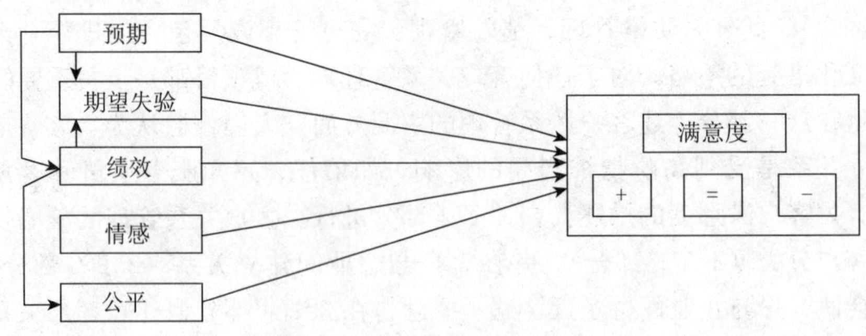

图 2－1 客户满意度影响因素模型

注：改编自 Szymanski，Henard，2001

各种各样的研究发现，客户满意度越高，会产生更高的客户忠诚度、更多的推荐可能和更大的未来交易概率（Halstead，Page，1992；Taylor，Baker，1994；Mittal，Kamakura，2001；Olsen，2002）。客户关系管理旨在达到这些目标。然而，在经济学中，客户满意度和公司的生产力之间是负相关的。提升客户满意度会导致更高的成本（如原料、生产线、员工）。图 2-1 强调了影响和取得客户满意的挑战因素。

2.1.2 区分客户

客户关系管理的概念通常将客户分为内部客户和外部客户。他们可以是企业内部的也可以是企业外部的最终客户或中间商（Lawton，1993）。最终客户指使用企业产品或服务的组织或个人。中间商联结最终客户和生产商，对于食品产品的客户来说，中间商通常是生产商的零售商。中间商同时也参与变更（维修、改进）产品或服务。相似的类比可从内部流程得出。

大多企业使用一对多的方式与客户沟通。但是目标客户需要一对一的形式，这是更加复杂的任务。因此，客户细分管理提供了一个更加可行的以客户为中心的方法来管理客户关系（Whitehouse，Spencer，Payne，2002）。客户细分管理是根据属性和价值划分客户群组并以一样的方式进行管理（如个性化的通信或产品）以提升客户满意度和客户利润贡献度的过程。

企业需要在分类之前对客户进行鉴别（Peppers，Rogers，2004）。这种鉴别包括界定、收集客户信息（如会员卡、网站上的 cookies、客户关系管理软件）和与客户的连线互动。客户信息在企业中可以以多种形式存在（Bose，2002）。它可以根据行为数据（购买、点击流数据）、态度数据（如投诉、产品特性诉求）和人口统计信息进行分组。然而，企业到底能够得到多少客户信息，则是由客户说了算。

客户的价值和需求是区分客户最基本的要素（Peppers，Rogers，2004）。在已有的客户群中，客户带来的收益和企业为留住他们所需要投入的资源是不同的（Raaij，Verooij，Triest，2003）。根据帕累托原理，20%的客户带来的收入占总收入的 80%。因此，总体上，客户可以被看成是企业的资本资产；但是，顶级的客户实际上是在资助那些不盈利的客户。在某些情况下，亏损客户可以在不给企业带来任何负面影响的情况下被终止（Reinartz，Krafft，Hoyer，2004；Heinrich，2005）。CRM 假定，识别盈利客户并保持他们对企业的忠诚，也就是说，扩展关系的生命周期，提高交易的价值，可全面提升组织的获利能力。

Reichheld 和 Teal（1996）指出，忠诚客户带来的利润增加与价格激励有关的，通过推荐销售增加利润，通过服务老客户节约成本增加利润以及通过忠诚客户带来的收益增长，都可以归因于对客户的销售量的增长。然而，有些研究只能对这种假设提供微弱的支持（Schmittlein，Morrison，Colombo，1987；Sharp，Sharp，1997；Reinartz，Kumar，2000）。

谈到计算客户的价值，客户终生价值（CLV）模型已成为 CRM 和客户资产方法的中心（Malthouse，Blattberg，2005）。CLV 表示预期收益的现值（毛利）减去企业用于关系客户的费用（服务和交流的直接成本）（Bitran，Mondschein，1996；Dwyer，1997）。对 CLV 的研究有三个层面（Singh，2003）。第一层面研究着眼于开发计算 CLV 模型（Berger，Nasar，1998；Jain，Singh，2002；Kumar，Ramani，Bohling，2004）。第二层研究集中于客户数据分析（Keller，1993；Schmittlein，Peterson，1994），也就是分析现有客户并预测他们未来的行为。第三层面用于研究对管理决策的影响（Berger，Nasar，1998；Bell等，2002；Raaij，Verooij，Triest，2003）。在政府管理中应用 CLV 概念，作为公民终身价值（CiLV），必然是要被论及的。但是，这不在本篇的研究范围。

除了价值不同，客户还可以根据需求评估来进行分组（Peppers，Rogers，2004）。客户需求是对商品或服务所能满足的个人利益的描述。对于每个客户，同客户的讨论通常要确定 200～400 个客户需求。客户的需求本质上是视情况而定的，并随着时间的推移而变化。需求可以分为基本需求（对商品或服务效用的设想）、明确需求（对产品或服务效用的个人偏好）和刺激需求（附加效用，如果得到了满足，会增加额外的满意度）。同一产品或服务可以满足两位客户不同的需求。因此，通过满足这些需求，企业可以从每个客户那里得到产品或服务的固定收益之外的附加利润收益。由于这一处理过程开销较大，所以，企业需要使用 ICT 技术，循序渐进地得到精确的客户分类。例如，协同过滤正在互联网上被广泛应用（amazon.com，Web 2.0 应用程序），可根据有相似需求的其他客户的首选来确定某一客户的需求。

客户细分管理最终可能导致企业向围绕客户细分的职能、预算、运营集群的组织上的变化。因为客户的行为会随着时间推移而变化、演进，这就要求企业要灵活地区分客户。客户和企业之间必须进行公开对话以建立一种学习关系。此外，企业需要预测并回应客户的变化，因此企业会需要 ICT 更多地在数据收集、共享、分析、自动处理和监控等方面提供帮助。

2.1.3 客户关系

客户关系管理的核心是管理客户与企业的关系。由于具有关系与服务双方面的独特特性，这种客户与企业的关系特别重要，尤其是在提供服务方面更是如此（Grdnroos，1990a）。虽然很多研究者关注到了客户业务关系管理，但极少有人研究在客户关系管理理论中已经概念化了的内部客户与外部客户同步关系管理（Beckett-Camarata，Carmarata，Barker，1998）。

关系可以定义为“两个或多个人或事物联系的方式，或联系的状态”（Fowler，Fowler，Pearsall，2004）。为了改善关系，有必要了解它的维度。涉及关系时，具体交易不是被孤立地以离散交易的形式而是作为对已发生交易和未来预期的延续被评估。因此，我们需要区分事务性交易和关系性交易（Day，2000）。事务性交易是指在一家商店互不相识的偶遇者进入零和博弈游戏中而进行的一系列标准规格产品的交易。关系性交易源自利益分享者们为了长期互惠利益的创造与增加的目的而进行的密切协作，通过将交易适应个性化偏好的方法，来建立持续的关系。

基于关系发展模型，Andersen（2001）提出了关系交易的四个阶段：预备、谈判、发展和终止（见图 2-2）。首先，双方都将对方看作是可能进行互动和交易的伙伴。这是在互动没有发生的阶段。其次，双方以最少的承诺来发展关系和表达偏好。在预备阶段，个人和企业的社会距离很大（Ford，1980）。再次，第二阶段的产出如果是有利益的，双方会进行进一步的活动。当一方认为关系没有价值的时候该关系就进入了终止阶段。终止会在任何时候发生并可由一方发起。在客户关系管理文献中，有时将根据关系的不同阶段来规划客户关系管理的活动称为客户生命周期（Schumacher，Meyer，2004）。

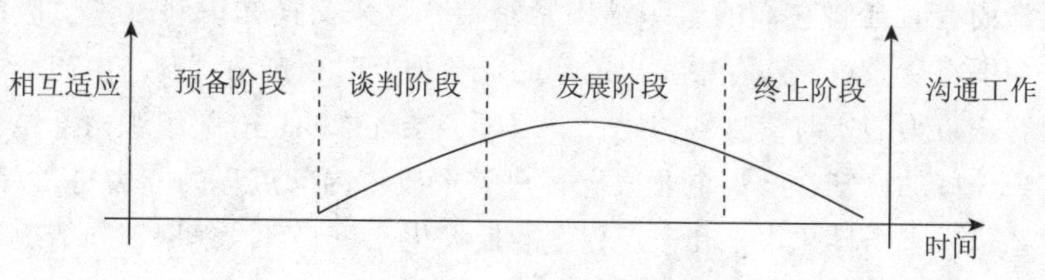

图 2-2 关系发展阶段

如前所述，只有在双方都意识到有某种关系存在时，才能保持住这种关系。客户可能没有将商业交易定义为关系。关系对于个体来说是相当个性化的概念。

个体想要建立和维持关系，或者是因为他们想要这样，或者是因为他们认为自己没有其他的选择（Bendapudi，Berry，1997）。Peppers 和 Rogers 列举了诸如相互关系、相互作用、迭代特性、双方不间断的利益、愿意并有能力改变行为、独特性和信任等一系列关系的核心元素。关系意味着相互关系，因为它们建立在交换产品和服务的基础上，并由此给予或获得价值（Day，2000）。随着关系双方不断的互动，更多的信息和偏好被交流。正因如此，才会有更多的利益；也正因如此，才会出现为在其他领域创建关系而引起成本（精力、时间、费用）增加的障碍（Gwinner，Gremler，Bitner，1998）。另外，由于信息的积累和个体或环境的变化，关系双方都必须调整自己的行为。一段关系并非同质群组的线性过程。因此，每一个关系都有自己独特的特性，为了产生持续的利益，这一特性必须被考虑到。最后，信任对于任何关系来讲，都是一个重要的部分（Singh，Siredeshmukh，2000）。信任及影响信任的因素其他学者亦有讨论（Moorman，Deshpande，Zaltman，1993；Hosmer，1995；Wicks，Berman，Jones，1999；Parkhe，Miller，2000）。

一些学者强调说，客户是关系中需要被控制的部分，而非企业（Newell，2003）。客户应该按照他们喜欢的方式与企业或彼此互动，促进团队学习，共同创新，创建社团，整合知识资本（Gibbert，Leibold，Probst，2002）。

2.1.4 客户亲近

关系中的互动可以分为不同的层次。客户亲近的概念可让企业明确客户偏好，然后再相应地设计产品或提供服务。Schumacher 和 Meyer（2004）将客户亲近区分为组织亲近、环境亲近、流程亲近和个人亲近。

组织亲近主要在企业对企业（B2B）的关系中比较重要。在零售行业，零售商和生产商有时会将它们的组织结构紧密结合，来交换知识和改善供应链。例如，一个即将从零售商库存中发出的产品，会被及时地自动订购。生产商可以得到关于客户行为的实时信息。相比之下，环境亲近指的是有关组织内部结构、流程和客户偏好的认知程度；企业根据客户需求改变内部流程的能力是流程亲近。个人关系可带来个性化水平和亲近程度的最大化。我们可以根据下列情况将亲近程度进一步细化，如物理距离（面对面、电话、网络）、情感距离和所交流信息的类型等（Barnes，2001）。然而，提升客户亲近或客户整合水平会引发更大的复杂性，导致花费更多的成本和精力。因此，实现客户导向的最高水平也许并非那么令人渴求。实际上，Ehret（2004）曾指出：

“因为客户往往并不知道他们未来的需求，所以如果企业仅仅根据明确的客户要求，而不是根据潜在的客户需求来制定方针政策，将会给产品和服务的质量带来负面影响。因此，企业如果采取遵循狭义的买卖关系的方法会被引向死胡同，这一点不容忽视。”

2.1.5 客户关系管理流程

客户关系管理通常牵涉到业务流程的变更（Galbreath，Rogers，1999）。组织流程高度交错。大多数流程是连续的或顺序的，而不是平行完成的。客户关系管理流程和非客户关系管理流程很难区分。因此，Schumacher 和 Meyer（2004）建议区分主次客户关系管理流程。与客户的直接互动和活动是主要客户关系管理流程。这些流程包括客户在互动前的工作（如填写表单），是由客户主动进行的。次级客户关系管理流程主要在组织内部进行，对客户来说是不可见的。因此，它们在与客户的互动上只产生间接影响。然而，主要流程可能会直接依赖于次级流程。

与客户的联系往来可在各种渠道中发生。设计和管理多渠道互动环境是客户关系管理的一个重要部分。面对面交流或通过呼叫中心互动是主要客户关系管理流程的核心。互动包括客户的信息请求、服务请求、投诉或对外质量控制等。流程可以通过删除、重新设计、整合等得到改进，也可自动得到改进。但是，即使在同一行业，客户对于影响他们的流程也会给出不同的优先次序（Gartner，2004）。表 2-2 列出了文献中对于客户具有重要意义的、以客户为中心的产品及服务的通用特性。因此，Lawton（1993）建议从预期产出结果的分析开始构建以客户为中心的流程（见图 2-3）。但是，服务特点也会影响服务的设计（Lovelock，1992）。例如，一些服务对与客户互动的要求较少。与频繁互动相比，较少的互动会大大降低差错或糟糕的服务体验所带来的风险。此外，当服务交付过程持续时间长或服务能力有限时，非常有必要告知客户。最后，服务的复杂程度不同，也会影响企业提供服务、监督和客户培训的流程。

表 2-2　客户所期望的服务及产品的通用特性

服务	产品
使用简单	使用简单
及时的	适时的
易于理解	耐用的

续 表

服务	产品
友好的	可靠的
快捷的	完整的
完备的	款式，构思（新颖的）
相关的	廉价的
简洁的	低噪声的
有组织的	始终如一的
精确的	可定制的
始终如一的	无残次的
可预测的	可维护的
灵活的	（具有）长期价值

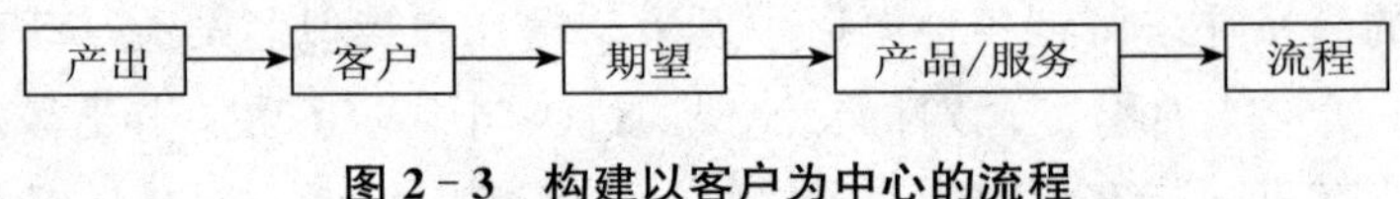

图 2-3　构建以客户为中心的流程

2.1.6　客户互动

客户关系管理强调与客户互动建立学习关系的重要性。互动可以把重点放在利益（即产品和服务）互换、信息交流、社会交易或三者的任意组合上。在保持持续关系的情况下这样的互动才会产生（Peppers，Rogers，Dorf，1999；Zablah，Bellenger，Johnston，2004）。在客户关系管理文献中（Schumacher，Meyer，2004），有时候把按照整个客户关系互动周期中的不同阶段来筹划客户关系管理的活动称为客户购买周期。根据这一概念，每一互动由感知、评估、交易和交易后等阶段组成，这些在业务规划与管理中都应该予以考虑。总的来说，互动应保持适度（如频率、时间、持续、渠道、需求等）。很多企业利用多种渠道的组合来与客户互动。

表 2-3 是各种渠道的总览。渠道呈现出从实体到网络的连续性。有些渠道允许同步互动，而有一些只允许异步互动。此外，客户可以通过各种方式（如客户可以通过计算机访问或通过手机访问一个网站）进入渠道，这将会影响有关实用性和流程设计的决策。管理多渠道环境并将其整合到客户关系管理整体策略中

是增加客户互动价值的重心（Payne，Frow，2004）。它包括有关渠道设计、渠道组合、跨渠道客户体验以及如何获得全方位客户视角等方面的决策。对于某一个企业来说，渠道结构是否恰当，取决于哪种组合最能吸引目标细分中的最终客户，相应地，也取决于企业和中间商创造与客户需求相关的价值的能力。渠道策略和设计遵循事先识别和区分客户及其需求的原则。但无论渠道设计得多好，都很可能会存在垂直或水平的渠道冲突（Peppers，Rogers，2004）。

表 2-3 互动渠道及特性

渠道	互动类型
推销人员	同步的
实体店	同步的
邮件	异步的
电话（呼叫中心/客户互动中心）	同步的
互联网	同步的，异步的

此外，单渠道和渠道组合经济对渠道策略的设计有很大影响。渠道有不同的交易成本、基础设施成本和相对用法（Myers，Pickersgill，Van Metre，2004）。特别是电子渠道，具有很强的吸引力，因为它们的自助服务潜能带来了降低成本的机会（Kracklauer，2003）。为了更好地了解渠道经济，企业也必须意识到在互动过程的任何阶段，为相似客户跨渠道提供服务会产生的成本。此外，客户在互动过程中可以随时更换渠道。因此，公司可以通过提供激励（如通过自助服务来减少等待时间）或设置障碍（如收取费用）来引导客户为产品或服务选择正确的渠道组合。

渠道策略的另一方面是与客户和员工进行沟通。例如，将客户迁移到新的渠道中会引起人事的重新部署以及目标和任务的重新定义（Myers，Pickersgill，Van Metre，2004）。客户对于渠道的期望和认知有所不同（Peppard，2000），企业需要对此进行管理。客户可能会被要求学习新的行为（如航空公司的自助终端）。因此，沟通对于预防渠道冲突及减少变革的阻力是至关重要的。

最后，客户关系管理系统被界定为通过各种渠道的互动形成一个全方位客户视角（Chen，Popovich，2003）。

2.1.7 客户关系管理系统

客户关系管理系统是一系列硬件、软件以及应用程序的复合体。客户关系管理系统可以在整个组织中对客户知识进行累积、存储、维护、分析及分类。根据内容和作用域，可以将信息系统与客户关系管理系统区分开来（Schumacher，Meyer，2004）。互联网应用或电话这样的通信技术并不属于客户关系管理技术，应用程序或数据库系统亦是如此。然而，信息系统被集成在一个或更多的客户关系管理流程中的时候，其可以看作是客户关系管理系统的一部分。选择性客户关系管理系统可以快速地实施，并且它能够支持具体的客户关系管理流程。例如，自助服务终端和服务台系统经常用于呼叫中心。但是，它们可能会束缚联动系统和全方位客户视角的产生。因此，集成系统的目的就在于通过附加功能或整合性能来弥补这些缺陷。通常说来，客户关系管理系统与客户的互动有两种方式（Bose，2002）：第一种是在 ICT 技术协助下，通过客户关系管理系统和客户之间的人力中介来实现；第二种是使用 IT 自动交互技术，借助于自助服务终端或集成语音应答（Integrated Voice Response，IVR）来实现。

被广泛接受的客户关系管理系统的分类如下：客户关系管理系统通过操作将前后台办公软件型集成起来（Corner，Hinton，2002）。这些系统可包括企业资源计划（Enterprise Resource Planning，ERP）、自动销售（Sales Automation，SA）、计算机辅助销售（Computer-aided Selling，CAS）、工单管理和知识管理（Knowledge Management，KM）软件。分析型客户关系管理系统管理并评估客户数据，从而产生客户智能。客户信息包括个人信息、关于客户的交易细节以及与客户进行互动的那些人的评论等。数据仓库和工具，如在线分析处理（Online Analytical Processing，OLAP）和数据挖掘解决方案通常被视为分析型客户关系管理系统。除了提供产品开发、供应链管理和财务信息外，客户关系管理产生的数据和随后的分析还能够辅助产生行政决策和服务互动（操作型 CRM 系统）。协作型客户关系管理系统管理客户互动、沟通渠道以及跨渠道客户体验并使它们同步（Kracklauer，2003；Payne，Frow，2004）。它们也支持与外部合作伙伴共享数据。操作型和分析型系统与协作型客户关系管理系统相连，形成组织闭环，以便为与客户互动者提供全部必要的信息，为客户互动过程提供更多的可能信息。例如，在呼叫中心内，呼叫线识别（Call Line Identificafion，CLI）结合计算机电话集成（Computer Telephony Integration，CTI），可以确定呼叫者并允许呼叫代理即刻访问所存储的客户数据。

2.1.8 私营企业中的客户关系管理

世界各地的许多企业自20世纪90年代初开始实施客户关系管理策略。这些企业每年在客户关系管理软件上花费35亿美元，而这还只是客户关系管理总开销中的一小部分；在实施、培训和集成上的花费比以上花费要高出3～5倍（Ebner等，2002）。客户关系管理项目的花费一般从6千万美元到1亿3千万美元不等，并且需要多达36个月来完成。虽然客户关系管理项目预期能够带来许多领域的改进，但学术界和商界对其的研究还是引证了50%～70%的失败率（Schwetz，2001；Rigby，Reichheld，Schefter，2002；Ebner等，2002；Verhoef，Langerak，2003；Nairn，2002；Almquist，Bovet，Heaton，2001；Chen，Chen，2004；Agarwal，Harding，Schumacher，2004）。在分析了美国旅游业中客户关系管理的应用之后，Piccoli等（2003）也同样得出结论：只有运营中的显著变化和更多的数据共享协作才会使那些被研究的行业领域意识到客户关系管理的好处。相反，Mithas，Almirall和Krishnan（2006）认为，企业使用客户关系管理系统可以获得更高层次的一对一的营销效果。

此外，问责制的实施效果以及职能型组织的数据或流程的所有权问题常常被忽视。正如一位主管所引用的一篇Kotorov（2003）的文章，总结道："客户关系管理就像是我们所购买的昂贵的玩具。现在根本没有人在用它。"依此思路，因为客户关系管理要求组织结构的变革和利益相关者之间的合作，真正的挑战还在于人力资源和变革管理的局限性（Nairn，2002；Xu等，2002；Bligh，Turk等，2004；Agarwal，Harding，Schumacher，2004）。最常见的客户关系管理实施的失败原因是缺乏行政支持。因此，以客户为中心的经营管理需要在整个客户关系管理实施之后得到自始至终的行政支持与承诺（Chen，Popovich，2003）。得不到支持，它的势头会迅速减弱。然而，由于对客户关系管理了解有限，在推出客户关系管理之前，高管们甚至常常不能建立清晰的业务目标和标准（Ebner等，2002）。很多高管对以客户为中心的理解仍停留在以IT为中心的程度（Brown，Gulycz，2002），而还有些人只是将客户关系管理局限在细分客户定制服务上。

不解决冗余或落后的流程，而只是将客户关系管理的实施范围局限于自动化业务，系统问题是得不到解决的。此外，企业着手规划策略之前通常不会从消费者的角度评估现有的业务和产品（Bligh，Turk，2004）。实际上，Abbott、Stone和Buttle（2001）警告称，并不需要在所有的企业部门都进行大量的客户关系管理技术投入。例如，在小型或利基型企业，以传统的方式维持与客户的关系并不难。

客户关系管理的实施会受到不合适的员工队伍和技术陷阱的威胁（Bligh，Turk，2004）。大多数的客户关系管理团队由 IT 人员操控，缺乏最终用户的参与。关于客户关系管理软件解决方案，Light（2003）指出，它趋向于呈现关系管理流程标准化的观点，要么需要复杂的定制和用户培训，要么需要组织变革。几乎没有从先前的 IT 项目（如 ERP）转化而来的知识。虽然调整和兼并客户数据有很多好处，但是给组织的各部门提供太多的信息和功能会导致整个系统变慢，并会因信息过多而给客户带来负担（Ebner 等，2002），这也会导致现存信息的泛滥。另外，保留系统或数据库的低质量会降低新实施的客户关系管理系统的高效性。最后，很多客户关系管理推介者会忽视这样的问题，客户是愿意与企业维持关系，还是渴望与企业有一种不同的关系（Rigby，Reichheld，Schefter，2002）。客户对于企业如何使用其有效的互动选项以及客户信息的认识与企业的观点截然不同（Newell，2003）。Verhoef 和 Langerak（2002）指出，对于那些低介入性产品以及功利性的产品和服务，企业维持关系的努力显得很微不足道，也不会为客户提供任何价值。

事实证明，对于客户关系管理，渐进式的方法要比面面俱到的方法更成功（Gentle，2002；Ebner 等，2002）。实际上，在 20 世纪 90 年代对整个企业业务流程再造（Business Process Re-engineering，BPR）项目的研究明确了常见的成功要素（Al-Mashari，Zairi，1999）。因此，客户关系管理范围越大，对流程再造的需求也就越多。

2.1.9　政府中的客户关系管理

多年来，客户关系管理一直被研究并应用于私营企业，只是最近才作为理念得到政府的关注。在电子政务出现、企业理念向政府领域迁移形成趋势的同时，这一话题才在一些文章和研究中出现。许多关于电子政务的著作在提及一站式政务或多渠道环境时马上就简略地谈到客户关系管理（Wimmer，Traunmüller，Lenk，2001；O'Looney，2002：91－132；Von Lucke，2003b；Marche，McNiven，2003；Larsen，Milakovich，2005）有的则间接地谈到这一问题（Bekkers，1999；Fountain，2001a；Brown，2005）。除了客户关系管理，作者们也简单地介绍了其他同类概念，如公民关系管理（公共关系管理）（Daum，2002；O'Looney，2002：96）、民众关系管理（客户关系管理）（Kavanagh，2001）、公共关系管理（Public

Relationship Management，PRM）（Bleyer，Saliterer，2004）以及公民冲突与关系管理（Citizen Eucounter and Relationship Management，GERM）（Trostmann，Lewy，2002），这些都强调了政府的取向和应用。

正如在 2.1 部分提到的，有关客户关系管理的文献高度分散，缺乏统一的概念化（Zablah，Bellenger，Johnston，2004）。因此，关于将客户关系管理应用于政府的文献也都各执一词。目前的公共关系管理文献缺乏统一的定义、概念化及公共关系管理目标。大多数关于公共关系管理的文章介绍的都是私营企业客户关系管理的一般概念、技术方面（客户关系管理系统）及政府的预期效益（见表 2-4）。客户关系管理应该对当前新兴的公民的关注点有一个更好的理解，并促使政府更积极地回应。此外，它使得政府和公民的关系更加密切。普遍认为，客户关系管理的许多方面并不只适用于特定行业。但是，这些还没有被运用于政府领域。客户细分可以帮助管理者识别那些需要帮助和即将需要帮助的客户。客户保留策略可以针对防止公民再次利用服务（Stone 等，2003）。但是，不赢利客户的终止、数据挖掘、服务范围及其选择的拓宽、外部效应以及将公民视为客户的概念化问题等被认为更难运用到政府中。

表 2-4　　公共关系管理文献综述

重点/视角	作者
案例研究	Wustinger et al，2002（Customer Interaction Center in Vienna，Austria）；Hewson Group，2002（various US and UK eases）；Shine/Cornelius，2003（Florida Department of Business and Professional Regulation）；Shone 等，2003（UK）；Hanyuh，Lai，2004（Taiwan）；Myron，2004（Baltimore，311）；GSA，2004（1（800）FEDINFO，US and international cases）；Gartner，2004：342-344（Baltimore） Richter，Cornford，McLoughlin，2005（customer contact center，UK municipality）；Center for Digital Government，2005（US，311）；King，Burgess，2005；King，2007（UK Pathfinder，CRM National Programme overview）； Sasaki，Watanabe，Minamino，2007（Japan）
技术	Cohen，Moore，2000（CRM system）；Kavanagh，2001（CRM systems）；Souder，2001（CRM system）；Pang，Norris，2002（CRM system）；O'Looney，2002：91-131（CRM and KM）；Peoplesoft，2002（technology）；Batista，Kawalek，2004（CRM system）；GSA，2004（CRM system）

续 表

重点/视角	作者
调查	Accenture，2001（PA，global）；Bauer，Grether，Richter，2002（PA，Germany）；Janssen，Wagenaar，2002（PA，Netherlands）；Accenture，2003（PA，global）；Procller，Zwahlen，2003（PA，Switzerland）；Schellong，Mans，2004（collaborative CRM，citizens，Germany）；Datamonitor，2005（PA，US）；Bearing Point，2006（PA，Germany）
概念	Deloitte Research，2000（CRM with focus on eGovernment）；Bonin，2001（CiRM）；Deloitte Research，2001（CRM with focus on eGoverment）；Trostmann，Lewy，2002（CERM）；Daum，2002（CiRM）；Hewson Group，2002（CRM）；Janssen，Wagenaar，2002（CRM）；Schmitt，2003（öCRM）；Von Lucke，2003a（CiRM）；Jupp，2003（CRM based on Accenture reports）；Stone 等，2003（CRM）；GSA，2004（CRM/CiRM）；Bleyer，Saliterer，2004（PRM，CiRM）；King，Burgess，2005（CiRM），Schellong，2005（CRM）；Michel，2005（CRM）；Larsen，Milakovich，2005（CzRM）；Schellong，2006（CiRM）；Pan，Tan，Lim，2006（CRM with focus on eGovernment）；King，2007（CiRM）；da Silva，Batista，2007（CRM，reputation）；Kavanagh，2007（CRM：311）
其他	Tapscott，2004（CiRM to describe eParticipation）；Michel，2005（CiRM to describe a new form of citizenship）；Cooper，Bryer，Meek，2006（citizen-centered collabora-tive public management）；Peppers，Rogers，2004（government CRM scenario）

文献中，公共关系管理一词以一种无一例外的方式被应用于全部的以公民为关注点的举措中。例如，通过门户网站在线提供公共服务的案例就是公共关系管理项目（Pang，Norris，2002；Shine，Cornelius，2003）的成功体现，伦敦哈林盖区呼叫中心和客户关系管理软件的使用也是很好的例证（Batista，Kawalek，2004）。除了对客户关系管理术语的不适，管理人员还要与客户关系管理知识的匮乏作斗争（Accenture，2001；Janssen，Wagenaar，2002），声称进行客户关系管理的公共管理要将客户关系管理与单个客户服务、在线门户网站式、电子案例管理、呼叫中心、一站式服务中心以及 CRM 软件结合在一起。然而，文献在有关公共关系管理实施中组织、文化或流程相关的变更等方面缺乏对客户关系管理的全面、深入的理解。

King（2007）分析了英国客户关系管理探路者计划（2001—2002）和客户关

系管理国家计划（2003—2004）的结果。大多数英国客户关系管理项目集中于增加客户关系管理在呼叫中心和一站式服务方面的能力。参加试点项目的市政府处于一条所谓的客户关系管理发展之路的不同阶段，结果发现这一发展之路并不需要建立在彼此的基础之上。因此，在没有强有力的条件构建一个以客户为中心的经营组织的条件下，呼叫中心与多渠道环境被建立起来（King，2007）。此外，几乎没有证据表明曾经做过任何的公民分析（细化、需求分析）、机构组织变化（部门间的连接）或者真正的多渠道沟通等工作。Janssen 和 Wagenaar（2002）发现了相似的结果，并总结出荷兰公民关系管理还处在“胚芽期”。与此相似的还有对德国公共管理中现存客户关系管理状况的研究，Bauer、Grether 和 Richter（2002）指出，客户关系管理所应用的元素不符合前面章节（2.1 部分）所给出的整体概念。个性化和对通用的公共服务的推敲经常被付诸实施，而市场细分和盈利能力分析却仍然是无人触及的领域。在众多开发客户关系管理面临的障碍中，德国政府提到了它们缺乏人力资源并受到时间的制约。它们期望客户关系管理能够带来更高的公民满意度和信任度，或是提升政府当局的形象和接受度（Proeller，Zwahlen，2003）。在美国，公民关系管理多半与 311 非紧急呼叫中心连接（Center for Digital Government，2005）。图 2-4 是目前美国和加拿大 311 项目的概况。它们多数是市级实施。Kavanagh（2007）指出：

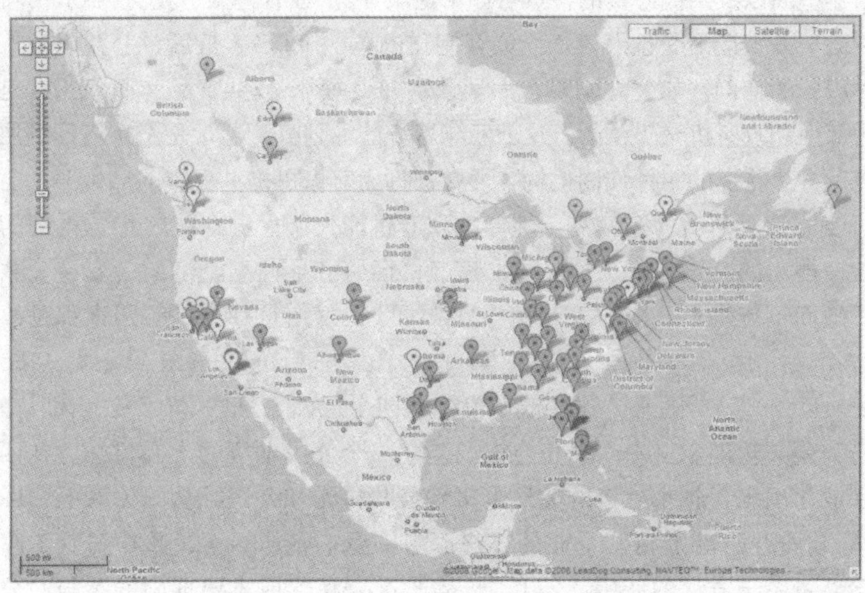

图 2-4 美国及加拿大 311 项目实施概览

“一个政府实施客户关系管理，可以包含很多具体能够提升政府与选民关系的活动。最常见的应用程序是选民联络中心，它为选民质询提供了一个单独的切入点。也许最著名的政府客户关系管理联络中心典型是311电话。（因为）电话仍然是选民与政府联络的首选方法……电话至少在不久的将来还会是政府客户关系管理的焦点。（但是）客户关系管理并不等同于311。客户关系管理是指关注政府管理的一门选民学科；即便是重要的，311也只是一个可能的客户关系管理工具。而且311电话的存在不一定就意味着政府已经实施了客户关系管理，311只是一种技术而已。如果不是建立在以选民为中心的流程和员工行为的基础之上，其就不是客户关系管理。”

2.2 公共管理中以公民为导向的改革

为了实现目标与宗旨，履行其职能，政府必须提供公共产品和服务。因此，就其本质而言，公共机构是服务机构，其必须能够响应公众。尽管公共服务以与社会紧密的互动性为特征，但它还是呈现出强烈的多样性（Laing，2003）。公共服务可被分为共同的、独有的或公益服务。共同性服务具有不可分割、非独占、取之无尽、自然垄断以及共同筹资的特点（如街道服务）。独有性服务是分摊的、排他的、会用尽的，并直接由受益人筹资（如客制化的车辆牌照）。最后，公益服务兼具以上两种服务的特点（如公立剧院、大学食堂资助餐）。公共产品和服务通常是由公共管理部门和政府机构提供的。这就意味着职能的划分（通常是金字塔形的层次结构）以及一个特定的指挥控制机构，通常被称为官僚机构（Weber，1922）。

过度监管及渐增的管辖复杂性导致政府机能失调。公众能够感觉得到的官僚机构响应能力的急剧下降、产品导向型经济向服务导向型经济的转变、公共资源持续稀缺而不能满足公众需求和日益复杂的公民（信息社会）等因素都是改革的外在推动力。结果，在过去的20年里，公共部门的改革层出不穷（Pollitt，Bouckaert，2000）。通常，这些改革发生在四个层面（见图2-5）：内部、外部、为政府和公共管理定义一个新角色以及建立一个公民本位的中心目标。在西方民主和工业化国家，越来越多的关注聚集到公共机构和公民社会的关系上（König，2003）。政府开始借鉴私营企业的客户服务概念。Borins（2002）阐明了改革的五个构件：系统方法的使用、ICT、流程改进、私营或志愿部门的参与、公民与公职人员权利的赋予。政府如果遗漏了其中最后一项，就会失去教育公民和为改革搏取支持的重要机会（OECD，2000）。但是，公共领域的改革面临一系列复杂的壁垒和障碍，被称为“社会政治防火墙”（Vigoda 等，2005）。其中包括对公民需求、当前的组织结构、文化和价值观的适应能力的匮乏（Rogers，1983），以及关键执行官员们的政治决策与考量（Bogumil，1997a：134）。

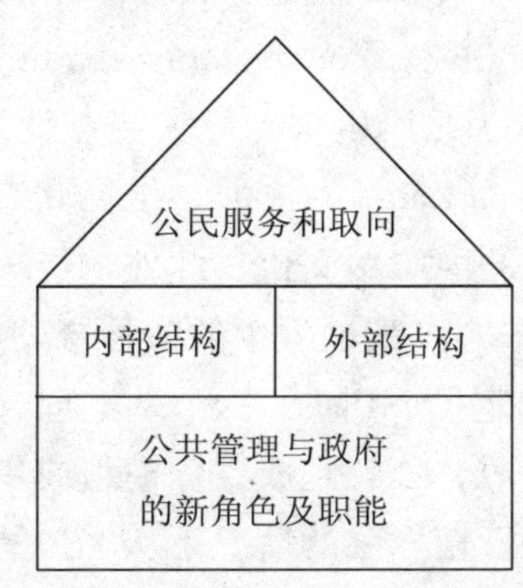

图 2－5 20 世纪 80 年代以来行政改革的层次和目标

资料来源：改编自 Budaus 2002

下面的文献综述总结主要的、旨在改进以公民为导向的公共管理的改革运动。首先介绍新公共管理（New Public Management，NPM），因为从 20 世纪 80 年代开始，其观点和理念就在行政管理改革和研究中处于支配地位。特别是，我把重点放在全面质量管理（Total Quality Management，TQM）的概念上。其次，我将介绍电子政府，强调通过网络建立的政府与公民的外部关系。这些综述可使我们明确公共关系管理与以往概念相比所具备的特点。另外，我们可以在已有的改革中将以公民为导向的改革划分层次。最后，通过研究过去的改革项目揭示出对公共管理者具有重要意义的成功要素和障碍。

2.2.1 新公共管理

公共部门改革起始于 20 世纪 80 年代，通常被称为新公共管理（NPM）。从 20 世纪 70 年代开始，利用私营部门管理概念进行的改革已成为政客们用以回应公众对政府绩效与运作不满的“民粹主义腔调”（Arnold，1995）。Wilson（［1887］1987）这位后来当了美国总统的大学教授，曾经在 19 世纪末建议从商业领域吸取真知灼见，因为“公共管理领域其实就是商业领域”。然而，Hood 和 Peters（2004）指出，早期的 NPM“没有两个学者列出其相同的特征”。这一概念“宽泛而多元化，就像是为公共管理改革的不同要素提供了‘购物篮’”（Christensen，Laegreid，2001）。对NPM的理解和概念化方面的差异仍旧存在（Brudney，Hebert，Wright，1999；Pollitt，Bouckaert，2000；Schedler，2003）。

NPM一词系指一组规范性管理概念、工具（Frederickson，Smith，2003）以及目标，而不是政策。NPM很大程度上取决于理性的公共选择理论，以及私营部门和市场模式（Kelly，1998；Reinermann，Ridley，Thoenig，1998）。传统的Weberian（韦伯）理论认为政府机构的最大特点就是其官僚机构和决策功能。而NPM理论反对这一观点。（Lane，2000）。依据其观点，传统的公共管理用于促进主要服务于其自身需求的内向型文化。此外，传统的决策过程和组织结构会阻碍创新。NPM旨在通过影响决策过程中的各种合理性来增强集体的效用。

Reinermann（2003）确定了NPM的六个基本理念。第一，复杂的管理设置应通过将机构单位组织（分散、分解）成服务模组或集群来进行分组。第二，流程再造应在跨越多层结构和管辖界限的情况下从客户的角度出发进行。第三和第四，公共垄断应接受市场竞争的挑战以使公共组织更具责任感，更加以客户为导向，提高服务质量。第五，应改变人力资源管理以发挥其辅助性、革新性和灵活性，而又不失系统完整性（如更广泛、更扁平化的组织结构层次，产出目标，定期合同，货币激励，管理自由）。所有的层次结构等级要求能够体现其决策和行为所带来的影响（如预算削减等其他结果）。管理者必须是掌舵者而不是划桨者。也就是说，他们要考虑尽其可能保持资源和需求之间的平衡，集中实现一个目标（Osborne，Gaebler，1992：35）。最后，基于之前提及的关于NPM的五个基本理念，NPM意在赋予行政管理及管理阶层以典范和远见。除了专注于内部，Kißler等（1997：39）还确定了政府改革“精益政治”（May，1995）长远目标，类似于“精益管理”。表2-5（Denhart，Denhart，2003：28-29）总结了NPM与传统公共管理之间的区别。

表2-5　　传统公共管理与NPM的比较

	传统公共管理	新公共管理
主要理论与认识论基础	政治理论，被朴素的社会科学引申的社会及政治评论	经济理论，基于实证社会科学的极具经验性的对话
占优理性及人类行为相关模型	综观理性，“行政人”	技术经济理性，“经济人”或利己决策者

续 表

	传统公共管理	新公共管理
公共利益概念	公共利益从政治上来定义，以法律形式表现	公共利益代表着个人利益的聚合
响应	委托人及选民	客户
政府的角色	划桨（制定和实施政策，侧重于单一的政治目标）	掌舵（扮演释放市场力量的催化剂角色）
实现政策目标的机制	通过现有的政府机构来管理项目	通过私营的和非营利的机构来建立机制和激励结构以实现政治目标
问责方法	等级制——行政官员对民主选举出的政治领袖负责	以市场为导向——自我利益的积累会引发广大公民（或客户）都想要的效果
行政裁量权	行政官员拥有受限自由裁量权	在满足企业化目标方面有相当广泛的自由
设想的组织结构	官僚科层组织，特点是自上而下的权利机构及对委托人的控制与规范	分散的公共组织，主要控制权保留在机构内部
设想的公职人员与行政管理人员的激励依据	工资和福利，公职人员保护	企业家精神，意识形态上对缩小政府规模的渴望

NPM已经被证明是很难定义的，因为不存在可明确分辨的变量、因果关系或普遍认可的测量方法。NPM的意义也会随着时间的推移而改变，并且该词语适用于各种类型的改革（Ferlie，Lynn，Fitzgerald，1996；Hood，1996；Stark，2002；Bevir，Rhodes，Weller，2003）。因此，一些作者推断NPM正处于前理论阶段（Klages，Löffler，1998；Christensen，Laegreid，1998；Bevir，Rhodes，Weller，2003）。因而，Reinermann，Ridley和Thoenig（1998）认为在大型的组织机构中实施NPM没有足够的实证证据。此外，也没有可用于理论发展的常见术语。对NPM的研究主要集中在三个主题（Christiaens，Windels，Vanslembrouck，2004）：新公共管理运动的描述性研究（Hood，1991；Stark，2002）；有关新公共管理法则对不同政府组织机构影响的批判性分析（Barberis，1998；Cunningham，2000）；把重点放在研究新理念在不同国家的应用以及公共部门的不同层

次的应用上（Pallot，1999；Klinger，2000）。Ridley（1996）的研究表明，制度视角对于国家比较具有重要意义，其对于理解为什么 NPM 的某些要素得以贯彻而其他的要素却被抵制这一现象也具有重要意义。因此，健全改革评价，也需要总结过去的行政和政治改革（Klages，Löffler，1998）。

2.2.2 NPM 的批判

对 NPM 的反对源自五个方面。大部分的文献对 NPM 的经济学原理提出质疑；其他的文献从意识形态、文字表达、普遍性和可持续性等方面对 NPM 提出质疑。

如前所述，NPM 的前提条件是私营部门的管理理念与经济学原理可在不经任何调整的情况下，直接应用于公共部门。然而，市场失灵对于新古典经济学中的商品或服务是一个常见问题（Bator，1958；Krutilla，1967）。价格—市场体系制度并不能维持理想的活动或防止不希望的活动。因此，人们通常认为，商品或服务具有较强的外部效应（例如污染、公共财富的再分配），需要国家进行一定的宏观调控（Cornes，Sandler，1996）。随着时间的推移，市场也可通过企业并购朝着双头垄断或垄断方向发展，这可通过寻租活动[①]防止“帕累托最优”（Tullock，1967；Gradstein，1993）。最后，竞争一般并不会带来投入要素（例如私营企业的官僚化也会随着企业规模的增加而不断增强（Meyer，2004））或产出因素（如通过采取全面质量管理这样的措施而实现的客户满意度）的最优配置（Anderson，Fomell，Lehmann，1994）。这也就是为什么有些人认为 NPM 注重效率和市场化改革会影响以民主为指导原则的公共管理（Box 等，2001）或会削弱美国宪法。对 NPM 经济学原理的深入批判源自委托代理理论。新制度经济学表明，由于存在逆向选择、道德风险或交易成本契约关系并不必然优于政府层属关系（Le Grand，Bartlett，1993），因此，Fredenickson 和 Smith（2003：123）认为委托代理理论不能作为公共管理理论。事实上，公共管理学中存在某种二元委托代理形式（EO<>PA<>C），尚未被研究（Klages，Löfller，1998：44）。总之，NPM 的潜在市场机制并不会自动带来所期望的结果。

其他文献的作者更多地把重点放在 NPM 的定性和意识形态方面。而有些人认为 NPM 是“中年化的”，产生了许多不良的副作用（Hood，Peters，2004）。

---

①寻租活动是指在没有从事生产的情况下，为垄断社会资源或维持垄断地位，从而得到垄断利润（亦即经济租）所从事的一种非生产性的寻利活动。整个寻租活动的全部经济损失要远远超过传统垄断理论中的“纯损”三角形。

Lynn（1998）宣布 NPM 的“终结”已经到来。Dunleavy 等（2005）也支持这种终结论，其阐述道：

“改革的火炬已经传递下去，并会一去不返。”

但在曾经抵制 NPM 的一些国家，如日本，NPM 思想仍蓄势待发（Yamamoto，2003）。由于存在全球差异，Lynn（1998）对新公共管理的可泛化的适用性表示怀疑。例如，在英国，NPM 旨在创建一种极简主义的状态；而在挪威，NPM 则意在保护这种状态（Bevir，Rhodes，Weller，2003）。1983 年法国实行了机构极度分权的改革，这与英国将各机构尽量集中的倾向形成了鲜明的对比（Hood，1996）。新西兰组织机构的分权化导致了 300 个独立机构和部门的产生，事实证明，很难将这些机构部门协调起来，而且它培养了一种竖井心理①（Gregory，2003）。因此，新西兰正在努力地纠正分权改革带来的弊端。

诸如分权化的术语可以指组织机构的变化或将权力下放到地方政府。而且，政治领域总是需要用新的词语来描述行政改革；当更新的概念出现时，“新公共管理学”这一术语就会迅速丧失其独特性。当我们想到电子政务自 1999 年起就已经出现在大多数政府的议程上这一情况时，就很容易理解政治领域的术语更新现象。Dunleavy 等（2005）得出了类似的结论。Bogumil（1997a：135）认为，NPM 的措施与其巩固公共预算的目标是矛盾的。根据其观点，鉴于当前的国债水平以及实施项目和信息通信技术的成本，实现组织创新和柔性财政是困难的。

NPM 旨在通过详细的指令、检验以及公共信息政体②间的制衡来取代官僚的责任（Zuurmond，1994）。因此，Reinermann，Ridley 和 Thoenig（1998）提出质疑，应该由谁来控制公共行政高官们获取公共信息工具。事实上，Stoker（1998）指出了地方政府或一些工会曾在无意识状态下做过的一些事情，并且 Stewart（1992；1993）阐明了 NPM 是如何导致责任制缺失的。在“斯凯岛跨海大桥”当地住房项目中，当局的工作既存在竞争又存在财政必要之外的合作，保留了传统的公共住房和服务提供方面的观念。因此，那些努力并没有达到以客户为导向和改革家们预想的灵活的住房供给的目标。在另外一种公开招标的情况下，私人承包商得出结论：“如果地方当局不愿出局，它就不会出局。”

Skalen（2004）通过实证研究认为“NPM 创建的是异质的、冲突的且不稳

①竖井心理，又被称为“孤岛思维”，即团队成员通常仅仅关注各自的职能部门或业务单元。如此有限的关注，阻碍了组织的个别部门对整体运营卓越性的促进作用。

②“信息政体”，原文为 infocracy。维基百科解释为：An organization whose operation is based on the flow of information，即一个基于信息流进行运作的公共组织。

定的组织机构特性，而不是原本设想的统一且稳定的企业特性”。这可能存在“负面影响”（Stoker，1998），并且由于忽视或威胁到行政需求（如组织业务需求，文化），产生“副作用”或“反向效果”，导致职能中断。此外，试图通过强调结果和客户满意度而不是行政和政治程序来改变政府的改革没能考虑到立法机关的自身利益，因此会带来不可控制的后果（Merton，1938）。如 Rosenbloom（1993）所述：“即使联邦政府彻底改造……国会可设法重新发挥其杠杆作用制衡有关机构。”根据这些线索，Hood 和 Peters（2004：270）参考 Maor 的研究（1999）发现，NPM 增强了管理域的政治化而不是所期望的非政治化。特别是，民选官员试图获得雇佣和解雇行政专员的驾驭权利。本研究特别有趣的是，Dunleavy 和 Hood（1994）观察到分割官僚机构对大部分公民了解官僚科层结构有着意外的影响，从而削弱了解决公共政策问题的一个至关重要的部分——告知公民认识该体系。

尽管存在批判，研究者们普遍承认，NPM 引起人们对绩效管理的日益关注（Kickert，2000），引发了行政改革的国际对话和将经济、社会和社会心理模式应用于行政管理科学的一套综合方法（Osborne，Gaebler，1992；Kettl，Milward，1996；Lynn，1996）。在下文中，我将集中介绍 NPM 中对实现以公民为导向管理极为重要的一种方法：全面质量管理。

2.2.3 全面质量管理

全面质量管理（TQM）产生于日本制造业的生产管理技术。通过 TQM 推动组织变革的动力因素和动机为技术革新、经济全球化、竞争加剧以及市场饱和（Lawrence，1989；Miranda，2003）。TQM 一词最早是由美国国防部、海军人事研发中心和海军航空系统司令部等提出的概念（Secan，1996：23；Miranda，2003：35）。美国国防部（1990）对 TQM 的定义如下：

“TQM 既是一种哲学又是一套指导原则，它代表持续改进的组织机构的基础。TQM 就是将定量方法和人类资源应用于改善提供给组织机构和组织内所有流程的材料和服务，应用于提高现在和将来客户的满意程度。TQM 是一种以持续改进为重点的、严格的方法，集成了基本管理技术、现有改进工作以及技术工具的（Lin，Ogunyemi，1996）。”

不论该定义如何，Deming（1986）的研究工作使 TQM 这一概念得以广泛流行，并且引起学界对这一概念给予各种定义。Deming（1986：23－24）强调了基于定量方法的促进质量提高的 14 个核心点（附录 C）（Ehrenberg，Stupak，

1994：79）。定量方法允许依据标准以及持续改进方面的工作进行评估。Anderson，Rungtusanatham 和 Schroeder（1994：476）认为存在一种潜在的理论［见图 2－6（Aaderson，Runtusanatha，Schroeder，1991）］，比如泰勒（1911）在 TQM 里的一套复杂的组织内及组织间的关联规则中的科学管理或学习型组织的概念（Lawrence，Dyer，1983）。Ehrenberg 和 Stupak（1994）把 TQM 视为系统理论的一部分。在系统理论中，组织机构是复杂的网络，包含投入、处理、产出和反馈。组织单位的作用只能通过分析外部关系（例如客户、供应商）来理解，这些关系具有一种复杂的、动态的且时而不为人理解的性质。从系统理论的角度来讲，TQM 的目的就在于引发这种理解。

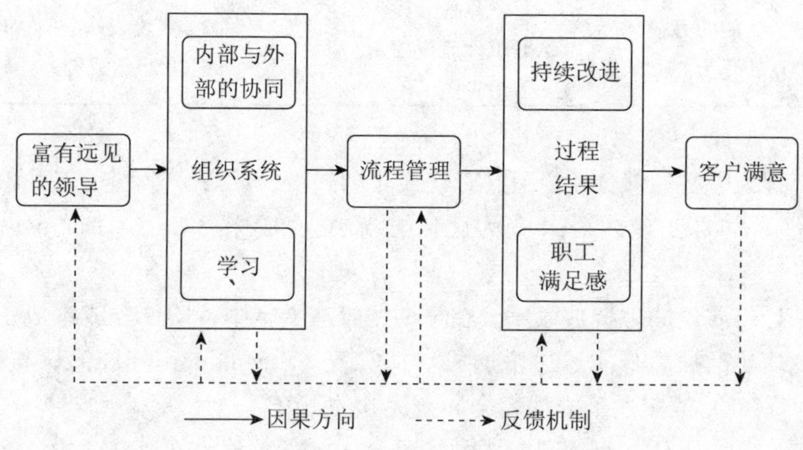

图 2－6　TQM 理论

Lindsay 和 Petrick（1997：20）在 Scharitzer 和 Korunka（2000：943）文中，将 TQM 定义为对于所有组织以客户为导向的业务单位、职能以及员工包括外部供应商的广泛而系统的概念。Lin 和 Ogyunyemi（1996）认为 TQM 是一门“整体管理哲学”。Wruck 和 Jansen（1998：402）曾指出“TQM 是一种有提高效率和质量潜在可能的、以科学为基础的、没有层次的且不以市场为导向的组织技术”。这与 Miranda（2003：36－37）将 TQM 限定在制造业范围内的定义类似。因为质量是组织存在的关键，客户导向更是如此，结果引发从以产品为导向向以客户为导向的转移。以客户导向、持续改进和团队合作是全面质量管理的核心原则（见表 2－6）（Dean，Bowen，1994；Ehrenberg，Stupak，1994）。

表 2-6　　TQM——原则、实施及技术

	客户导向	持续改进	团队合作
原则	提供满足客户需求的产品和服务是极其重要的；需要组织广泛关注客户	客户一贯的满意只能通过不断的、创造产品和服务的流程改进来实现	客户导向和持续改进的最好的实现方式是组织与客户、供应商间的通力的协作
实施	直接联系客户。收集有关客户需求的信息。利用信息来设计和推广产品和服务	过程分析 重新设计 问题解决 计划/执行/检验/处理	寻找对于所有参与部门都有利的部署。形成不同类型的团队。团队技能培训
技术	客户调查与关注群组。质量、功能的开发（将客户信息转化为产品的规范）	流程图 帕累托分析 统计流程控制 鱼骨图	团队开发方法，如技术。团队建设方法（如角色说明和小组反馈）

以流程为中心的 TQM 会引起管理模式的转变。第一，个别员工并不是解释质量问题的主要变量。结果应为团队或系统的成果（Carr，Littman，1990：196）。

第二，对质量的理解被颠倒。在早期的管理文献中，质量与成本成正比的关系，因此质量的提高只能通过增加成本来实现（Steenkamp，1989）。与此相反，Deming（1986）假定质量的提高会导致成本的下降。

第三，客户主体在组织科学中并未受到太多的关注。在 TQM 中，客户互动对于散布在组织中的信息的收集是十分重要的（Dean，Bowen，1994）。基本思想是，满意的客户是忠实的客户，因此会有满意的员工，保证企业公司得以生存并具有竞争优势（Anderson，Rungtusanatham，Schroeder，1994：491）。而且，TQM 在内部客户（如不同业务单位的员工）和外部客户（如消费者、供应商）上有所区别。

客户服务和以客户导向也是设计某个单一流程以及连接过程的指导原则（Grant，1995：14）。预防服务或产品的变异是制造高质量的关键因素。由于过程设计和团队合作（人们在研究、设计和销售以及生产过程中必须以团队形式工作（Deming，1986））的原因，层次结构变得模糊。此外，通过将特定的知识（如策略、复杂的依赖关系）传播至各个层次实现的组织层次内部对重要知识的再分配，一方面可以提高质量，另一方面可能产生代理冲突（Fama，1980）（Wruck，Jensen，1998）。领导层保持其战略性角色，但占据促进协调的位置。

但是，一些作者认为 TQM 并未起到所预期的策略规划的作用（Albrecht，1993：Godfrey，1993：Perry，Wong，Bernhardt，1995；Redman，1995：Bennington，Cummane，1997）。

第四，上述所有区域内的持续变化只能通过行政领导的承诺、领导能力和沟通技能方可实现（Bennington，Cummane，1997：366；Ehrenberg，Stupak，1994；Bennington，Cummane，1997：82；Douglas，Fredendall，2004：414）。如果管理人员缺乏这些能力，TQM 将极有可能失败（Reger，Gustafson，1994）。

因此，TQM 项目的核心要素可归纳为以下 12 个方面（见表 2－7）。

表 2－7　　TQM 的 12 个组成部分

1. 坚定的领导	高层领导恪守热衷的、坚定不移的、长期的管理理念承诺，这些理念包括全面质量管理、持续改进或是质量改进等
2. TQM 的采纳与沟通	使用诸如任务陈述，以及主题或口号等的工具
3. 更密切的客户关系	确定客户（公司内部的和外部的客户）的需求；之后无论需要付出什么代价都满足这些需求
4. 更密切的供应商关系	与供应商密切合作（通常是独家供应产品的关键部件），保证他们所提供的能够符合客户最终用途的要求
5. 标杆管理	研究和观察有竞争力的最好的实践活动
6. 加强培训	通常包括 TQM 原理、团队技能和问题解决
7. 开放性组织	人员精简，获得授权的工作团队，开放性的平等沟通，传统等级制度的削弱
8. 员工授权	提高员工在设计和计划中的参与度，让员工在决策制定中更有自主性
9. 零缺陷意识	在缺陷出现时及时发现缺陷，而不是通过检测和重新制作来事后弥补
10. 柔性生产	（仅适用于制造业）可包括即时库存，单元化制造，可制造性设计（DFM），统计过程控制（SPC）和实验设计（DOE）
11. 流程改进	通过跨部门的流程分析，在各个方面减少浪费和缩短循环周期
12. 测量	目标取向，热衷于数据，经常性的绩效评估，通常利用统计方法

2.2.3.1 TQM的批判

TQM并不是完美无瑕的。事实上，Keleman（2000：484），Reger和Gustafson（1994）以及Bennington和Cummane（1997：366）已发现，高达80%的TQM项目实施是失败的。因为团队合作的社会关系的复杂性以及对概念的不同认知，TQM的结果对于行政领导而言是很难控制的（Kelemen，2000）。失控、自卑感、恐惧心理、日常习惯的变化、社会网络的中断或缺乏理解均可能激活强烈的反作用动力（Galitz，Cirillo，1983）。Bennington和Cummane（1997：366-367）将工会对于隐含在TQM中的广泛变化的反应当作另一个不确定性因素。

还有一些学者质疑规范性假设，该假设认为TQM是一种不涉及价值的技术工具或概念（Steingard，Fitzgibbons，1993；Wilkinson，Willmott，1995；Miranda，2003）。TQM源自隐喻的广泛使用。Wilkinson和Willmott（1995）力劝研究者们充分理解质量及其基本假设以及隐含的权力关系。为使组织能够在敌对环境下得以生存，所有相互依赖的部分必须集中在领导层设定的共同目标上。因此，个人或集体的存在受到上述条件的限制从而满足组织的要求（Miranda，2003），这将引起对员工主观性的全面控制（Steingard，Fitzgibbons，1993）。

2.2.3.2 政府中的TQM

Ehrenberk和Stupak（1994：88）认为："TQM是政府改善公众满意度的一个重要概念。"Secan（1996：34）在一句俗语中看见过一个类比，"满意的客户会再次光临"。公共管理中更高层次的公民本位，能够改变公民对政府的怀疑态度，使公民以完全积极的态度与政府合作。

NPM与TQM从某种程度上讲是同义词（Scharitzer，Korunka，2000；Bogumil，Holtkamp，Kißler，2001）。但是，TQM为引导NPM改革的一个子集（Reinermann，Ridley，Thoenig，1998：43）。

TQM有别于方案举措，如零基预算（Zero Based Budgeting，ZBO）或目标管理（MBO）。事实上，Deming（1986：54）说过："只注重结果一定会被领导废止和取代。"掌舵强调的是结果，以过程为代价，这会促进短期的唯名主义（Naschold，Watt，Amkill，1996）。掌舵可能导致设定的目标容易实现并具有主观性，增加了不透明性和不正当优先权的危险。数字目标与组织创新和质量提高是矛盾的，因为它们创造了一种恐惧的文化氛围。因此，从这个角度上讲，创新可能导致实现目标失败。此外，战略目标的运作实施与阐释是不同的。

相比而言，TQM侧重衡量投入和由高管们掌控的整个组织体系的流程。

Saueressig（1999：27）得出结论："流程导向的方法更适宜于提升效率和外部质量，因为它们需要内部重组。"这就需要把所有管理流程看作一条为各自目标群体（公民、事业单位企业、行政单位）打造的价值链。但是，Bogumil，Holtkamp和Kiβler（2001：77－78）得出结论：政府的TQM存在"不一致诱因"，例如市场竞争，这会使得全面质量管理的应用受到管理领导层的个人利益和其所下功夫或监管环境的限制。公职人员管理的后续规定（"繁文缛节"）通常并不是由官僚机构自行设定的，而是由诸如国会或议会等的政治机构设定的（Wilson，1989）。Bandemer（1998）建议"引进积极管理公民投诉的流程作为一种引导必要变更的手段"。根据上述内容，Bogumil，Holtkamp和Kiβler（2001：78）预计"TQM能够提供一个将公共管理从一种内向型的文化转换为一种更为外向的（以公民为导向的）文化的机会"。

Swiss（1992）发现在"未修改的、非正统的形式"中，TQM并不适应政府环境，除非发生一些实质性的概念变化。他将TQM的投入导向批判成是通过目标管理、项目预算和绩效监控系统所实现的成果的倒退。在政府内，"（迈向）强调产出，事实上通常就是迈向所期望的长期愿景"，并且"它一如往常地强调产出和过程，代表短期业务"（Swiss，1992）。此外，服务在被生产的同时被消费，这对于控制政府的管理质量十分困难，一如商品制造中的控制。他也批判将公民定义为客户，我将在2.3.2部分对此进行详细说明。最后，当Swiss（1992）承认TQM提供"创新理念，特别是改善流程"的同时，他总结说，职工参与以及定量产出跟踪的观点看上去好像政府的"新瓶中的陈酒"。

尽管Rago（1994）支持Swiss（1992）修改TQM以利政府使用的论据，但他同时指出，Swiss的对立结论"紧密地"联系着他的组织观点。将TQM转化至政府领域的困难源自于其他因素而非客户定义或工作流程。Rago（1994）认为："客户对于政治文化无限量供应的需求得不到满足会产生TQM应用的实际问题。"根据上述内容，Lin和Ogunyemi（1996：6）得出结论："TQM适用于政府，因为公共服务与个人服务属于同一类别。"这种理念通过Bennington和Cummane（1997）所做的一个案例研究得到了进一步印证。该研究是关于在1989—1996年成功在澳大利亚行政服务部门的"资产服务"中实施TQM。

在政府的TQM实施中，Lin和Ogunyemi（1996：5－9）确定的常见错误如下：

- 片面强调技术，而以领导和管理为代价；
- 在定义其特定角色及确定需求之前实施技术；
- 在建立TQM支持系统之前培训员工；

• 将 TQM 理解成一组措施和技术工具（如基准、图表、矢量图），而不是一个理念；

• 根据服务的定性特征，将服务理解成不可分析的和不可计量的；

• 将 TQM 理解成以结果为导向的，而不是一种以流程为导向的方法；

• 缺乏民选官员和行政领导的优先的、持续的支持。

而且，民选官员和行政领导既不会为 TQM 的实施提供优先条件，也不会提供其所需要的长期赞助。Ehrenberg 和 Stupak（1994：89）强调说，许多人一直在没有公平的实施测试的前提下谴责 TQM。“公共部门近期的变化对成功实施 TQM 产生了积极影响”。例如，费城的退伍军人事务保险中心能够“将必须进行相关服务后续调查的退伍军人的数量减少一半”（Ehrenberg，Stupak，1994：93）。

为了在资源（员工、预算）的较低层面提高效益及效率，公共管理必须在有限的财政预算允许的情况下优化流程。私有化或合同外包正成为政府服务垄断的可替代选择。在实施政策时，利益群体和公民经常利用他们的话语权改进现有服务的质量并挑选以公众为导向的设计。但是，外部环境（政治、媒体和公民）更加难以预测，并且，有时“……在公共部门比公民的‘言论’更有影响力。（因此）为将 TQM 打造组织成功的有益样板，从大型组织的较小机构或子元素入手是很有必要的”（Ehrenberg，Stupak，1994：95）。

Hirschfelder（1998）描述了该方法。德国的萨尔布吕肯市（Saarbrücken）在试图做出更大的组织变化之前从四个局部自主 TQM 项目入手。更激进的方法会被公民或公职人员所拒绝。行政领导意在通过 TQM 改变组织文化并创建以人为本的组织。该方案会带来开放时间的变更、服务提供时间的减少（如营建许可）以及预算节约。而且，公共工人工会同意引入绩效工资部分。TQM 项目所面临的挑战与以前的调查结果相符。管理人员持怀疑态度，有时候会公开反对 TQM 的合理化影响。随着时间的推移，行政上的支持和兴趣开始下降。工作小组的成果产生不同的结果。同时，一些人将定期的会议当作额外的工作和时间上的负担，其他人则对透明性感到恐惧。

Scharitzer 和 Korunka（2000）指导了一个纵向案例研究，研究从管理人员和客户角度看 TQM 和变更管理干预的影响。他们分析了一个公共住房区域内的奥地利市政服务单位。TQM 项目产生了一种新的层次结构、客户服务团队、公民服务中心以及一套软件系统。事实证明，未参与规划过程的公职人员不太满意，且会更有压力。内部信息运动在变更的洞察方面产生了重大影响。项目实施 12 个月后，公众满意度调查显示服务满意度水平有了显著提升。来自外部民众的评定等级要超出公职人员对他们的组织的预期评定等级。在其他研究中这种二分法是一种常见的观察法。

最后，管理的规模是十分重要的。大城市对于 TQM 具有更大规模的实施工作方面的资源投入，更信守承诺。城市的人口数量会影响公共服务，同时，其对于与实施 TQM 相关联的信息的需求量更显著（Berman，West，1995）。

2.2.4 电子政务

从历史角度来看，公共管理是率先利用信息和通信技术的（Reinermann 等，1988；Lenk，1994；Adler，Borys，1996；Werner，Wind，1997；Lucke Von，2003：30）。打卡机用于人口普查，电子数据库技术一经出现，就一直在政府中使用。互联网的来源同样也可追溯至 20 世纪 60 年代的一个政府项目。ARPA-NET 是美国国防部为大学创建一个分组交换网络，以便能够共享计算能力的方案（Abbate，1994）。在 20 世纪 90 年代早期，市政当局已经开始使用电子邮件、公告板和其他互联网组件（Ho，2002）。20 世纪 90 年代末，随着 ICT（信息通信技术）的发展以及 ICT 在社会上的广泛应用，政府不得不关注使用互联网的各种可能性及其他技术。“Y2K 问题”（千年虫问题），即一个软件设计的缺陷，导致了 2000 年 1 月 1 日后相关日期的程序处理不准确，使得政府加大了对新技术的投资力度。同时，它们认识到与技术相关的公共—私人相互依赖性以及对国家电子基础设施的需求（Brown，2005）。学者们认为，诸如演化中的信息社会的外部因素的作用（Martin，1995：Castells，1996）在开启这个潮流时发挥的作用要比前文所述的政府改革中起到的作用要大得多（Fountain，Osiro-Urzua，2001；Schedler，Summermatter，2002；Binz-Scharf，2003）。

根据 Lenk 和 Traunmüller（2002）所述，ICT 只能在 NPM 中发挥辅助作用：支持财务管理或收集绩效数据（Schelin，2003）。因此，上述系统目的是支持某一机构以及公共管理的常规“烟囱管”式结构的具体需求（Atluri 等，2002）。这是一种相当内向型的视角，其已被更加重视外部关系和电子政务中 ICT 的潜能所替代。

ICT 在政府内部、外部流程、业务和活动方面的应用被称为电子政务（eGovernment）。虽然没有一个关于电子政务的权威定义，但我们可以根据具体的环境和其应用广度判断其不同的内涵（Allan 等，2006）。许多研究者将电子政务限定为在互联网上提供公共信息及服务（Dawes，2002b）。较为宽泛的电子政务定义强调政府凭借技术、电子公共服务以及电子参与所进行的内外部运营方面的变化（Grönlund，2002）。在某些情况下，电子治理和电子政务被当成同义词使用，或用在电子民主语境中。例如，Peri（2001）将电子治理描述为“政策制定的数字支持，决策制定，部长与其致力于政策规划、开发与管理的下属公职人员之间的分工合作”，而不能与电子政务中的电子民主一词联系在一起。但是，在本研究中，电子治理指政府在调节（如调整财产权法以反对非法下载）并促进（如资助学校的信息技术设备）信息社会以及 ICT 的发展（König，Adam，2001；Gisler，Spahni，2001）。其他描述电子政务现象的词语包括有线政府（O'Looney，2002）和数字政府（McIver，Elmargarmid，2002；West，2005a）。因为存在向政府相关词语中过度添加诸如“e”（电子的）、“m”（移动的）或“u”（无处不在的）字样的情况，“数字政府”这一概念目前为多数研究者们所青睐。此外，当研究者们讨论技术及其潜力时，他们或多或少地忽略了组织变革以及在政治—管理环境中技术的相互作用。根据上述内容，为了防止我们的视野变得狭隘造成对问题复杂性的忽视，有必要将电子治理、电子政务以及 ICT 的未来技术列入我们对数字政府的理解中。

下面的分类图有助于对电子政务的举措进行分类研究（见图 2-7）。电子行政一词系指 ICT 的内部应用，当然，其可支持被纳入电子服务的 ICT 的外部应用。政府公众参与领域内的各项活动与 ICT 的应用，无论是在投票或在决策过程中，均指的是电子民主。电子治理可以以政治、社会或经济为重点。

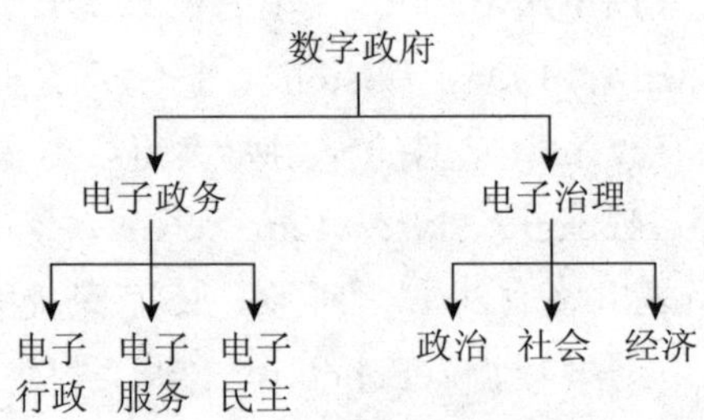

图 2-7 数字政府分类

根据电子商务的分类原则（Albers 等，2000），电子政务关系被分成三组（Gisler，Spahni，2001；Fountain，Osiro-Urzua，2001）：政府对公民（G2C），政府对企业（G2B）以及政府对政府（G2G）（见表 2-8）。G2G 包括指导政府行为主体之间的电子交易，具有单位、机构、本地、州、联邦或国际几个级别。政府与公职人员之间的关系（Hiller，Bèlanger，2001）是政府与政府之间关系谱的一部分。政府与企业之间的交易（数据、商品、服务）被称为 G2B。其范例为电子公开招标或企业通过整合政府的价值链（如关税申报）来实现效率增益。第三种关系是 G2C。在这种情况下，为了传递信息或服务，政府建立或维持与公民之间的直接关系。作为政治进程的一部分，公民也可与政府互动，这可能产生公民与公民（C2C）互动（如公开协商、电子投票）。

表 2-8　　电子政务与电子商务的关系

供应方面	需求方面		
	消费者/公民	企业	政府
消费者/公民	C2C 拍卖，公共协商	C2B 求职	C2G 纳税申报，投票
企业	B2C 商店	B2B 电子采购	B2G 纳税申报
政府	G2C 授权许可	G2B 电子采购	G2G 移民

除电子政府关系分类外，以科技为基础的公共服务提供的复杂性可达到不同的级别（Symonds，2000；Gisler，Spahni，2001；Hiller，Bèlanger，2001；United Nations，2001；Layne，Lee，2001）。电子商务文献中讨论了这些级别（Heeks，Bailur，2007）。最为常用的级别依次为信息、单向通信、双向通信和完整事务。一些学者提议将“转型”作为电子政务演变的第五级和最高位（Seifert，Petersen，2001）。在该情况下，政府发起制度和行政改革（例如垂直或水平整合、流程再造）（Grönlund，2002）。但是，我认为转型可以是任何政府内部或外部 ICT 实施的一部分。Zuurmond（1994）表明，政府向灵活、系统和水平结构的迈进实质上是通过 ICT 对数据利用、管理控制、决策和规划的影响实现的。

在线的第一个阶段是在网站上提供信息。这是对信息的不同级别细节的被动表述，并不需要任何的组织变动。在电子政务早期，网站第一次是由谙熟技术的管理人员在机构层面开发的。单向通信的实例是可下载的表格或有关电子邮件联系人的信息。在单向通信的水平上，表格只能以电子方式填写，但在提交给特定的机构时需要打印出来。当公共服务达到事务水平时，数据完全以电子方式处理。公民和企业也能够使得信息和服务个性化、客制化。Irani，Al-Sebie 和 Elliman（2006）表明，达到事务水平的在线活动对于机构运营来讲不再是无关紧要的，而且对整个组织提出了挑战。此外，事务性服务要求最高水平的安全和标准。因为它们必须确保事务的真实性、完整性和机密性（Aichholzer，Schmuzer，1999）。事实上，电子政务项目组件可同时具有各种级别的复杂性（Moon，2002）。

处理电子政务的研究源自不同的学科，尤其是源自政治科学、计算机科学、商业与行政管理科学。早期的研究主要集中于政府网站的成效和内容分析。技术贡献包括体系结构、数据挖掘、GIS（地理信息系统）或数据安全。目前，已经出版的大量文献描述了各种各样的模型和方法，其所提出的框架成为了被普遍接受的模型（电子政务关系/在线服务的复杂级别）。因此，该领域目前仍缺乏连贯的、有着共同基础的交流和知识积累（Fountain，2003）。Heeks 和 Bailur（2006）进一步强调了这一事实，他们回顾了 2001—2005 年出版的政府信息季刊、关于电子政府的信息政策和欧洲会议论文集中的论文，指出研究“主要是过于乐观，是丝毫没有有关电子政务的知识积累或实践指导的非理论工作”。另一方面，Troitzch 等（2003）认为“该领域已经过了以相关研究领域的界定和定义尝试为特征的早期阶段，目前正出现强烈的分化”。

2.2.4.1 ICT 的核心要素

电子政务的视野和概念在很大程度上受到“技术决定论”（Smith，Marx，1994）的影响，其将 ICT 理解为强有力的促变因素，在政府、企业以及早期的学术文献中无所不在。例如，总统信息技术咨询委员会曾说过：“信息技术正逐步且全面地转变我们生活、学习、工作和娱乐的方式（PITAC，1998）。”ICT 预计会赋予公民权利并提高政府的工作效率（Bekkers，1999；Detlor，Finn，2002）。但是，ICT 在政府中的转换作用一直鲜为人知，未被理论推定（Dunleavy 等，2006）。接下来对 ICT 主要特征的简要评述，我将着眼于它的实施以及对政府的影响，因为客户关系管理是通过 ICT 才真正发挥了作用。

信息通信技术（ICT）可容许结构信息的加工、协调和流动，而没有任何的官僚机构的角色、组织关系和操作规程的限定（Fountain，2001a）。因此，组织规模、距离、时间以及成本等物理因素与信息之间的关系会发生变化。Oviatt 和 Dougall（1995）指出，技术能够帮助克服组织规模小的缺点。把网络以及新形式的协同考虑进去，数字信息使地理分散无关紧要。信息技术加快了通信的速度，并且在通信事件或网络中更有选择性地控制访问与分享（Huber，1990）。复杂性取决于能够采用标准化的方式进行广泛操作，例如将多个代理按时间和空间划分（Ciborra，1993）。有趣的是，标准化、程序化和规范化不仅是有效信息共享的技术需要，例如共享数据库，它们也是官僚机构的典型特征（Weber，1922；Simon，1947），在很大程度上，也是实际组织的规范类别（Frissen，1998：34）。标准化标志着跨机构冗余的透明化，其降低了来自不同机构的高度冗余数据的收集引发政治斗争的可能。曾以非数字形式（如纸质文件）隐遁的组织信息或个人信息可以以数字形式进行存储、管理和分析，用来进行知识获取或决策制定。人类处理大量信息的约束得以减少（如搜索引擎），软件应用程序允许组合（如像 chicagocrime. org 一样的基于网络的地理信息系统插件）与重新排列信息以创建新信息（Zmud，1983）。基于网络的 GIS 系统提高了公众参与度。特别是，通过互联网上大量的不同种类、不同来源的实用信息，一个“新的全球虚拟公共空间”被创建起来（Von Lucke，2003b）。这个空间有其自己的规则、道德规范［如知识共享（非营利组织），开源代码（一种软件散布模式），开源］或经济学［如“第二人生”（模拟现实网络游戏）或“魔兽世界”（一种网络游戏名称）中的虚拟经济］。此外，通过允许个人向其他人提供援助，影响其他人的操作，互联网可提升净效应和权力分配，这有赖于他们在网络中的位置和对信息资源的访问。一旦信息数字化，信息的存储、提供和搜索成本几乎为零。

技术会把协同和控制的新的形式考虑进去。提供公共服务的运营决策通常交给低级辖区（市级的）或人员，因为它们被确信拥有关于当地需求的丰富的信息和经验，能提高响应能力。诸如裁决平衡策略和预防运作偏差等的政策，是由更高层次的辖区或组织层次来决定的。正如 Janowitz 和 Delany（1957）所说，ICT 可能最终会将低级雇员的实质性的知识（如客户、面对面的接触）与高级管理者和决策者的功能性知识（如策略、沟通、管理）结合起来，从而避免他们相互孤立，并给二者提供明确的信息。Mintzberg（1975）曾指出，管理者需要及时的信息，而信息通常是在正通过通信网络顺序节点时被延误。ICT 可以把内部和外部的事实及时提供给组织的决策者们。因此，决策者的信息处理能力从依赖于支持系统转为依靠决策者的信息容量，即管理信息溢值。此外，信息系统可以给底层职员更多的责任性，如果他们遵循的规则可以嵌入软件，而不是出自决策者（Fountain，2001a）。

另一方面，对于专业化，信息技术进步既可能导致工作类型的增加，也可能导致工作类别的减少（如当流程被系统取代时）。因此，ICT 可以调解组间和组内交易（Ciborra，1993），模糊组织界线（Dewan，Min，1997；Greenhill，

1998)，引起同步集中与分散（Dewett，Jones，2001）或通过一站式商店提高政策的公民取向性（Ho，2002)。创建一个组织实体的理念在 20 世纪 70 年代后期经一些机构（如美国的社会服务（Calista，1986）或德国的“Bürgeramt”（KGSt，1974)）验定后，一些现有的运营功能不同的部门重置为电子政务内在线“一站式政府”（Hagen，2000)。在线一站式政府是指对由不同的公共和半公共机构提供的电子服务及信息资讯的单点访问。

2.2.4.2 政府实施技术

当政府实施 ICT 时，结果会有所不同。在全世界，门户网站和在线征收所得税已经非常成功。另外，旨在利用 ICT 来改善流程、数据或知识共享的项目有时会完全失败（如联邦调查局的虚拟案卷（Goldstein，2005))。Heeks (2003) 在一项研究中发现，在 40 个电子政务项目中，35%的项目彻底失败。识别和克服这种挑战并非总是容易的（Gil - Garcia，Pardo，2005)。

Bozeman 和 Bretschneider（1986）认为在公共和私人管理信息系统（Management Information System，MIS）之间存在重要的潜在差异性。与私营部门相比，在公共部门中，技术转让和知识共享是一种常见的做法，甚至是具有强制性的（Rocheleau，Wu，2002)。然而，风险意识、预算紧张以及政府的公共性也阻碍了对 ICT 创新的投资。ICT 系统所固有的沉没成本[①]限制了后续的选择和可能性。政府在 ICT 方面实现竞争优势缺乏一种推动力。ICT 更适合被看作是精简政府流程的途径、组织变革的催化剂或削减成本的方式。但是，Kraemer 和 King（1986）发现，其提供的就业机会抵消，有时甚至超过了失业人数。通常情况下，电子服务是一个额外的渠道，在没有组织变革的情况下会产生额外的费用。Heintze 和 Bretschneider（2000）也强调了政治对 IT（信息技术）采购和实施上有直接和间接影响。与 Fountain（2001a）和 McIvor 一致，McHugh 和 Cadden（2002)，Melitski（2003）也认为组织和文化的因素影响公共管理者是否将利用 ICT 发挥中央控制，或者授权他们的组织。公共管理的决策者必须多次解决独立政治团体之间的冲突，这些团体之间互不相容或有相互竞争的目标（如图 2 - 8 所示）。

---

①沉没成本是指由于过去的决策已经发生了的，而不能由现在或将来的任何决策改变的成本。

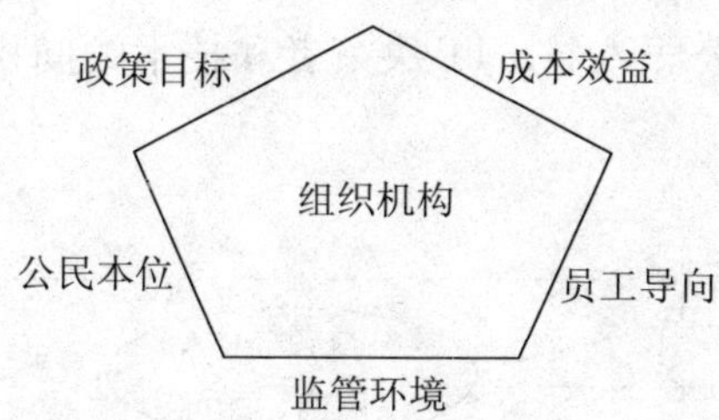

图 2-8 组织目标的神奇五角

由于联邦、州和当地政府之间对该系统结构的争论，加利福尼亚州州际自动化儿童赡养系统被迫停止使用。联邦、州和地方政府通常在想要将 ICT 用于哪些方面有着不同的目的。政府的 ICT 项目面临的其他的挑战或失败来源于采购过程、开发延误、灵活性的缺乏、计算的合法性问题、监管的缺乏、风险管理的缺乏（英国皇家工程院，2004）、组织阻碍、项目管理和培训的缺乏（Rocheleau，1997）、漠不关心的高层管理、政治意愿的缺乏、联邦制（Lucke Von，2003）以及正在处理或合并的遗留系统和数据（Peled，2000）。

特别是，关于哪些数据可以被彻底删除这样的决定是很难做出的。因为数据存储成本不断下降，组织机构更愿意保存一切，这样就出现了数据公墓（Lenk，1994）。有时，临时系统消除了新旧系统之间的不兼容性，从而保留了传统系统，提高了整个系统的复杂性（如美国联邦航空管理局托管计算机系统）。当美国国税局在 TQM 起始期间引进质量信息系统（QIS）以支持质量团队的工作，即使这个团队不存在了，国税局也决不会关闭这个系统。人们认为找到并解决与 QIS 的其他系统例程间的数据交换所产生的工作量过大（Mani，1995）。此外，这些“电子墓冢”（Peled，2000）积累了大量的规则，这些规则与其他系统的变更相冲突。存储和检索电子信息的可能性也能证明开发大型规则集的合法性，因此，ICT 并不总是消减条条框框。这就是为什么 Mayer-Schoenberger（2007）提倡法律和技术的结合，以此可以恢复删除数据的过程，“重振我们的社会遗忘能力”。

为了了解 ICT 在政府应用中的复杂性，Fountain（2001a）研发了技术实施框架（Technology Enactment Framework，TEF）。它从制度层面侧重于 ICT 在组织（政府）中的使用和效果。Fountain 的框架（如图 2-9 所示）的一个关键方面是 ICT 的要素、参与者的认知以及这些要素的使用之间的理论区别。按照 Fountain 的观点，无论是官僚结构还是关键参与者的行为，都将决定技术实施和效果。然而，这个假设在她的框架里是不可见的。因此，Okumura 对 TEF 进行了延伸，包括了由职业公职人员、IT 决策者和技术顾问扮演的多重角色（Fountain，2004）。

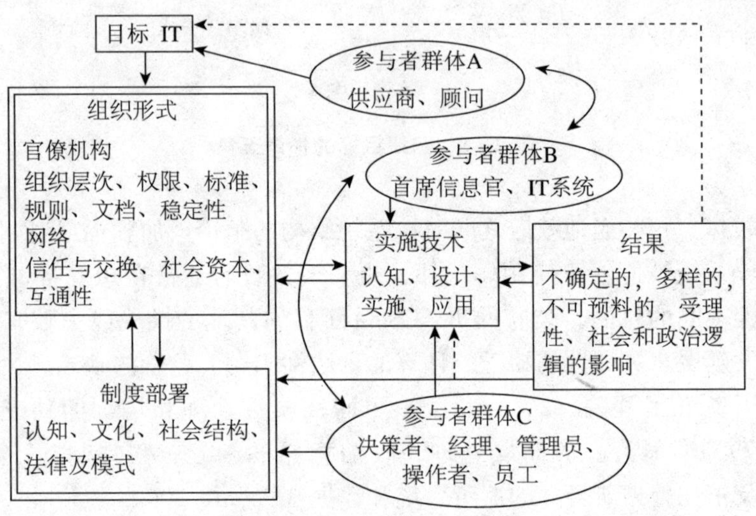

图 2-9　改进的技术实施框架

一般来说，TEF 提出了一种动态过程理论而不是预测结果。实施技术有四个特定的要素：认知、设计、实现和应用。它不同于“客观技术”，包括硬件、软件，特别是互联网，因为在人们使用和定制之前，这些客观技术就已经具有一系列的特征（如功能）。例如，电子表格软件 Microsoft Excel，其所具有的诸多功能中有一些功能仅被为数有限人所熟知和使用。

对技术实施最重要的影响来自组织环境。由于复杂的设置和组织改革，官僚机构和网络之间是有区别的。大多数管理人员仍然工作在一个机构或部门，但是跨部门合作成为不断增长的需求，卡特里娜飓风之后产生的问题再次揭示了这一点。网络效率的增加，需要参与人之间具有较高的信任度和更丰富的社会资本（Coleman，1988），其中信息共享是常见的。参与人的观念和技术行为可通过制度部署形成。这包括诸如文化、社会结构或法律规范等因素。认知体系指的是影响行为和决策的心理习惯和认知模式。文化体系是指共享的诸如叙述或表示含义的符号。

TEF 的最后一部分是结果。认同实施技术的影响可能需要花费很长或者很短的时间。结果会影响组织形式、制度部署和实施技术以及客观技术，如图 2-9 中虚线的因果箭头所示。在因果箭头两个方向上的点强调变量的循环影响。就其本身而言，结果可以是直接的、间接的、不确定的、多样的和不可预料的

(Fountain，2001a：92)。尽管 Fountain（2001a）框架一直被批缺乏创意（Norris，2003；Grafton，2003)，缺乏案例研究的证据来支持其普适性（Dawes，2002a；Norris，2003)，但在公共关系管理内理解和指导 ICT 方面的讨论时，它却是一个有用的工具。

2.2.4.3 公民本位与电子政务

有关电子政务的讨论及其概念都非常关注关于公民选择、满意度、取向的观念以及建立一种新的公民关系（Detlor，Finn，2002)。政府根据公民的习俗（Mosse，Whitley，2007）和他们的生活条件（Wimmer，Krenner，2001）设计网站，同时在门户网站连带提供信息和服务。公民应该是在上网而不是在排队。

世界各国政府都有意强调和传达电子政务的以公民为导向的特征（Cabinet Office，1999；Cabinet Office，2000；National Office for the Information Economy，2000；Northern Ireland eGoverment Unit，2000；Bundesministerium des Innern，2001；United Nations，2001；Schedler，Summermatter，2002；Ministro per L'innovazione e le Tecnologie，2002；OECD，2003；Ministerio de Administraciones Publicas，2003；OECD，2005；Bundeskanzleramt Osterreich，2005)。例如，根据 West（2004；2005b）所言，作为提供在线服务的领导者（www. ecitizen. gov. sg，my. ecitizen. gov. sg)，新加坡提供综合的电子服务，通过预测公民需求实现服务的主动性和快速响应，其为电子政务五个战略目标中的两个（SiewSiew，Leng，2003)。加拿大也指出：

“我们的目标是到 2004 年成为世界闻名的与公民保持最多沟通的政府。加拿大人能够在他们所选择的时间和地点在线访问所有的政府信息和服务。”（加拿大大西洋机遇署，2004)

此外，Stoltzfus（2005）指出，电子政务对公民和国际体系中的象征性行为起到合法化作用。因此，各国政府或政治领导都表示他们接受了 ICT 的影响。电子政务还支撑着占主导地位的社会价值观（Fountain，2001a)。在一些国家，它可能被用于加强平等和自由的竞争力以及民主价值；而在独裁国家，技术可以成为控制和监视的工具。为了增强北京政权对其 34 个行政区、23 个省份和 5 个自治区的控制以及改善其在言论自由方面的形象，Zhou（2004）向世界各国讲述了中国的数字化双重战略。在瑞士，公民本位的语言在讲法语的行政区和讲意大利语的行政区有着明显区别；与崇尚实用文化的德语行政区相比，意大利语行政区具有传统的国家主义文化。与此相比，讲德语的人具有更务实的文化（Schedler，Summermatter，2006)。

关于电子公共服务的最近研究描绘了一幅有别于许多政府所传达的画面。在欧盟，G2B（77%）的在线服务多于G2C（57%），而且完全可用的公民服务的进程正在放缓（Cap Gemini，2005）。联合国也提出类似的发现。2005年，在联合国191个成员国中，有179个国家提供在线服务。然而，研究结果表明，“（并）非许多国家利用电子政务的全部潜能为他们的公民提供信息和服务”（United Nations，2004），而且“电子系统一直是现有制度模式和关系的大规模的电子复制品”（United Nations，2003），这仍旧是一个问题。尽管在整体上是进步的，但有1/4的国家提供的是事务性服务，只有不到10%的国家实现了在线咨询应用。相应的描述如下：

“（大）多数国家，甚至在具备实施电子政务能力的国家，政府仍然没有充分发挥其潜能向公民提供反馈和共享的途径。比如，在这个调查中以全部的潜力作为衡量标准，美国、英国、韩国紧随新加坡之后，而澳大利亚达到了五项电子公共服务的61%，新西兰为56%，德国为41%。”（联合国，2005）

因此，电子民主仍然是一个修辞性的承诺（Mahrer，Krimmer，2005）。84%的美国公共管理者也深信互联网能提高公民访问频率，但仅有29%的公民共享舆论（Lance，2002：9）。另外，（Bimber，1998）指出，据史料记载，对政治信息访问量的提高与公民参与的增加并无关系。借鉴在1987—2000年期间在政治科学和公共管理核心期刊的文章样本，Danziger和Andersen（2002）报告说，侧重于ICT的调查结果发现，“公民和公共管理之间的互动，只有一半有积极影响，而大约1/3被证明是负面影响”。尽管这些调查结果值得注意，但是分析并不包括始于2000—2001年的主要电子政务的工作和研究。此外，由于审查制度、成本（Eschenfelder，2004）和设计原因，现在积极参与电子政务的国家所提供的在线信息正面临着更加严苛的审查。

在线服务和信息的提供是一个方面，而需求是另一方面。Schedler和Summermatter（2006）在电子政务及公民本位的评述中指出，公民在相当复杂的、目前没有在线提供的公共服务领域中需求较高。这可能是许多政府网站的使用一直令人失望的一个原因（Dunleavy等，2006）。而现有的问题是数字鸿沟（OECD，2001；Kubicek，2001；Van Dijk，Hacker，2003）及与公民有效沟通的缺乏。例如，除了几个非常热门的服务外，香港电子政务服务的使用率较低。Betty Fung，一名在香港政府首席信息官办公室的副CIO，说：“电子平台只是成为了一个额外的服务选项，与我们的传统渠道并行运行，从而增加了运营成本和减少了实惠……这显然是不可持续的。”（Smith，2005）香港现在正试图通过各种措施引导公民和企业使用成本较低的渠道（如改变办公时间或关闭联络点）。Fung 女士指出，政府部门以前把 ICT 作为降低成本的手段，而不是作为改变他们的流程和改革跨机构问题的一种方式。

与此相类似，Snellen（1994）发现，ICT 改善了运营，但并没有影响公民与公共管理部门的互动。而且，ICT 有时可能加强占主导地位的公民与政府的关系（Ingelstam，Pahnlund，1991）和权力结构。不过，个人信息的价值可以创建一种不同类型的关系，类似于公民作为纳税人关系（Brown，2005）。从责任和行动角度来说，公民信息引发国家履行许多相互配套的义务。也就是说，国家有责任保护公民的隐私，同时对公民提供的信息采取措施。

如前所述，有一种假设，是关于电子政务评估排名、增强公民本位与在国际体系中的声誉之间的关系的。排名是基于不同的方法和数据集，产生不同的结果。该研究分析了前台在线内容、在线服务水平和有关信息社会或者政府 ICT 预算的一些基本指标。但是，这些排名在捕捉变革方面（如流程重组、组织变革）以及公民对电子政务工作的认知或参与的影响上会有困难。此外，该项研究并没有通过创建服务列表为一个国家的每一个管辖区收集有关公共服务和信息资源的总量的信息。但是，如果没有这个信息，对于电子政务的进展、它的角色转换以及新的公民与政府间关系的真正理解仍然难以实现。

2.3 公民公共管理关系

本节将回顾有关公民与政府关系的理论论述和实证研究结果。

政治哲学一直使用社会契约理论来解释公民与政府之间的约束关系（Rawls，1971；Riley，1973；Locke，1988；Rousseau，1999；Hobbes，2004）。社会契约的核心理念是权力和义务间协同的存在。因此，个人接受一定的义务和自由限制，来换取一定的有形和无形商品，这些商品从个人层面上讲是很难获得的。公共管理往往在传统的公民与政府关系的引用中被忽视（Waldo，1984；Rohr，1986；Blanchard，Hinnant，Wong，1998：488）。公共管理中也没有普遍认同的公民理论（Frederickson，1991）。事实上，Campbell（2005）和 McSwite（2005）甚至声称公民参与理论及其在公共管理中以全新的方式所起的作用可能是该领域面临的最重要的任务。理论的缺乏令人关注，因为公共管理在政府权力如何发挥和公民如何体验中始终发挥着核心作用。

公民—管理关系描述的是相互关系（Vigoda，2002b）。相互因素和相应条件的分析可以更深层次地理解这种关系，且这种关系是不断变化的（Grunow，1988）。Grunow（1988）认为公民亲近与响应的概念（如管理对于公民需求或参与的关注程度）可以用于描述这种关系。这明显不同于 Bogumil（1997b：12－26）应用政治学、行政管理学、经济/管理中常见观点的宏观方法，即经济或管理中的顾客，政治学中的参与公民以及行政管理学中的客户。这种关系多数是通过对有关公民权讨论的过程中公民所担当的角色进行描述的（Velditz，Dyer，Durand，1980；Flathman，1981；Thomas，1982；Levine，Fisher，1984；Marshall，1990；Stivers，1990；Cohen，Vigoda，2000；Perry，Katula，2001；Vigoda，Golembiewski，2001；Marguand，Altena，2004；Cooper，2006）。下面是有关公民权和公民的一个很宽泛的定义，这将引发对公民—管理关系的讨论：

“公民权是一种地位和角色，这就规定了公民在一个社会团体中作为个人的权力和义务。这种地位和角色可以通过宪法、宪章和法律以资格、权利和义务的形式正式地编成法典，或通过价值观、传统或舆论非正式地确定。公民是指有资格享有一个特定社会团体赋予的正式的或非正式的公民权并承担由该社会团体所分配的义务的任何人。(Cooper，Gulick，1984)”

Blanchard，Hinnant 和 Wong（1998）评述了过去的 100 年里，公民与政府的关系的演变。为了说明这一演变，他们开发了一个基准模型，有四个方面：公民、政府、行政机构和市场（如图 2－10 所示）。政府和公民通过责任和服务联系连接在一起，从而构成了社会契约。公民通过与市场参与者交易有了进一步的义务。同时，Blanchard，Hinnant 和 Wong（1998）定义了四个不同的阶段：传统时期、自省时期、多元化与履行时期和市场主导型时期。后者在图 2－10 中通过虚线被标记。

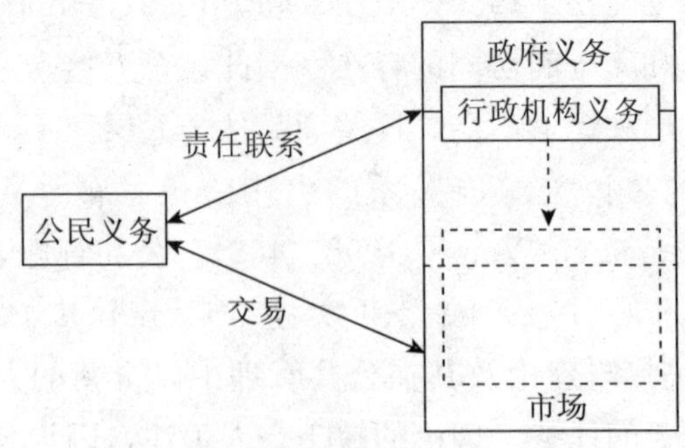

图 2－10　社会契约——从正统时期到市场主导型改革时期

传统时期：始于19世纪初，一直持续到20世纪初。与后来的时期相比，这个时期政府与行政机构规模有限，与市场只有轻微的互动。公民管理关系是机械的，并没有太多的参与或积极的监督管理，但有一个趋势，公民期待政府通过监管机构保护他们免受负面的市场力量的影响（如垄断）。

自省时期：从20世纪初至20世纪60年代初，国家在社会中扮演了重要角色。政府机构的数量、规模和增长率达到了新的水平。1932—1939年，被美国联邦官僚机构雇用人员的数量上升了20%，从572000人增长到920000人。10年后，已经有250万公职人员。这是受到诸如经济［如大萧条（Kindleberger，1986)］、政治（世界大战）以及社会和科技的发展等因素的影响。为了提供一个公共安全网和许多其他服务，越来越多公民所承担的义务被转移给政府与公共管理，批评言论也随之增加。根据这些评论，公共管理的中立性受到人类的有限理性所约束，因此管理程序和正式的政治监管这两种途径可能无法防止潜在的权力滥用（Herring，1936；Simon，1947 in：Blanchard，Hinnant，Wong，1998：495；Weber，1922）。

履行时期：改革转变了公民的角色，从管理关系中的“受益人”变成公共管理中的“参与者”。这个时期开始于20世纪60年代初，结束于20世纪80年代初。管理机构及其市场互动从规模和势力上持续不断增长，直到20世纪70年代，这最终导致了合法性危机和政策实施困难。经济和法律上不平等的社会斗争给参与式“对策”，即重新引入公民的参与。

市场主导型时期：自20世纪90年代初以来，公民—公共管理关系处在“市场主导型改革时期”。管理机构的公私合营与非政府组织部署特征，使得政府、行政机构以及市场之间的界限变得模糊。当时还出现了一场运动，利用商业方法进行公共管理（如TQM），建立一个客户导向的政府（Osborne，Gaebler，1992）。虽然这场运动目的是减少政府的规模和范围，但它实际上增加了政府本身的范围。Blanchard、Hinnant和Wong（1998）认为，由于从传统的社会契约到社会分包的转换，市场主导型时期对公民—政府关系影响最大。“社会分包”描述了一种关系条件，在这种条件下，许多行政机构和政府的义务通过市场得到满足，而公民的责任则通过市场交易达成。这一关联降低了公民（作为客户）识别并获得政治责任及控制（非正式的）行政机构的能力。有人可能会问下一个演化步骤将会是什么。

根据一些学者描述的愿景，下一个阶段可被称为“共同协作价值时期”（Fox，Miller，1995；Smith，Huntsman，1997；Vigoda，2002b）。据Vigoda

(2002b：538）所述，如果没有公民的所有权和控制权，公民—政府/公共管理关系必须依靠合作和伙伴关系的概念。或者，正如 Fox 和 Miller（1992：128）所提出的那样，“政府将继续治理……遇到的公民越可靠，政府将越不是‘他们’，将越发是‘我们’”。这种愿景与（Dewey，1927）的“共同学习者”或者 Smith 和 Huntsman（1997：317）的框架理论相类似，这种框架理论认为“公职人员和公民开始被认为不同于公民—政府之间的关系，不是作为一方监督其他人或者作为一方工作，以满足其他人的自身利益的需求，而是作为利益相关者，他们在增加社会团体的价值中有共同的利益”。在新的时期，“公共机构设置成为一个城邦，一个真正的公共空间”（Stivers，1990）。然而，这种愿景并不是全新的概念，它与被 Aristotle（1981）称为“主动公民权”的表述相重叠。主动的公民是在公共利益中运用实践智慧，参与给出一些有关治理方面的决定性判断。主动公民参与治理并被治理。

2.3.1 公民作为客户/消费者

有许多作者将公民定义为客户、消费者、顾客或者买家，每个术语都以各种不同的方式应用到特定的现象中（Alford，2002a）。客户和公民本位在有关行政改革的同一语境中多次被使用。然而，这两个术语蕴含着对公民—管理关系及参与者的角色不同的理解（Schröter，Wollmann，1998：145）。公民和管理者的角色是“在后实业家社会是极其错综复杂”（Box，1998），和“可连续改变”的（Herbert，1972）。一些学者更喜欢基于更详细的活动记录和公民的社会背景来展开讨论。

公民可以是申请人、投诉人、绩效监管者或者文档或服务的收授人（Grunow，1988；Hirschmann，1999：99）。公民也可以是具有强大经济实力、在政治上处于优势的人，或者是属于社会经济地位较低一族，诸如没有任何能力的无家可归者（Daum，2002：29）。Etzinoi（1958：252）依据消费和控制作用对公民进行了分类。Gilbert、Nicholls 和 Roslow（1998）把公共消费者分为三个不同的群组：①直接买家，相当于在开放市场中为政府服务运营的客户；②客户，在资源有限的市场中为公共服务运营；③专属公司，在获取公共服务的唯一资源的垄断市场中运营。Roberts（2004）基于竞争理论提出了七个核心角色（见表 2－9），将在下面的段落中对其进行概述。

表 2-9　　　　公共管理中公民角色和管理者角色

体制	公民角色	管理角色
职权制	国民	统治者权威代理者
代议制	选民	法规制定人
行政制	客户	专家、专业人员
多元制	利益集团拥护者	调解人、裁定人
政治/市场经济	消费者、客户	经纪人、合同监控者
公民社会	志愿者、共同生产者（合作者）	联络人（协调者）、共同生产者（合作者）
社会学习	共同学习者	共同学习者、受托人、管理员、服务商

在职权体制下，公民作为国民是传统的观点（Hobbes，1998；Hobbes，2004）。行政管理者是统治者与被统治者之间的链接（Friedrich［1941］，1972）。行政管理者是评价彼此的绩效与技术能力唯一合适的人。公民必须遵守法律法规和决策。

另外，公民在代议制体系中作为选民集中于在选举过程中选举候选人作为立法机关的代理人（Riker，1982）。管理者对当选代表负责（Finer［1941］，1972）。他们遵守通过立法制定出的法律和命令。

在行政制国家（Waldo，1984），公职人员的决定是理性的和价值中立的，是以公众利益为导向产生有效的结果。政治、公众和行政管理是分开的。政客的问责制通过层次结构、规范化或功能分化来保证，这类似于 Weber（1922）对理想型官僚机构的描述。一旦一项政策决定由行政管理者做出，公民最多是一个输入变量；由于他们的中立性和专业性，管理者是处于作出这样决定的最佳位置。也有人将这种局限作用看作是对公民权的低估（Downs，1957；Flathman，1981）。公民做出正确决定的能力有限，这有各种缘由。有时候是由于其相对无知，正如病人和医生；在其他情况下，它是需要加强社会规范制度化的手段问题，正如一个大学或教育部门为资格考试制定标准。相对于公民短期利益，这是一个长期利益的问题（Etzioni，1958）；消费者往往是被短期利益所支配，而生产者往往意识到这个必然性，不是把所有的可利用资源用于获取更高的股利或者是更好且便宜的产品，而是分配一定比例用于再投资和创新（Schumpeter，1942；Blau，Scott，2004）。

在一个多元化的体系中，民主最好通过集体活动来实现。这种被各种研究人员所支持的协商观点（Habermas，1992；Fishkin，1995a；Habermas，1996；Cohen，1996）与前面所说的代议制正好相反。知情的公民形成代表特定议题和立场的团体。这些团体可通过多样的渠道与方式参与政治进程。在这个对抗性民主体制中，雄心与雄心相对抗，绝对的权力受到阻滞（Roberts，2004）。行政管理者作为经纪人或裁定者，要确保平等对待。

在政治或市场经济中，公民作为消费者或客户的模型是基于在理性选择理论模型中追求个人效用最大化者“经济人”（Simon，1995；Coase，1976）建立的（Simon，1995；Downs，1937；Miller，1992）。这一基础理论主要是由新制度经济学理论演变而来（Aberbach，Christensen，2003）。从一个经济学家的角度来看，客户拥有至高无上的市场地位。客户有选择产品和服务的自由。客户可以影响产品种类、质量和产品的价格，生产者为争夺客户的注意力而竞争。Hirschmann（1970）解释说，当消费者对产品质量不满意时，他们可以选择不购买产品（退出）或者选择表达他们的不满，这取决于他们对品牌或产品的忠诚程度。当然，实际情况比这更复杂，因为退出的意愿取决于是否存在一个可行性的替代产品（Dibben，2006）。因此，客户导向的必要性仅存在于市场竞争中，因为生产者的利益由消费者的权力（如愿望、退出、忠诚度）所控制和规范。在公共服务中，生产者利益可以不受限制（Etzioni，1958；Niskanen，1968；Lake，Baum，2001；Finlayson，2003），因为消费者受困于垄断条款中无法行使选择权或控制权。接受者通常具有有限的选项或没有选项。政府服务或商品往往是垄断的，这是由于服务需求的缺乏、所具有的价值特性、新竞争对手进入市场的法律障碍、生产或供应所需的资源的严重短缺（Lowery，1998）。然而，在市场经济模式下，各个代理机构处在竞争中，要能承受失去他们的提供公共服务的机会，这取决于公民传递的信息。服务是通过公立的、公私合营或完全私有的结构形成的复杂的网络提供的。为了使这些部署成为可能，政府的生产职能和管理职能是分开的（Roberts，2004）。行政管理者充当联络人、服务供应商的经纪人以及合同监管人。像TQM（全面质量管理）或MBO（管理者收购）这样的管理技术被认为是普遍适用的，并支持管理者的多重角色。总体而言，政府放开管制并网络化（Goldsmith，Eggers，2004），形成了一套小型、分散、灵活的单位。

从公民社会的角度来看，公民理想更接近于“高公民精神”（Flathman，1981；Kalu，2003b）或者“政治人”，在决策制定过程中作为一个为了公共福利无私行动的参与者（Schröter，Wollmann，1998：146）。公民参与包括为社团做志愿服务的活动，也可充当合作人的角色。后者是典型的与邻里协会或客户群体间的机构合作，这种合作大多数是在地方一级重新设计或提供公共服务。这种合作的核心是支持构建社会资本（Coleman，1988），并维持协商民主制度（Putnam，1993）。

公民在一个社会的学习过程中作为共同学习者是基于 Dewey（1927）提出的理想治理模式。在这个理想模式下，民主制度和文化思维习惯能让公民和专家公开去解决他们的集体问题，并认识和理解他们的行动所导致的意想不到的结果。社会学习通过公民、管理者和民选官员之间的合作存在，他们必须对相互矛盾的问题定义的权衡做出有价值的判断。同样地，从多元化体制的角度看，也有相似之处。举例来说，在洛杉矶市设立的学习与设计论坛（Kathi，Cooper，2005）力图在城市机构和城市居委会之间建立信任及对常见社会问题的共同理解（Byrer，2006）。在社会学习模式下，管理者充当联合协商学习过程中的促进者。政府组织结构分层更少，复杂度更低，并通过分散结构支持地方自治。Roberts（2004）得出结论：只有从社会学习的角度才能够产生公民和管理者是平等的合作伙伴的这样的状态。然而，“如何重新连接社会领域和国家之间破碎的相互关系”这个问题仍然悬而未决（Evans，2000）。

在公共领域中，客户角色还表现在其他方面。通常在市场关系中生产者和客户之间存在线性关系。客户可以是一个单一的实体，比如一个人；或可由多个诸如一个组织内的二级单位实体组合而成。在公共领域中，客户生产者的线性关系有些模糊。虽然福利领取者和机构之间存在一种关系，但是为了保持社会系统稳定，无形中为全体公民提供了服务。此外，许多公共转移（支付）是片面的，没有给机构任何直接的回报。事实上，消费从直接融资中分离出来，这对大多数公共服务都是一样的。行政收费仅是服务的实际成本的一小部分。虽然有相当大的变化，但一般而言，参与由给定的公众提供的公共服务的消费与参与融资成反比的关系（Etzioni，1958）。此外，需求的上升不一定与客户满意度的增加相关，恰恰相反，是准市场失灵的迹象（Lowery，1998），比如“搭便车”行为就是由公共利益的非排他性而引起的（Conybeare，1984）。最后，在行政和市场经济模式下，经济人作为公民角色得到了广泛的批判（Green，Shapiro，1994），Nyborg（2000）融合两种观点的尝试可解决其中一些问题。根据她的模型，每个人都有两个不同的偏好次序和实用函数：个人的“个人福利函数”和社会状态下的“主观社会福利函数”（Nyborg，2000：305）。

总之，我们必须区分公众中的公民和市场中的客户的差异性以及有关公民角色中更多哲学或理论解释之间的不同。实际上，管理者可能把公民作为他们的客户或顾客，而同时接受并促成他们更多的参与性角色。但是，将公民解析成客户的消费主义者的观念引起了研究人员的关注（Barnes，Prior，1995；Hood，1995），这通常与对市场导向的改革的批评和对管理的某种理解混合在一起。

2.3.2 对公民作为客户/消费者的批判性评述

有许多关于“公民作为客户/消费者”和对客户为导向的政府理念的评述是批判性的、尖刻的，有时具有攻击性（Hirschmann，1999）。这些批判性评述认为（将公民作为客户/消费者）这种理念破坏了公民的民主角色，或者认为客户理念不能捕捉到公民和政府之间的复杂关系。

Haque（1999）的批评性理论建立在对公民—管理关系的大转型的基础上。其描述了以市场意识形态为导向、福利国家妖魔化、新自由主义政权的出现、市场经济政策的扩散以及在范围、作用、能力和承诺等方面对公共服务的侵蚀。Osborne 和 Gaebler（1992）率先引进“客户导向”管理这一术语。他们认为：

“现今环境要求组织机构对其客户做出应答，提供非标准化的服务的选择；通过劝导和激励进行引导，而不是命令；给他们的员工价值感和控制感，甚至是所有权。它要求组织机构赋予公民权利，而不是简单地为他们提供服务。”（Osborne，Gaebler，1992：15）

这个理念很快就被克林顿—戈尔政府（Gore，1993）以国家绩效评估的形式提上政治议程，这改变了美国公共官僚机构的使命，影响了其对公民服务的性质和构成，从而转化了公众与政府的关系。

把公民诠释为客户的核心使客户一词意味着一种涉及货币交易的交换关系（Bogumil，1997b；Haque，1999）。它主要有利于富人，而相当不利于穷人。例如，在一些非洲国家，教育和健康服务费用的引入对于穷人来说更难负担。公私合作关系也支持（公司）精英，减少了受补贴的和无收益的社会服务业。沿着这些思路，Smith 和 Lipsky（1999：118-119）担心公民—政府关系将“在私人机构提供公共服务时受损”。而且，非政府第三方组织的广泛作用、公共服务提供以及政策制定（Marsh，Rhodes，1992）的复杂网络促进了国家的“空洞化”（Milward，Provan，Else，1993；Holliday，2000；Mil-ward，Provan，2000；Milward，Provan，2003），因此进一步破坏了国家以及和民主政治的已经正在削减的合法性（Blanchard，Hinnant，Wong，1998）。此外，更多商业化的交换原则可能对公共服务文化产生不利影响，公共服务文化本应该是强调向所有应得的公民提供服务，包括那些没有经济能力支付这样的服务的人。与已建立的公共服务伦理（平等、客观、公平、公正）相比，行政管理者更关注的是效率、生产力、成本效益和竞争力。Haque（1999）得出结论，“以客户为导向的改革”实际上是降低了服务水平。公共管理服务于公民基本需要的能力的下降是由于因为撤资和裁员而造成资源减少的趋势引起的。

Bogumil（1997b）和Pegnato（1997）指出，客户一词在政府主权必须限制公民的个人偏好和行为的领域（如公众食品安全标准、有关排放的法规、囚犯）是不适用的。反之，则将限制政府在公共利益以及政治责任中采取行动的能力（Swiss，1992；Wilson，Durant，1993；Behn，1995；Carroll，1995；Frederickson，1996；Kettl，1998；Terry，1998；Hirschmann，1999；Ryan，2001）。一个民主政体不应该以提高管理流程的效率为重点，因为这样的改进对于政府应该予以帮助的政体可能是非常有害的（Waldo，1984；Kirlin，1996；Kelly，1998；Kalu，2003a）。Moe和Gilmour（1995）在此观点上增加了他们对宪法问题的关注。

Pollit（1993）以及Barnes和Prior（1995：58）指出，私人部门与公共部门的通用消费者模型遗漏了可在交易期间开发的关系。Pollit（1993）将其称为人—开发关系，与在生产者与消费者直接交易中发生的人—处理交互（Thompson，1976）形成对比。事实上，公民的个人和社会偏好在某种程度上由他们与公共管理的关系所塑造，这种关系有义务塑造不受监管（控制），但可以说是一种托管形式的关系（Vigoda，2000：173；Fountain，2001b）。

Ryan（2001）回答了两个与将公民构想成消费者有关的附加问题（Barzelay，1992；Gore，1993；Vardon，2000）。第一，把公民的角色限定成消费者的角色会忽视公民在治理和政策产生中的作用。第二，用于公民与政府之间关系的过分简单的方法将其重新定义成一种被动的商业行为，而不是一种交互式的政治参与。将公民—政府关系构建成供应商和消费者的关系有助于精英政府的概念，因为公民将从主张成为公共商品的被动消费者的政策实施的参与中退出（Schachter，1997；Smith，Huntsman，1997；Peters，Pierre，1998；Patterson，1998；Box，1999）。然而，Ryan（2001）认为，客户导向的公共服务提供的特性（如问卷调查、专题小组、服务委员会）提供了参与的新形式，尽管参与可能只是象征性的，其表述如下：

“看来，笼络比其他相反的方法更加经常地被用于沟通，以控制客户。笼络经常用于制造一个沟通的假象……没有有效沟通的真正存在……当沟通是受控的，或是虚假的，它不仅不能实现笼络消费者的功能，也阻碍了消费者对需求的表达。虚假沟通……只是掩盖了对真正沟通和影响的需要……消费者与控制其消费的人之间的沟通缺口问题有时可通过塑造消费者欲望得到部分解决。虽然基本需求很难被塑造，但他们似乎很愿意被人操纵自身的满意方式。此外，可以通过满足其欲望的手段创建额外的需求。因此，在某种程度上，商品和服务供应商能够创造满意，从消费到控制者完全不需要沟通。”（Etzioni，1958：261）

Barnes 与 Prior（1995）在消费者选择方面持批判观点。像“社团”或“民主”，“选择”已成为一个承载道德权威的术语，实际上，它使得人们很难质疑到底选择使用哪种服务对公民来讲是必然优先的，而且是自然而然地有利于公民利益的。公共服务中，市场的引入可限制向公众提供的信息量，因为信息可被视为对组织的一种威胁。例如，国际医疗服务基金会一直不愿意提供它们的管理预算占直接病人护理百分比的公共信息。官方有选择地向公众提供信息，而不是通过对：①环境；②人们使用服务的方式；③在特定环境下，选择是否具备任何真实意义等这些情况的分析后提供信息（Barnes，Prior，1995：53－54）。它们建议从下列五个维度分析公众服务，以便确定优先选择是否应该是公共政策的一个目标：

（1）强制：使用服务是由用户自由决定的，还是由于环境强迫决定的？

（2）可预见性：用户在决定使用服务之前就能够查明服务的可能影响，还是仅能在使用服务过程中才能发现其影响？

（3）频率：频繁使用某项特定服务是否可让用户能够开发在服务所能提供的效果方面的特长和经验？

（4）意义：无论对于满足客户某些主要需求，还是在实质影响用户生活机遇方面，服务的使用都可能是相当重要的吗？

（5）参与：成功的效果取决于用户作为服务的联合制作人积极参与还是取决于用户的作用仅仅是服务的被动接受者？

根据这些维度，可以构建一些选择不太可能被授权的案例。比如，当没有足够可用信息（如可用选项、差异、效果）供官方做出决定所用，或当人们对可用选项没有影响或没有相应的知识时，都可以参照上述维度。公民有时称他们调查和获取公众服务的经历是一个“艰苦斗争”或“战斗”（Barnes，Wistow，1992）。即使公民消息灵通，他们可能也仅仅是影响公众服务的生产方面（如访问渠道、开放时间或形式设计），而不是战略配置面。Barnes 与 Prior（1995）得出结论，选择可能在某些情况下是有价值的，但是真正的用户授权，如具体体现在消费者和选择的概念上，应该是通过改善政策制定的参与机制、资源配置、计划、组织、管理及消费来获得的。

Fountain（2001b：59）指出，以客户为导向在私营企业中不一定总是奏效的。产品质量不好，或在市场准备不充分的情况下工作会被转回给客户（自我服务），或被转交给那些没有受到很好的培训的客服人员。许多时候，官方提供的服务其实仅仅是避免消费者（公民）使用其发言权。作为客户的公民，与私营企业的消费者是显著不同的。“无论是从道义上还是法律上，消费者都没有义务去理解、支持或密切联系他们的交易伙伴”（Fountain，2001b）。他们不会忠诚于任何一个社会意义上的交易伙伴。消费者对产品的将来、服务供应商或伙伴客户不会关注很多，“除非在某种程度上关注其持续性和稳定性”（Fountain，2001b：69）。对于公民而言，情况也完全如此（Stewart，Ranson，1988；Alford，2002a）。

从宏观上看，这进一步揭露了“客户”一词在政府中的欠缺（Fountain，2001b：62－62）。各个机构，特别是执行和立法分支机构，通过不同的，甚至自相矛盾的方式服务客户（Halachmie，1995）。另外，公共机构分散化和管辖界限使统一的服务方式变得几乎不可能。公民划分或服务水平变化同样也是不适用的，因为尽管公民表现出不同质的期望，官方在提供服务时仍须一视同仁。服务提供过程中产生的任何划分必须看作是政治决定，而不是管理决定。尽管识别偏好已经很困难，但是必须将公民的个人偏好有机结合起来，以便支持公众服务设计和操作、维持政治合法性及减少不平等。那些能够为自己争取到更有利的利益、能更好地了解复杂环境和政府工作流程的公民就更有可能利用他们的发言权选项（Cox，1973；Fountain，2001b）。公职人员同样也不是由客户保留策略所激励的。而且，客户服务需要质量和绩效管理。但是政府管理目标却很难找到合适的测度方法，因为管理目标由于政治原因而“模棱两可、含糊不清或相互矛盾”（Fountain，2001b：63）。

尽管某个机构计划好好服务“客户”，但由于客户势不可当的需求、资源不足或Lipsky（1980）笔下的基层官僚机制（偏袒、成见或自由裁量权），这个美好的愿景可能会很难尽如人意。客户服务概念“使公职人员的任务环境过于简单化，而且没有充分考虑体制行为中的文化的作用”（Giddens，1984；March，Olsen，1989；Dilulio 1994；Fountain，2001b：66）。“客户服务颂歌同样也忽视了偏好的时间维度”——这是指短期导向的偏好胜过实现长期导向的集体目标（Vigoda，2000；Blanchard，Hinnant，Wong，1998）。此外，如果政客们理解公共管理中客户导向实践的价值，并且能够利用公民的见解、更好地理解公民偏好，其再次当选的概率就有可能提高。政治领域对客户和市场导向的政府模式抱有怀疑态度。

2.3.3 公民对公共服务和管理的偏好与期望

偏好是社会科学特别是经济学使用的概念。它基于满意度、满足感和效用等假定了一种真实或想象的在备选方案之间的“选择”，以及对备选方案排序的可能性。虽然决定遵从偏好，但现在被理解为是信息处理的极偶然的形式，易受工作复杂性、时间压力、响应模式、规则的制定情况、参照点及其他环境因素影响（Lichtenstein，Slovic，2006）。公民偏好分析可以从产品、流程或产出水平等方面加以分析。一般来说，管理科学缺乏有关公民对公共服务的偏好和期望的充分分析，私营企业的消费者研究同样也如此（Keeton，1982；Pippke，1990；Hohn，1997：161；Vigoda，2000：169；Abramson，Means，2001：6；Daum，2002：31；Pino，2002；Reddick，2005）。事实上，官方有必要了解公众（相对于机构、当局和单位）对公众参与的有效性的准则为何和公众喜欢的参与方式为何，同时应将其付诸实施。因此，公共管理中测试消费者研究仍旧是研究人员待开发的领域。

公民和管理者之间相互作用的研究（Finer，1931；Janowitz，Delany，1957；Lipsky，1980；Goodsell，1981；Hart，1984；Lewis，1990；Berman，1997；Melkers，Thomas，1998；Petts，Leach，2000；Roberts，2002；van Sylke，Roch，2004；Yang，2005）是有价值的，因为它们是城市政策文献关于公民满意度的论述（如社会经济和人口统计方面是重要的），但是公民满意度是有时间限定的（Kelly，2005）。也有文献研究了公民个人对于联邦政府（Serra，1995）、跨辖区政府（Swindell，Kelly，2002）或电子政务（Sharpe，2000；Burke，2002；Thomas，Streib，2003；Schellong，Mans，2004）的满意度。但是，基于调查的满意度研究实际上往往侧重的是现有的服务，而不是客户（将来）需求的复杂性（Skelcher，1992；Wisniewski，2001）。Greenberg 和 Drew（1980）同样也总结指出，考虑公众服务需求和公民满意度的主要方式是对自发投诉、恭维以及其他非正式联系做出回应。因此，管理者对于公民调查结果价值理解，决定了这个调查能够起到的作用。事实上，Poister 和 Thomas（2007）指出，过去 25 年来的一系列研究，一方面仅仅显示公民对服务评分或满意度之间的薄弱或不一致的关联性，另一方面显示了机构所使用的更多的项目绩效的“客观”指标。同样，管理者自行发起的研究也没有系统地传播给其他管理机构或科学研究及论述中，除非是咨询人员组织的研究。但是大部分研究都没详细地介绍研究方法。事实上，Stipak（1979；1980）警告称，使用主观的方法（如表达出的满意度）来评估客观的测度（如提供的服务），但是却没有使用特定的统计分析技术和处理方法（如多变量方法）来减少干扰变量和虚假关系的问题，将会造成整体缺陷。此类问题在 20 世纪 50 年代就已提出：

“在三个作为研究目标的机构，我们就客户对机构的看法做了大量调查，这些机构的管理者也渴望了解这些调查数据。这真是难能可贵的。除非公共机构能够有相应政策支持此种研究，否则，这类高校主导型的研究工作无疑将是一个权宜之计。”（Janowitz，Delany，1957：162）

Callahan 和 Gilbert 进一步强调了此种说法，他们确定三种研究空白：

“有必要进行公共机构外类市场调查的实证研究，以取得关于公共机构有效性的见解；有必要抛开工作场内的员工（Brewer，Selden，2000：696）或负责评估机构在实现目标方面的进展的管理人员（Burke，Wright，2002：10－11）的感知测试进行研究。有必要进行实证研究，跨越不同层次的公共机构，将公众满意度明确地与特定的设计特征联系起来，超越一个级别政府的关注焦点……探讨终端用户对于选择可用公共服务或产品的自由裁量权、公共机构的设计特征与终端用户满意度之间的关系（Thomas，Melkers，1999；Kelly，Swindell，2003）。”（2005：59－60）

下文简要概括本研究进一步讨论的公民偏好问题。公民不满意的一个主要原因是他们对机构、流程和项目（Leak，1990）的认知甚少。由于知识的匮乏，他们没有办法对公共服务的质量做出明智的决策，所以他们选择其他的因素，如公职人员对电话的及时回复来评估关系（Whitley，1991：63；Berman，1997）。有趣的是，Poister 和 Gray（1994）甚至报道过，最近，一些用户认为，公共服务和私人服务没有明显的区别。这些情况可能就是公共部门管理者对他们内部绩效评估保持高度自信的原因，他们无视近来那些改变工作流程的措施，在工作中没有做任何改变（Levine，Fisher，1984；Watson，Juster，Johnson，1991；Kearney，Feldman，Scavo，2000；Behn，2002；Heik-Klia，Isett，2007）。

很多公民与公共管理机构之间只是偶尔有些互动（每 3～5 年一次）。他们认为与政府机构的互动只是浪费时间，造成他们不必要的货币支出，有时候甚至会使他们感到焦虑（Pippke，1990；Daum，2002：30）。咨询的质量是公民管理关系的决定因素（Klages，1982：24；Grunow，1988：33）），因为人际交往是服务满意度的一个重要元素（Hero，Durand，1985；Bogumil，1997b：55）。建立一个公民导向的咨询经验取决于各种因素（Pippke，1998）。公职人员必须要对公民的问题有全面的了解，确保向公民提供的信息是正确的，他们必须使用公民容易理解的语言，甚至当问题跨越多个学界时也要做出积极响应，并应尽力避免标准化处理。避免标准化处理意味着要灵活解读现有的法律法规（Bogumil，1997b：47）。当然，肢体语言（Pippke，1998）和社交智能（Albrecht，2006）也是同等重要的。因此，就如当代心理学理论所讨论的，当一位公民所处的环境能够提供有力的支持时，其感到压力、负担和焦虑的程度都会明显降低（Vigoda，2000）。

通过对纽约公民满意度调查数据的还原分析，Van Ryzin 等（2004）发现，道路和学校对关于城市质量的全面感知具有特别强大的影响，综合满意度高与公民对市政府信任之间的关系极其密切等。

Hewson Group（2004）在英国的研究表明，如果一个公民提出了服务请求，而公共服务机构能够给出解决问题的具体时限，那么公民会愿意接受这项公众服务的完成时间有所推迟的事实。另外，超过 95％打入公共机构关于申请房贷的电话都是为了简单地探知进展。Daum（2002：72－87）同样也发现，公民在打入电话给某位管理者时，其提出的问题如果能够一次性得以解决，那将与整个事件过程一样重要。邮箱服务也有相似的趋势。Hewson Group（2004）宣称，公共机构 70％的输入信息其实是可以删除的。两个例子表明，公民更愿意持续被告知他们所需要的服务的状态。

表格仍是政府提供广泛服务的一个基本手段。填表是公民与机构联系最频繁的方式之一。若表格设计得当，容易处理，那么错误就会更少，这将便于公民享受更好的服务，而且在很大程度上提高了效率。因此，表格的设计如何，在很大程度上影响着公民对政府工作的回应能力和无障碍性的看法。英国国家审计署（2003）分析了焦点小组多达 4500 万人填写的六种表格，也对表格背后的行政管理流程进行了评估。中央政府表格平均要求公民填写 40～60 条的信息。公民愿意为此花费多少的时间与精力取决于表格的用途。他们往往宁愿选择快速入门指南，而非冗长的解释。无论是填写表格还是后续服务过程需要，公民都担心提供的个人信息过多，不愿重复提供信息。对焦点小组的调查对象来说，最大的难题与问题测序的复杂度有关。机构往往喜欢使用单一形式表格适用于多种用户，而不是针对不同群体使用不同的表格。尽管如此，一些机构似乎在有关它们的客户与其表格偏好这两个问题的认识上存在巨大缺失。在众多的机构中，罕有机构能够轻松找到表格中的特别有用的信息。

2.3.4 公共参与中的行政联系

公民主动联系公共管理部门以获取信息、进行投诉或提出服务要求。Coulter（1988：1）将此视为一个“城市政治体系中公众参与的非常重要的模式”以及一种单纯体现 Hirschman（1970）式发言权的方式。这一观点对公共关系管理来说具有特殊的意义。

和与民选官员对话不同，所有公民一生都在与公共管理者联系。事实上，正如三个世纪前 Alexander Hamilton 所述：“（这）未必是真的，良好的行政管理可轻松提高公民的信心……但这确实是试金石。”（Morone，1990）。公民与管理者的密切联系尤其发生在与公民最紧密相关的市级机构（Milakovich，2003）。人们认为高达 3/5 的美国公民会在某一时刻与地方公共管理者发生联系；这种参与方式的比例是其他公众参与方式无法超越的（Sharp，1986）。

Thomas（1982）将“非强制性联系”与“强制性联系”区分开来。相比公共管理机构的主动联系而言，绝大多数公民的主动联系是非强制性的。公民的主动联系，“就公民对政府服务的需求根本而言，显著地与其他政治参与不同”（Thomas，Melkers，1999）。但是由公民主动发起的联系（以下简称为联系）就像公民参加投票选举一样将政治精英和人民大众连在一起（Veledtz，Dyer，Lurand，1980），这是因为公民主动联系支持了四个民主元素，分别是参与性、代表性、回应能力和分配公平性。在日益复杂的环境中，公职人员在为人们处理和反映问题的同时，还要被迫处理政策实施结果、行政管理程序的设计与处理等（Eisinger，1972）。公共管理者需要外部支持以维持其良好的公众形象，赢得内部支持且树立威信（Terry，1995）。联系使政治体系的回应力度更强，这是因为它允许公民自动反馈，同时允许政府行为控制。在公民需要积极主动寻求接受服务的地方，联系变得尤为重要。相应地，若基层机构的职能非强制化，服务的分配公正性将会受到严重影响（Coulter，1988：3）。

解析联系的模式呈多样化，且互相冲突。本文着重分析引起联系的因素，而非结果（Thomas，Melkers，1999）。对于这些因素中哪个重要、何时这些因素会变得重要以及为什么重要等问题，学者们很难达成共识。一些研究人员认为，影响联系的相关因素与作用于其他政治参与形式的因素相同，例如选举（Verba，Nie，1972；Leighley，1995）。因此，联系与社会经济地位（Socio-Economic Status SES）、公民导向以及技术是逆相关的。其他研究人员则提倡需求—认知模型（Jones 等，1977），即公民需要有一些需求和认知以发起联系。公民或政府行为会引起负面的外部效应，由此产生了大部分需求。认知，首先是指公民知道政府是有法律责任的，其次是指政府机构会根据联系采取行动，再次是指公民能有权使用影响渠道。Coulter（1988）在伯明翰和阿拉巴马州研究了公民的联系行为，研究所得与SES研究不符。他发现收入与联系是呈曲线关系，普查跟踪显示，中等收入的群体很少甚至不存在公民联系。最富有区和最贫穷区的公民联系度最高，这是因为穷人必须对抗各种社会和环境条件，而富人则存有保持并保护他们的社会和经济地位的动机。因此，Coulter发现需求模型理论上更有吸引力，从而总结得出：

“联系是由政府服务需求支配，由政治体系当前绩效水平的失调激发，体现公民在服务政体中作为消费者的角色作用。联系是消费者政治。”（1988：94）

事实上，从公民和管理者的角度看，除非双方携手提供服务，否则许多公共项目不能有效进行（Thomas，1999）。Mintrom（2003）补充说，合作促进组织创新，有利于领导人做出更明智的决定。另外，公众参与增强了公民的支配感，扩大了公民的自由裁量权，提供了更多的选择机会和社会交际，并体现了公民的表现价值，公民从中获得了内在报酬（Lengnick-Hall，1996；Alford，2002b）。Van Ryzin（2004）表明个人与地方政府的联系是影响公民对城市公用事业的满意度的决定性因素。

事实证明，若给予机会，公民能更全面地参与和他们利益相关的政治、技术、行政决策（Roberts，2004）。当然，在协商民主的条件下，公众参与不仅仅是选举活动和联系，它还有更多的制度化形式（Campbell，Marshall，2000）。这些形式可沿着三个维度进行分组（见图2-11）——参与范围（参与主体）、沟通与决策方式，以及权限（决策影响政策和管理措施的程度）。参与的常见方式是公众听证会（De Leon，1992；Baker，Addams，Davis，2005）、议后民意调查（Fishkin，1995b）、协商式规章制定（Rowe，Frewer，2000）、社区委员会（Kathi，Cooper，2005）、咨询委员会（Day，1997）、公民小组（Lenaghan，Mitchell，1996）、合作生产（Levine，Fisher，1984）、公民投票（Zimmermann，Just，2000）以及诸如问卷调查或焦点小组（Naβmacher，Naβmacher，1998）等相对间接的形式。Petts和Leach（2000）确定了25种以上的信息提供、咨询和参与的方法，并对它们的优缺点进行了分析。对如何克服参与式项目的失败，比如以社区为基础的预防犯罪组织，Levine和Fisher（1984）提出了独特的见解。

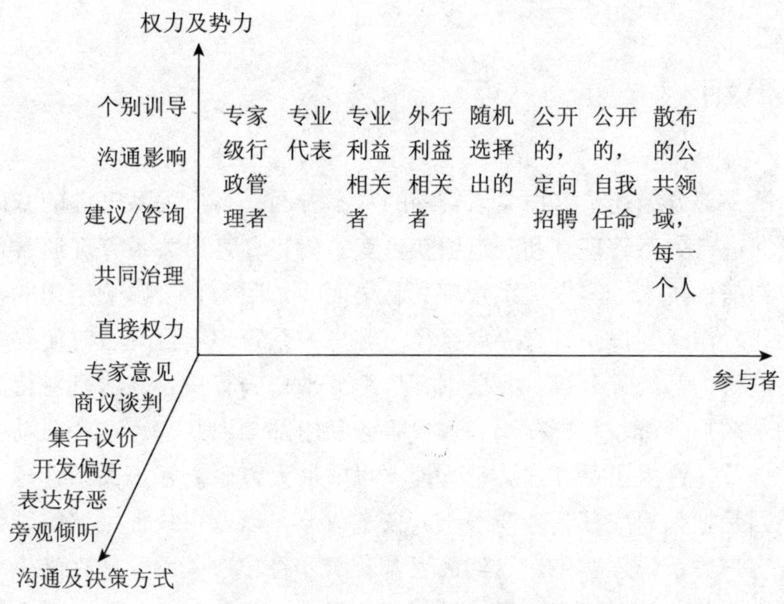

图 2－11 民主政体中公共参与三维图

然而，事实表明许多形式并没有得到有效实施（Mintrom，2003）。King，Feltey 和 Susel（1998）发现，尽管许多公共管理者认为与公民亲近是必要的也是可取的，但是他们并不寻求公众的主动投入。事实上，他们认为公民的参与越多，随之产生的繁文缛节、延迟和低效问题就越多。其他研究人员也持有这种观点（Hart，1972；Cleveland，1975）。公众参与也可能被误认为是一种利用技术和自动化流程的公民自助的合作生产形式（Kiβler 等，1997：23）。而且，Bogumil（1997b：24－26）在一番研究后，对公民参与活动的意愿绘就了一幅悲观的图景。即使是大多数乐观派的参与式民主学者也估计公民愿意参与的比例不到人口的 10％（Verha，Schloz man，Brady，1995）。Box（1998）将这些公民称作“监察人”。公民参与的意愿取决于政策、问题、预期结果（Windhoff-Héretier，1983）和所委托的个人资源，并与参与者的人数成负相关（Eisfeld，1973）。Rosenbaum（1978）甚至认为公民太冷漠，不愿参与，且 Garthop 和 Waldo（1984）呼吁管理者振兴公民权。但是，公民参与意愿的高低取决于公民参与制度如何建立以及公民利用制度的能力（Campbell，2005）。

2.4 小结

本章第一部分综述了客户关系管理的基本方面。客户关系管理的基础是以客户为中心、进行关系管理有利于组织获得竞争优势。客户关系管理通常包括各种管理实务和信息技术。客户关系管理具有全面性，因为它会影响组织的视野、战略、结构和操作。客户互动有多种途径。客户关系管理项目开始时便要求评估客户需求并进行内部流程分析。要根据客户细分来划分客户，并区别对待。信息技术应有助于客户分析、客户存档、客户服务和内部知识共享。这些活动会要求或引发组织变革，这也正是客户关系管理项目的最大障碍。客户关系管理项目高失败率的原因是把客户关系管理局限于其技术成分，以及在缺乏足够的领导力的情况下进行客户关系管理实施。直到最近，政府才将客户关系管理视为一个重要的概念。也称作公共关系管理，目的是管理公民－政府关系。公共关系管理举措通常最先开始于市级联络中心。

本章第二部分总结了以公民为导向的改革。尤其是 NPM 和电子政务，引起了组织和实施公共服务及公共参与思考模式的转变。NPM 挑战了传统的公共管理，旨在引进基于市场的机制与私营部门管理概念。该部分也指出了 NPM 的缺点并进行了批判性评述。本文谈论的 NPM 管理概念之一是 TQM。研究小组表示，TQM 依赖于一套通常的假设和关于如何实现产品和服务质量的工具。TQM 强调客户导向和员工授权的重要性，并强调了授权是如何直接作用于提升客户满意度的。最后，电子政务的文献综述指出了 ICT，特别是互联网对改善客户服务和完善公民本位政府有很大的潜力。然而，正如分析的案例和 TEF 所示，官僚结构和关键参与者的行为会决定技术的实施和结果。

本章第三部分综述了公民—政府关系。透过公民—政府关系和公民不同角色的历史概述，清楚地认识了客户关系管理、NPM 和电子政务中的公民本位以及公民作为客户的概念化。学者们预计，在不久的将来这种关系将朝着协作学习和生产发展。本文综述的批判观点大大弱化了公民作为消费者这一看法。在公民层面，由于缺乏研究，有关行为和偏好的知识依然支离破碎。最后，本文综述了行政联系，强调了它作为公众参与行为的重要性。

本章综述的概念有相似之处。总之，这些概念缺乏一个令社会普遍接受的定义，它们可以增进公民本位，同时强调了从外部客户的角度对于政府及其流程和服务的重要性。此外，技术应理解为这其中的一个有利的因素，但成功与否取决于领导和沟通。

3 方法论和数据分析

本课题采用案例研究方法（Yin，2003）。社会科学家很早就将案例研究分析作为检验公共管理的方法。该研究的目的是更深入地解析 CiRM 的原理、实施及其影响。本章将给出该研究方法论的总体概要（3.1 节），包括研究中采取的三个主要步骤。研究中的实证步骤和数据来源将在 3.2 节中介绍。数据分析在 3.3 节进行了主要归纳，在这一节还会介绍一个改进的扎根理论方法（Strauss，Corbin，1998）。每一个案例研究都提出了可行性建议，对各个案例之间也进行了比较分析。本章的 3.4 节中列出了本研究值得关注的局限性。图 3－1 展示了这项研究设计的总体框架，具体细节在前面已进行过说明并同时展示了研究的定性结果。

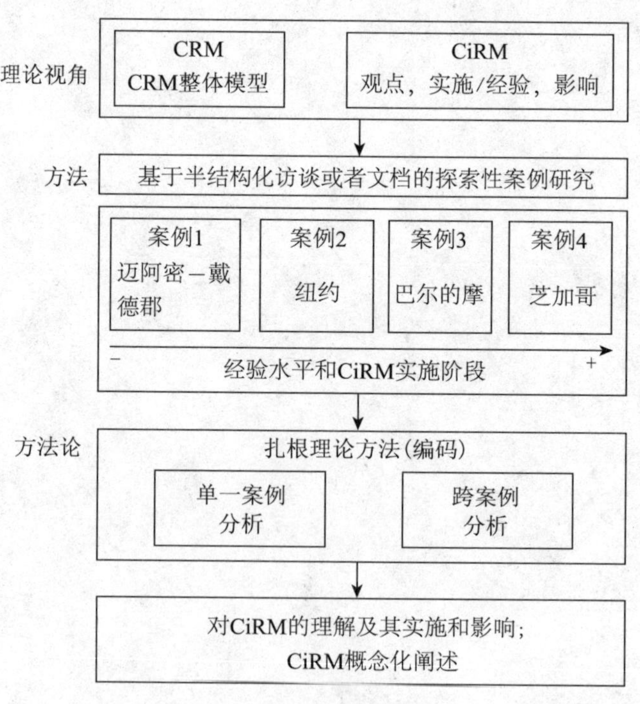

图 3－1 研究设计

3.1 研究方法

西蒙（1974）曾经说过："从实践的观点来说不存在公共管理科学；通过社会科学方法就能够对它进行科学研究。"（Riccucci，2001）公共管理研究与行政管理科学在方法论方面的缺陷一直都饱受诟病（Grunow，1987：28 - 32）。Stalling 和 Ferris（1988：585）在回顾了 1940—1984 年发表的期刊文章后指出，由于缺乏适当的研究方法，一些领域的中心研究问题模糊不清。导致这些缺陷产生的原因包括理论方法数量众多、方法论转移困难、公共管理的现实情况以及公共机构的因素（复杂和动态系统）（Perry，Kraemer，1986）。由于在公共组织中的个体要直接面对"不适合"的研究策略，这通常会导致研究项目的失败或者受到一定的限制，因此许多学术论文和期刊文章往往略去研究方法上的完整性阐述和讨论（Cleary，1992：60）。一般来说，学者们更普遍地使用定性研究方法，如访谈和非互动方法（如文献分析）等，而不会采用定量方法来进行研究（Perry，Kraemer，1986：224）。因此，案例研究方法在公共管理研究中占据了统治地位（Streib，Slotkin，Rivera，2001：521）。

案例研究更多时候是一种研究策略，而非方法（Goode，Hatt，1952；Stake，1994；Hartley，2004）。作为这种策略的一部分，不同的方法可以采用于研究，包括访谈、人种学、文献分析或者调查等方式。通过案例研究产生的广泛的数据，研究人员就可以"获得关于社会组织及其过程的深入理解"（Punch，2000：150）。变量能够"在具体环境中进行研究，而不需要预先定义"（Neumann，1997），这对框架的生成和新趋势、过程、行为等相关理论有独特的帮助。CiRM 是公共管理的新兴概念，还没有被广泛地应用于公共管理中，研究人员还未对其进行详细的研究。因此，我们研究的目标是回答 CiRM 是"如何"和"为什么"实施的问题，这与 Yin（2003：21 - 22）的应用探索性案例研究进行理论构建的准则是一致的。

案例研究可以包括一个或是多个案例。一个案例可以是一个组织、团体、个人、国家、过程、政策或者事件。案例研究可以是探索性的、解释性的或者描述性的。Punch（2000：152）将案例研究分为以下几类：

- 内在案例研究（单一案例）；
- 工具性案例研究（单一案例）；

• 集合案例研究（拼接案例研究、比较案例研究）。

内在案例研究的目标是针对一个具体的主题获得尽可能多的知识。工具性案例研究除了能够生成知识外，还支持理论的构建、验证或重定义等。集合案例研究与内在案例研究具有相同的目标，但前者是基于多案例的，而不是单一案例。

有证据显示，多案例研究可以加强研究结果的鲁棒性[①]（Herriot，Firestone，1983）。因此，集合案例研究多采用针对多单元分析的探索性设计。此外，多案例设计提供对结果的解释或者“针对可预见原因的对比结果”（Yin，2003：47）。CiRM 方法是我们分析的主要环节。正如在 2.1.9 节中提到的，CiRM 目前主要在城市或者郡的联络中心实行。另外，其与大多数公民管理上的接触发生在本地，这点在 2.3.4 节中也提到过。因此，这说明 CiRM 没有涉及更高的管辖范围。在整个项目研究进行期间，美国大概有 30 个地区（城市和郡）开始了 CiRM 项目，这确实对样本的选择有所限制。为了产生比较结果，提高外部有效性，所选案例在 CiRM 的实施阶段、服务社区的大小、政府结构和管辖范围等方面有所不同，并且所有的研究站点已经超越了实施的最初阶段。芝加哥和巴尔的摩在 CiRM 方面有很长的历史和丰富的经验，它们在 20 世纪 90 年代末期就开始实施 CiRM 项目。其他城市和郡的执行者或当选官员们在开始他们自己的行动之前都参观了这两个城市。考虑到实施的范围和复杂性，纽约是目前世界上最大的城市级别的 CiRM 试点地区。另外，纽约的公共管理通常具有更高的管理权限和范围。迈阿密—戴德郡从多重管辖权和独特的“两级联邦”政府结构的角度提供了观察视角。管理者和当选官员们也是分析单元，他们对 CiRM 的理解和采取的策略会对 CiRM 概念的产生带来巨大的影响。

对案例研究最常见的批评是其研究结果缺少普遍性（Punch，2000：153-156；Jensen，Rodgers，2001：236）。然而，这取决于案例研究的类别。内在案例研究重点是对特殊案例而非一般性案例的复杂性和案例背景的理解。同样的，工具性案例研究和集合案例研究通常也会包含“反常”或者特殊案例，这些案例属于高斯分布的边缘。我们不可能为了迎合批评者而进行随机抽样或选择大量案例，因为即使这样也不可能产生一般性，这同定量方法是一样的。但是 Yin（2003：38）指出了 Jacobs（1961）如何通过纽约都市计划中的一个单一案例而导出了一般性的理论。案例研究不仅仅是理论上的假设，更多的是要分析一般性（Hartley，2004：332）。因此，单一案例分析和跨案例分析可以产生关于 CiRM

---

①鲁棒性原为统计学的一个专门术语，可以理解为稳定性、健壮性。

的理解、实施和影响力的一般性发现。

另一个潜在的批评是案例导向的方法论可能带来不恰当的权重，导致案例中的期望因素没有被发现。这样带来的风险是将案例归属于一个专门的或特殊的理论中，事实上某些可能性因素可能发生了但没有被捕捉到。在特殊案例中由于某种因素的缺失就无法得出这样的结论：在同类型的事务中所有的因素都起着非常关键的作用（Vaughan，1992：184）。这样的结论是有一定道理的，所以集合案例研究方法和跨案例分析的目标就是要减少这种风险。另外，这项研究使用了访谈和文献分析的方法，以此来克服单一方法的局限。受访者中包括执行层管理者、行政主管、公务员、当选官员和外部顾问。一些受访者一直在政府部门工作，另一些则有为私营部门工作的经历。构建在多个证据源基础之上，这样就提高了结构的有效性。因为这项研究不需要提供解释说明或者因果关系，因此内部有效性是被忽略的。

每个案例研究包含一组标准步骤以确保可靠性，这些案例研究（附录 A）使用了相同的文档和信息。访谈是半结构化的（Rubin，Rubin，1995），这意味着根据文献列出了相关的主要话题，但是主题的顺序可以是灵活多变的（Weiss，1994），有可能涉及一些新的或者预先未设定的问题。但是一般来说，对 CRM 的整体理解有助于相关问题的设计，这是为了能够回答这项研究的中心问题。在附录 A 中使用了 4 个访问计划，这里考虑到了受访者不同的身份、优先权和参与水平，以确保通过推论得到的数据是有效的。

3.2 数据收集和数据源

倘若文献中缺乏实证证据，探索性的实地调查就是一个特别重要的步骤。这可以看成对 CiRM 理解、实施和影响力方面的建议。案例研究有三个阶段（见图 3-2）。

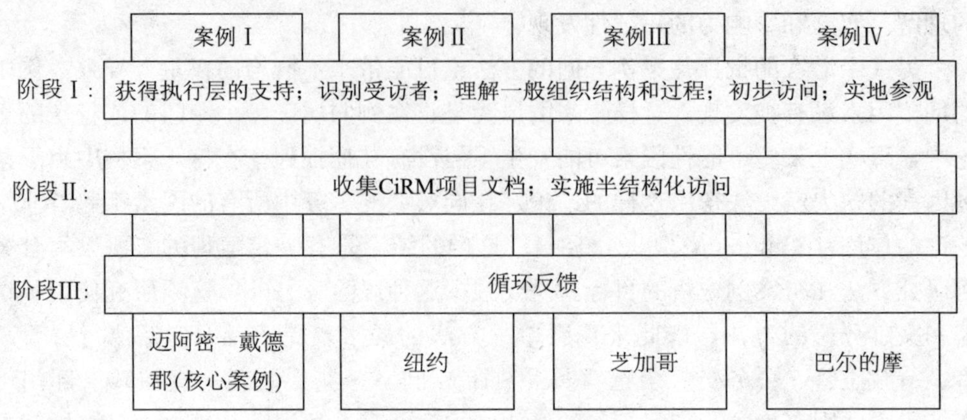

图 3-2 案例研究设计和数据收集

所有四个案例中的公共管理者——有些并不是人力资源部门的负责人，在2005年的春天因为招聘工作的需要访问了肯尼迪政府学院。在完成详细的案例研究准备之前，我有机会与他们进行了第一次接触。

第一阶段开始于2005年9月，主要建立与联络人的联系并开发研究计划书。保持与关键接触人或者与联络人的良好的工作关系，这对于促进实地调查是十分重要的（Miles，Huberman，1994）。与行政主管电话联系后，还要发送一封电子邮件用以说明研究的目的、范围和研究价值。电子邮件包括了Jane Fountain和David Lazer的推荐信，前者为国家数字政府中心的主管（之前在哈佛大学，目前在马萨诸塞大学安姆斯特分校），后者是哈佛大学网络管理项目的主要负责人，他们在信中强调了我的可信性并且确保对参与者信息的保密（附录A)。这封电子邮件还请求确定受访者、安排采访日程并获准允许访谈的文献资料。在这些完成之后才进行初步的实地访谈，会加深与行政主管的关系，以便更好地理解CiRM项目并测试一些要访谈的问题。在芝加哥，我与311电话平台主管进行了详尽的电话交谈，所以在这里就没有做实地考察。我于2005年11月访问了其他地区的CIO。会谈后，这些地区的CIO们会为我的研究项目指派一个内部联络人并告知其他的行政管理者或是当选官员们。

在初步访问的2～4周之后开始进行第二阶段，这样能有足够的时间准备实地访问（例如安排访问日程），但还是要以早些的访问为契机。对4个案例的全天或者多天的实地访问是从2005年10月开始的，一直持续到2006年4月。表3-1给出了时间安排以及每一个案例研究中的活动内容。由于管理层的支持，在迈阿密—戴德郡进行了为期14天的详细研究，因此成为了这项研究的中心案例。

表 3-1 案例研究时间安排和访谈活动内容

地点	时间	活动内容
巴尔的摩	2005 年 11 月（2 天）	访谈；参加 CitiStat 会议
迈阿密—戴德郡	2005 年 12 月（14 天）	访谈；参加会议和日常工作
	2006 年 1 月（3 天）	进一步访谈；参加会议（例如 311 州际联合会议）
纽约	2006 年 1 月（1 天）	访谈
	2006 年 3 月（3 天）	访谈
	2006 年 4 月（1 天）	访谈
芝加哥	2006 年 2 月（4 天）	访谈

在开始访谈之前，我总是花费一些时间用于了解更多的机构运作和项目的历史情况。在研究每一个案例过程中，我都参观了 311 联络中心并被许可接听公众电话和观察接线员是如何接听电话的。我也被邀请参与午休谈话和内部工作会议，以便收集正式访谈之外的附加数据。此外，列席市政委员董事会议使我进一步了解了迈阿密—戴德郡的政党环境和当选官员们对 311 或者 CiRM 的看法。整个实地参观和访谈过程中我都做了详细的笔记以备日后查阅。

由于所有的项目都要面对内部的阻力，我要求受访者不要告诉我他们对于 CiRM 的观点。事实上，我要求行政管理者找一些反对意见的人作为我的受访者，这样才能保证公正的数据收集并更好地识别阻碍。我们总共进行了 69 次访问，每次持续 60～90 分钟。对当选官员的访问时间更短一些，大约 20～35 分钟。如果算上对一些人的多次访谈的话，访谈次数达到了 77 次。访谈过程以数字化的形式记录下来，绝大多数的访谈都是以一对一的形式在受访者日常工作环境中完成的。为了获得个人内心的观点，我遵循着一些步骤（Rubin，Rubin，1995），其中的要点包括紧跟受访者的回答内容，多听少说，问一些开放性的问题以及避免导向性的问题。在开始访谈之前，受访者都被告知他们有权利拒绝回答任何问题，他们也知道随时可以终止谈话。此外，他们可以匿名发表个人观点，同时也可以检查受访记录的内容是否准确。虽然所有受访者都放弃了后一项权利，一些人还明确要引用他们的全名。当访谈结束后，受访者会得到一个小礼物（来自肯尼迪政府学院的咖啡杯），他们都非常喜欢。表 3-2 显示了按照受访者类别的不同在每一个案例中的访谈次数。我们根据受访者的工作角色将他们分成不同的类别。例如，“管理者”包括所有的公共管理工作人员，这里并没有区分他们的级别；这类人员不包括那些部门领导或者更高层组织实体的领导。后面一类人员被称作“执行层管理者”类。相同的职位在不同地区会使用不同的名称来描述。在纽约和芝加哥，部门领导被称作“专员”，在迈阿密—戴德郡被称为当选官员，芝加哥的当选官员被称作“市议员”。

表 3-2　　每个城市的访谈次数和受访者类别

迈阿密—戴德郡	纽约	巴尔的摩	芝加哥	
官员	8	1		
执行层管理者	9	6	1	5
管理者	18	8	2	9
外部顾问	1	3		
总计（71）	36	18	3	14

除了进行访谈之外，还要收集内部文件和档案数据以确保准确性和可靠性。首先，内部文件包括组织机构图、项目计划、研究资料（由顾问提供）、IT 基础设施图、财政数据、手册、执行报告、备忘录或者市民调查。有些数据源是直接提供给我的，另外的则是公布在网络上的，这些能提供关于组织或者工程结构的精确数据。其次，档案数据包括期刊、报纸文章，也包括会议报告以及有关 311 电话平台和 CiRM 的宣传资料。这些数据有助于了解每一个案例的背景，提高对外部沟通和观点的理解力。

当整理完数据后，要针对发现的问题向受访者进行反馈。案例研究过程的第三阶段是要提高结构有效性。

下面的内容是关于四个案例的概括性描述。每一个案例都描述了所在位置、政府结构、CiRM 项目的初始情况及其中的角色。

3.2.1 芝加哥

芝加哥位于伊利诺伊州，城市的一部分属于杜佩奇郡，其他大部分属于库克郡。城市人口将近 300 万，还有 1000 万人口居住在芝加哥周边城区。市长每四年选举一次，是当地的首席行政官员，市长任命各个部门的负责人。理查德·M. 戴利自从 1989 年以来一直担任芝加哥市市长。市议会是立法机构，由 50 位市议员组成。1999 年 1 月，在完成了针对市民交互过程的分析后，芝加哥建立了以技术为支撑的 311 一站式服务中心。政府更进一步采取了改善公民导向的服务。美国其他州以及加拿大和英国的地方政府官员来参观及学习过芝加哥的

CiRM 项目，芝加哥也分享了它的经验来帮助其他城市构建自己的 CiRM。2003 年芝加哥因为 311 系统获得了哈佛大学颁发的“美国政府创新奖”。

基于这些事实，对芝加哥的案例研究可以获得其 CiRM 项目的丰富数据集。此外，由于我在剑桥，能够充分利用哈佛大学 ASH 研究院的资源，该研究院就是在 2003 年授予芝加哥荣誉称号的部门。

3.2.2 巴尔的摩

巴尔的摩位于马里兰州，是一个处于联邦及州政府共同管理之下的城市。因此，巴尔的摩依赖联邦和州政府提供的资金，执行联邦、州和市的政策命令。该市财政预算将近 20 亿美元。城市人口约有 640000 人，现正呈人口下降趋势（Henderson，2003）。另 260 万人口居住在周边城区中。从 1999—2006 年 4 月，作为市长的马丁·奥马利拥有 16000 名雇员。市议会由 14 名巴尔的摩地区的选举代表和 1 名选举主席组成，议会的主要职责是监督和批准财政预算。巴尔的摩在 1996 年第一个提供了 N-11（311）非紧急类事务服务，而直到 2001 年 3 月市长办公信息化（Mayor's Office of Information Technology，MOIT）才开始实施 CiRM 战略。巴尔的摩受芝加哥的影响，将芝加哥计划修改后用于自身。除了提出 CiRM，市长还发起了 CitiStat 系统，这是一个独特的城市管理系统。

虽然巴尔的摩是这项研究的一个辅助案例，但使我们了解了 CiRM 的数据是如何应用于日常管理中的。

3.2.3 纽约

纽约位于纽约州的东海岸，该市有五个行政区：曼哈顿区、皇后区、布鲁克林区、布朗克斯区和斯塔滕（史坦顿）岛区。城市人口将近 820 万，另 1900 万人口居住在周边城区中。与芝加哥和巴尔的摩一样，纽约有一个强有力的市长—议会形式的管理体制。迈克尔·布隆伯格自 2001 年至今一直担任市长，拥有几乎全部的管理权。然而，与芝加哥没有任期限制不同的是，纽约市长和议会成员的任期限制为两任，每一任任期时间是 4 年。市议会由 41 名成员组成。许多政府性的服务是由社会承担的，例如教育、惩戒机构或者福利服务，这些都是在其他城市具有高度管辖范围的职责。纽约公共服务的总预算约为 500 亿美元。在朱利安尼执政时期，曾讨论过实施 311 系统的问题，但是由于该项目与纽约警察局（New York Police Department，NYPD）相冲突一直被拖延。然而，CiRM 在布隆伯格的第一个任期就开始了快速的发展，早在 2002 年他就宣布实施这个项目。

政府部门信息和电信系统（Department of Information Technology and Telecommunications，DoITT）用了一年的时间进行建设，311 联络中心于 2003 年 3 月投入运行，全世界的新闻媒体报道了此事。其余的政府服务业务和部门的整合工作一直都在进行中。

纽约公共管理的复杂性、所服务的公民数量和 CiRM 的范围使它成为了这项研究所选择的目标。

3.2.4 迈阿密—戴德郡

迈阿密—戴德郡（1997 年以前被称为戴德郡）位于佛罗里达州，面积 2000 多平方英里（面积超过罗德岛州和特拉华州），人口将近 230 万。超过 100 万的人口居住在非自治区域，其余的居住在 35 个自治市。该郡实行两层管理体制，即自治市和郡各司其职。诸如警察、区域划分和强制执行这样的公共服务由自治市通过市政税提供，诸如机场、公屋和运输这样的公共服务由郡通过郡政税提供。2007 年 1 月，一次公民投票后，迈阿密—戴德郡开始实行市长和郡委员会（Board of County Commissioners，BCC）管理模式。每 13 个区选举产生一名委员。卡洛斯·阿尔瓦雷斯是现任市长，郡长经郡委员会同意后，由市长任命。市长还负责监督政府的日常运作。市长每届任期 4 年，连任不得超过两届，委员的任期没有限制。郡委员会批准由郡长提交的财政预算。郡长是管理机构的首脑。郡长任免所有部门的负责人并且可以签署行政命令、规则和规章。从 1999 年，迈阿密—戴德郡开始实施 CiRM，作为一项长期战略，该项目成效显著。2001 年，该郡开启了它的网络接口。2002 年成立了拥有多管辖范围的 311 客户联络中心。2004 年，一项地区间协议将迈阿密市政服务和 311 联络中心的服务推广到该郡的所有地区。经过 10 个月的实验，2005 年 9 月份该郡的联络中心正式运行。

由于行政支持的力度和对组织成员的详尽访谈，迈阿密—戴德郡被选为核心案例进行研究。而且，由于 CiRM 要求更紧密的跨区域协作，因此了解这一概念如何在多管辖范围的环境中诠释和实施是一件饶有兴趣的事情。最后，作为这项研究内容的一部分，在对迈阿密—戴德郡进行分析之后，我们将为该郡提供一些建议，敦促它们或修正已有模式，或遵从现有模式。

3.3 数据分析

实地访问结束之后，我们整理了所有面谈的内容，大约有1500页纸之多，采访记录中还包括诸如大笑和手指敲击这样的情绪表达，从现场笔记中还获得了额外的信息。

这项研究是基于三个层次的数据分析以便获得一个关于CiRM概念化的理论框架（见图3-3）。首先，我对CRM的中心元素和2.2节中描述的公民本位的改革进行了比较，这使我认识到了基于与现有的政府改革运动进行比较的CRM独特的方面或其贡献。其次，基于我的访问和文档的数据分析与Strauss和Corbin的基本理论方法是相似的，这允许我们除了识别重要的概念和主题之外，还能整理数据以编写关于CiRM的实施、影响和理解上的案例描述。最后，关于CiRM初始阶段如何被实施的单一和跨案例研究的数据是我们理解CiRM的间接来源，根据这些数据并通过与受访者给出的关于CiRM的定义和解释的对比得到了关于对CiRM的潜在理解。

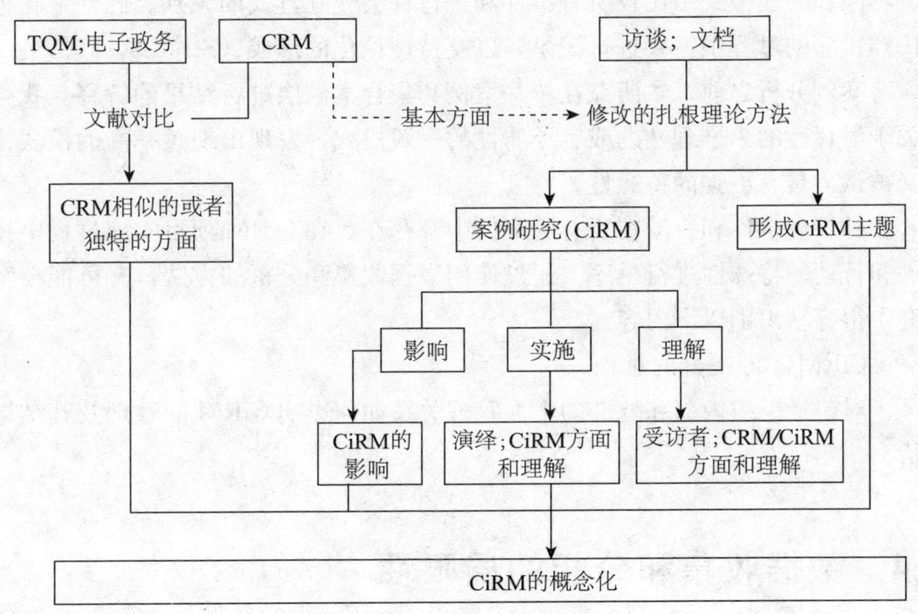

图3-3　分析过程总结

扎根理论被归类为“规则的发现”，进一步地定义为“元素的识别（和分类）及探索元素间的联系”（Tesch，1990：78）。这个过程包括多层次的数据编码和分类。Glaser 和 Strauss 反对在研究之前进行带有与观念和假设有关的预想理论的初始定性分析（1967：33），这样做容易使研究者让数据“被迫去适应”理论。然而，研究者们经常在研究开始之前就被以前阅读过的资料、所经历的事件或者谈话所影响，这些形成了他们的感觉或者基本理论假设。对于这项研究，有必要先从以整体 CRM 概念为基础的初始分类集着手，以检测将其应用于政府部门的不同和相同之处（附录 B）。这样，我的研究和理论框架是以 CRM 概念作为参考框架并基于数据得出的。这看似与扎根理论的假设是不同的。

依据 Creswell（2003）的建议，数据分析分几步来完成。第一步，通过阅读访谈记录和文档得到对这些材料的一般性感觉。第二步，对每一个访谈进行微量分析。使用定性数据分析软件 ATLAS，ti5.2，这个软件能够逐字逐句地分析和编码。一个编码就是一个类别或者是两类之间或多类之间的关系。

通过比较方法将数据按行编码（Glaser，Strauss，1967；Strauss，Corbin，1988），也就是说，将数据形成编码单元（开放型编码），然后逐步地、系统地聚集那些显示相形似（主轴编码）和关联性的数据单元。同时，还要从数据的相同、不同和一般模式中比较所有事件和进行社会交互方式的识别。此外，在整个编码和排序的过程中需要进行记录，以支持理论化的形成（Strauss，1987）。

跨案例分析之前，本研究在单一案例和集合案例层进行结果的解释。我查询了关于解释性的、推理性的或者矛盾性的一般模式，发现出现频率高的模式或者定义被认为具有更强的鲁棒性。

各种管理事件和行动在所有的案例中都存在，在 CiRM 项目实施过程中按照事件和行动的特殊性进行排序。通过使用数据收集和分析的方法，有可能在案例研究中很容易识别以下内容：

• CiRM 不断提升的过程；

• 对包括组织内部和外部的个人管理关系如何影响 CiRM 的管理及其结果的评价。

3.4 数据收集和分析的局限性

读者可能已经意识到这项研究的几个局限性或者需要注意的地方，包括主观偏差，缺少 CRM 的一般性概念、访谈数据、大量数据，缺失数据和准确性等问题。有的偏差是由于我个人的文化背景不同、知识面的局限或者研究目标的原因所引起的。即使是基于广泛的文献综述，现有的整体 CRM 概念框架本身也可以带来主观偏差。因为缺失了某些部分或者是因为广度的问题，其他研究者可能不接受 CRM 框架的概念。由于推论过程和访谈技巧的问题，访谈往往是主观的或者有失偏颇。初期的丰富数据，特别是数据分析之后所采取的行动也是另一个限制。此外，被研究的组织比较复杂以及我的能力有限，使我不能发现所有有趣的问题。在跨案例分析中缺失的数据也会导致误解的产生。例如，在 CiRM 开始之前，不可能做一个关于组织和其运作过程的详细分析。另外，这项研究没能从公民的视角研究公民—政府关系问题。

4 成果

基于第三章描述的方法论，本章将呈现此次研究所包括的各个案例涵盖实施效果、影响以及理解的一个梗概，每一个案例分析内容包括三部分：公民关系管理的实施效果、实施影响以及各案例对于公民关系管理的理解。在公民关系管理的实施效果的描述中，我对“311 热线”项目进行了详尽的阐述，同时对信息沟通渠道和其他客户服务措施方面的情况也进行了简述。在公民关系管理的实施影响部分，关注的重点是“311 热线”项目所产生的各种影响。涉及以客户需求为导向，组织的程序，当选官员、行政管理人员和公民各自在公民关系管理实施过程中的角色或关系等内容。最后部分总结了受访者在客户关系管理问题各个方面的观点，以及他们自己对公民关系管理的定义。为了确保资料翔实以及我的转述不会改变受访者的原意，本章进行了大量的直接引用。我选择引述原文的指导方针是：引述那些具有普遍性、重复性或是见解独到的观点。本章所有的案例分析是按照他们实施公民关系管理时间上的先后顺序进行排列的。

4.1 巴尔的摩的公民关系管理

4.1.1 公民关系管理实施情况

1996 年 10 月 2 日，巴尔的摩成为全美第一个开始研究“311”非紧急事件热线电话实施效果的市。此项研究获得了联邦教育拨款的支持并得到了美国司法部的批准。虽然当时已经存在一个六位数字的政府信息服务电话，但是市民很少会拨打，取而代之的是拨打“911”热线电话求助。然而，“311”电话的引入使得这个城市“911”非紧急报警电话的拨打率在很短的时间内下降了 50%。由于此次实验的成功，美国联邦通信委员会（Federal Communications Commission，FCC）在 1997 年 2 月 19 日通过了建立“311”电话作为非紧急情况热线电话接入警察和市政服务体系的规定。然而，也有迹象表明市民不会正确地使用“311”。超过6万个通过311电话报告的事件被认为是“911”类型优先处理事件，应交由警方。与警察相比，市民评估其处境的方式有很大的出入，他们有时由于欠缺有效沟通对于拨打哪个电话更合适而感到困惑。另外，一些不需要由警方处理的事件也需要给市民提供一些信息，比如巴尔的摩金莺队棒球比赛的时间表，或者将电话转接到相关负责部门。但是，这些行为都没有被跟踪下去并记录下来。

1999年，马丁·奥马利成为巴尔的摩市长之后不久，他引入了一套城市公共管理的实时绩效管理问责系统，称为CitiStat①，这个想法来源于纽约的CompStat模型。

纽约的CompStat模型最初是由纽约警察局局长威廉·布拉顿和他的团队在1994年将其作为犯罪追踪与管理的一种工具发展起来的。在每两周一次的会议上，管辖区域和执行单位的负责人被要求公布犯罪趋势以及正在开展的警务活动情况。这样，他们必须提前将数据提交给CompStat团队作以汇编和分析，开会时这些相关数据（如不同类型的犯罪情况统计、被破坏的路灯情况）会被输入计算机生成的地图中。这些CompStat系统会议旨在督促各相关负责人能够回应问题，确认有效的警务活动并且分享经验。CompStat系统帮助纽约警察局有效地减少了犯罪，提升了警力，并且能够针对内外部的不同问题做出预警。

虽然纽约使用CompStat系统这一举措仅仅提升了警察局的绩效管理水平，奥马利认为类似的方法运用到巴尔的摩所有的市政公共服务部门也可以有相同效果。他们花费2万美元购买相关设备用于维持CitiStat系统的正常运行（如电脑、投影仪等），拨款26.5万美元用于第一财政年度的系统运行成本开支（如人力成本）。在这期间，巴尔的摩所有的市政公共服务部门都加入到CitiStat系统。系统最关键的特征之一就是提供及时且准确的信息。然而从2000年年底至2001年年初所召开的联席会议情况看，实际情况却有些复杂。各个行政部门对其自身内部资源、工作进程或者提供服务的水平等情况缺乏了解，比如公共工程的主管搞不清楚他的车队里具体有多少车辆，只能估计大概数量为6000～6500辆。而且，一些行政部门的主管声称他们由于忙于处理这些统计数据而无法抽身解决联席会议中明确提出的那些问题，一位行政官员回忆说：“那些分析师将准备好的

①CitiStat：专有名词，最初来源于城市（city）与统计（statistics）两个单词的组合，专指以公众服务为导向、以数据统计为手段、以问责制为核心的城市绩效评估和管理方式，其目的在于及时发现问题，迅速采取补救措施，不断改进城市管理和公共服务的效能和质量。

图表打在屏幕上，然后市长会说，嗯，这周市民对地面坑洼的投诉率有所上升，上涨了四倍！代理机构[①]的主管这时就会转身说，数据不可能是正确的，这会不能继续开了！”由于代理机构只是负责分析出它们自己的信息，但因为很多决策的制定需要几乎是实时的数据，所以市长决定设立一个独立于各个行政部门之外的信息引入机制，其所需要的数据来源是针对各个行政部门开通的 24 小时热线电话，即 311 热线电话（起初被称为 CitiStat）。

据高层行政人员表示，他们所面临的最大挑战来自于需要扩展 311 热线电话的服务范围。其实巴尔的摩在 1996 年就开始启用 311 热线电话，而且已经初步具有紧急事件处理中心的功能，但现在需要一套全新的客户服务体系。直到 2002 年，所有 311 热线电话仍还有警方在进行处理。项目团队从劝说警方开始着手，设法让警方接受“作为一个警察，接听那些非紧急事件电话是不重要的”这样的概念。事实上，给市民灌输全新的概念也是有必要的，因为在 2002 年之前，市民们对 311 热线服务的印象是非常不好的，正如一位公务员回忆道：“接听电话的都是些讨厌的警察，他们对客户服务完全没有概念。”而且，40%的市民在电话被接听之前就挂断了电话。各行政部门都会收集各类的内部数据（如财务会计数据），但是很少会去评估市民的满意度。一些行政部门也设有自己的信息咨询和服务热线电话，然而在项目的准备阶段会发现，各部门的服务水平参差不齐，服务时间段也各不相同，而且大部分在下午 5 点就结束了，电话的接听率也很低。而且，电话所反映的情况经常在部门之间被踢来踢去，接听电话人员处理电话问题的随意性大，同一个问题往往得到不同的回答。拨打服务热线咨询有关城市服务问题电话的日拨打量估计在 17000 个左右。巴尔的摩的城市首席信息官艾略特专门访问芝加哥去借鉴其 311 热线电话运营的经验。

由于该热线电话的运营受财政预算紧张和时间约束所限（此项目应该在一年内完成），所以项目团队以一种非常务实的态度来完成它们的任务。项目整合了巴尔的摩现有的呼叫中心，并将其员工移交给“311 热线”。311 热线电话系统的接线员被界定为客户服务代表（Customer Service Representatives，CSRs），统一制服，搬进现代化的办公环境，以期让员工能认可自身工作并有归属感。然而，在开始阶段这些客服代表们的工作效率并未明显提高，也没有达到客户服务的标准（如还不习惯称市民为客户）。因此，所有的客服代表都经历了培训。但一些人的工作状态并没有在培训后改进多少，因此他们又被送回原部门从事其他

①巴尔的摩在市政府办公室下设了 CitiStat 办公室，专门负责 CitiStat 项目推进工作，包括组织召开会议、议定统计指标、分析数据报告、跟踪决策落实、培训技术人员等。

项目的工作。

该项目团队并没有为这些客服人员提供一个电子的信息库以帮助其回答市民的提问。但这些从各自行政部门招揽来被称为接线员的专业人员组成了一个人力信息库。一位公务员回忆说："如果有个市民提出难以回答的问题，这个房间里有可能会碰巧有某个来自相关行政部门的人员就知道该如何回答这个问题。虽然答案不一定完美，但就是这么做的。"无法在短时间内建立起电子信息库的另一个原因就是这个城市以往没有任何针对不同行业的处理流程档案记录，也没有专门人员负责维护相关的信息。

巴尔的摩仿照芝加哥模式建立起"311"热线，并使用摩托罗拉 CSR 软件（客户服务请求软件）作为其市民关系管理软件系统。行政管理人员将巴尔的摩的管理系统命名为 CitiTrack（沿袭了 CitiStat 这一之前设立的品牌）。该软件允许接受以一系列标准化的问题形式作为服务请求（Service Requests，SR）。信息会被转发到相应部门处理，市民的服务请求（SR）的处理状态能够在任何时间被市民关系管理软件——CSR 系统或者其他相关行政人员跟踪到。新成立的 311 热线系统旨在接收公民提供的所有信息以使代理机构清楚地知道需要处理的问题是什么。然而，它们不会对行政部门如何区分其工作的优先次序施加影响，实际情况是，接线员可以以友好的方式接听市民来电，但很难保证行政部门所提供的服务能够满足市民的期望。热线电话现已成为政府公共服务部门面对市民的一个窗口，然而市民往往抱怨 311 热线不能在承诺时间内提供所需的服务。这些投诉显示，很多报告称那些已经提供的服务其实并没有真正落实到位。很多工作人员很快意识到行政管理者监控的仅仅是结束一个服务请求用时多久，所以工作人员关注的只是尽量短时间地结束一个服务请求，并且认为不会有人会追查结果。另一个常见的问题是管辖权重复。据巴尔的摩太阳报报道，有人打进电话投诉一辆废弃汽车正在被贩毒团伙作为交易地点使用（据伍斯特区域研究局 2003 年资料）。由于这辆车的两个轮胎在一条小巷里，另外两个轮胎在一块空地上，两个与此事有关的部门——运输部门和房屋部门都没有完全责任去将这辆车移走，最终，政府部门不得不在与市民互动过程中修改其表述方式以避免误导市民。

CSRs 系统在 2002 年 3 月开始接听电话，2002 年 8 月才完全接替一直以来由警方运营的 311 热线。与预计每日呼叫量为 17000 个的情况相反，311 呼叫中心每天的呼叫量仅为 3000～4000 个。311 呼叫中心提升服务管理水平后，电话放弃率从 40％下降到 2％。平均通话持续时间为 2 分钟。大约 50％的电话总量最终会形成一个服务请求（每月有约 40000 个服务请求），低于 10％的电话总量是目前已受理的服务请求的后续事件。其余的电话为基本信息问询电话。约有 4% 的电话被转接到社会公共服务部门。在遇到紧急天气情况（如遇到暴风雪天气）时，311 呼叫中心也会与老年人服务办公室合作，给老年人打电话。打电话的目的是为查看一下老人是否安好，以确定这些老人是否需要任何形式的照顾。

巴尔的摩还有一个相比其他城市较不发达的门户网站，究其原因，一位城市官员这样说："其中一个原因是我们所在这座城市的基础设施建设普遍老旧，而且城市的犯罪率高、市政服务水平不高而市民文化水平低。"这个门户网站使市民获得了各种政府信息，其中包括可以追溯到 2001 年的全部 CitiStat 情况报告。市民也可以通过 CitiTrack 系统进入 67 类在线服务系统请求帮助（详情见附录 D）。

巴尔的摩有 9 个邻近地区的一站式服务中心。市民可以到那里直接办理一个建筑许可证所需的各个阶段的手续，而不必为此到不同部门分别办理许可。

行政官员们认为，科技在不久的将来可以进一步使提供服务的接入和服务流程自动化。在未来，工作人员可以配备上手持设备，让市民可以实时连接到他们。

几位行政官员表示，在变革过程中取得成功的最大关键是有一个强有力的领导者。正如其中一位所说："领导力是非常重要的，因为市民们会一直不停地向我们反映情况，而他们又不同意解决问题的方案，这样就一直在兜圈子，而你就一直在走弯路。"

4.1.2 公民关系管理产生的影响

311 热线电话已经影响到市民与巴尔的摩市政府之间的互动。在过去，市民有服务请求或者投诉时，他们会打四个电话：第一个电话打给负责为此事提供服务的行政部门；第二个打给当地的议员；第三个联系市长办公室确保其服务请求能得到优先解决；最后一个电话是为保险起见，打给在政府机构工作的熟人或朋友，这个人有可能是负责提供此项服务的人员的同事。市民会不断地打电话给以上的几个地方，为的是弄清楚他们的服务请求进行到哪个程序。但是如今，他们只需拨打 311 热线就够了。政府也会要求一些公务人员使用这一系统或者拨打 311 热线提出一个服务请求，以检测以往市民只有反复打电话才能实现愿望的怪圈是否已经被打破。现在还有一个与以往不同的情况是，客服代表们会被要求去告诉那些来电人员其服务请求的处理状态、反馈相应信息，并告知可能出现的延迟情况。

行政部门的管理者期待该系统能达到这样的效果，即有一个简洁的电话号码方便市民记住，他们在拨打这个电话后能得到满意的回应，这样市民在需要帮助的时候自然会想到拨打这个号码求助。一段时间之后，除一些小幅波动外，电话日拨打量基本保持不变，但是来电话内容发生了变化。起初大多数电话是市民询问事情的处理状态，现在要求提供新服务的请求来电能占到电话总量的一半。

CitiStat 系统启用后，几乎所有的代理机构的绩效都有所提升，新 311 热线的使用在巴尔的摩产生了积极的效果。举个例子，起初，有关部门需要 3～6 个月处理市民要求清理一条巷子的请求；而现在处理完这样的请求不超过 21 天。现在新 311 热线会接到越来越多的服务请求，但是市民对其的期望值也普遍地提高了。一位官员忧郁地表示，恐怕他们已经成了自己的这项成就的受害者，他说道："6 个月！那个地方在过去的 6 个月里一直脏乱。不过没有变得更脏乱，对不对？你只需要去那里做一次清理街道就干净了。但是，一旦你开始每隔 3 周去清理一次，就要坚持这样做下去。我们需要做的不仅仅是要在很短的时间内完成一项诉求，我们面临的是随之而产生的 3 倍的工作量。"

目前系统自动接受服务请求，而提供服务则是由另外的部门来完成。在新 311 实施阶段，人们发现休闲和公园管理部门在过去 10 年中积压了几千个服务请求，这些请求仍然是记录在卡片上的索引。因此，很多行政部门不得不开始使用标准化操作流程和客户服务程序，而在此之前这些部门从未有过类似规定。

各个行政部门及其主管以一种新的形式担负责任。正如一位官员所说："如果一年中只有几次机会见到市长和参加市议会，大家讨论一下预算之类的问题，还是很安全的。但如果你每隔两周就得和市长见一次面（CitiStat 系统的联席会议），情况就没那么简单了。如果事情解决不了，他们会找你要解决方案，然后你就得更加认真负责了。"此外，部门的绩效数据（如提供服务的次数）会在互联网上公示。行政部门和政治家们都担心工作透明度的提高，但是他们很快意识到一旦信息通过工具被系统化，比如地理信息系统（Geographic Information System，GIS），那样就具备了很大的潜力。这需要代理机构更好更有效地利用其资源，掌握市民的需求。议员们和公众也能够监督市长担负起管理这座城市的责任。

政府官员们非常吃惊地发现，行政部门对于这样的改变乐在其中，他们乐于接受与客户之间以一种新的方式进行交流，并且进行绩效管理。人们往往认为行政部门并不是十分重视市民的诉求，它们"只会坐下来讨论，然后说不用担心，市长会同意的"。政府官员们认为，311 热线客户系统已经在巴尔的摩市政府的运行过程中确立了地位，正如一位官员总结的那样："我从没想过 311 热线的工作人员面对我们每天的工作会变得如此团结一致，这是好的方面。不好的方面是，市民们仍然会抱怨。"与之相比，行政官员们也期待着 CitiStat 系统的运作带来新气象，同时市政部门在市民心中的形象也能随之有变化。但是到目前为止，执政者还不清楚正面或负面的影响是什么。

4.1.3 对公民关系管理的理解

私营企业的客户关系管理与公共服务的公民关系管理最大的不同点在于它们的目的，一位资深的公共关系公务人员是这样描述其不同的：

"私营企业与公共服务的区别在于，私营企业的客户关系管理目标就是销售商品。在公共服务领域，公民关系管理的目的是检查工作，以确保公务人员能尽职尽责。所以从客户的角度考虑，他们所需要的或者我们想让每个人都相信的是我们对待市民是友好的，这也是客户服务工作有益的一面。在市民与我们沟通过后，我们通过客服系统得到反馈以确保市民得到比较满意的服务。虽然和私营企业的客户服务结果相似，但是动机是不同的。"

客户关系管理的另一个方面是要与客户建立起密切的联系，即需要了解客户的所有需求、客户的行为习惯以及与企业之间互动的情况。在政府部门的公民关系管理中，公务员是一个额外的意识形态方面的差异。代理机构关注的是市民反映的问题内容是什么以及发生问题的地点，它们并不关注是谁反映的问题。事实上，311 热线电话接听电话中 20%是匿名来电。公民关系管理系统建立的是关于发生问题的地点的历史数据，而不是与民众沟通的情况，此外，公民关系管理系统软件（这里指的是摩托罗拉 CSR 软件）关闭了服务工作订单的接入、工作进程状态和工作交付之间的组织循环。

4.2 芝加哥的公民关系管理

4.2.1 公民关系管理实施情况

1997 年，芝加哥对居民如何向行政部门提出服务请求以及政府部门如何回应的情况进行了分析。其城市居民通过以下渠道与政府进行沟通并反映其诉求：通过市议员办公室、设在每一个警区的社区警务办公室、网络（获取信息或者电子邮件）以及城市行政部门远程办事机构。然而，城市服务体系的客服电话非常分散（比如号码 312-744-5000 用于城市服务，312-744-2277 用于社区警务，312-744-6000 用于非紧急警务情况服务）。而且，很多处理这些非紧急情况电话的警务人员都没有接受过客户服务的培训。各行政部门提供的服务是否处于同一个服务水平这一情况也不是很透明，市长也只能靠听取各行政长官递交的信息了解情况，也没有可靠的数据支持。由于尚有很大的改进提升空间，市长决定召集市长办公室的调查与信息办公室（Mayor's Office of Inguiry and Information，MOII）、紧急事件通信办公室（Office of Emergency Communications，OEC）、芝加哥警察局（Chicago Police Department，CPD）和商业信息服务部（Office of Business Information Services，OBIS）的人员共同进行研讨。会议议程主要讨论以下几项事件：

• 系统如何应对“千年虫”问题；

• 将非紧急求助电话从 911 调度系统分离出来的必要性，特别是在紧急状态时期这样做的必要性；

• 在芝加哥地区增加一个额外的电话区号的紧迫性，开通 311 热线电话号码让市民拨打咨询信息和提出服务请求的必要；

• 对于正在使用的系统只能跟踪电话，而不能生成工作指令和数据并形成工作报告的关注；

• 对将旧系统升级的相关费用与引入具有更多功能的新系统成本进行分析比较。

1998 年，经过几次会议讨论后，市长办公室决定启用 311 热线电话并且对其“非紧急情况报警电话”的角色加以扩展。而且，将过时的主计算机淘汰，换成了新型的客户服务器系统。此外，采用阳光海岸科技公司的软件 Sun TRACK（现在使用的是摩托罗拉公司的 CSR 软件）以提高对市民来电提出的服务请求的服务质量，并跟踪城市公共服务进程。

根据上述决定，商业信息服务部（OBIS）和市长办公室的调查与信息办公室（MOII）汇合城市公共服务各相关部门共同来完成基础工作并研发新的系统。到 2001 年第一季度，这个项目团队制订了工作程序，培训了超过 2000 名的工作人员，将电脑系统安装在超过 250 个远程办事处。由于 1997 年之前，市长办公室的调查与信息办公室（MOII）已经在运行一个呼叫中心可以将电话和一些服务请求转到各行政部门，所以和各个城市行政部门的现存的工作联系都可以加以利用。然而，在项目启动初期，理清所有的工作程序是一项严峻的挑战。很多行政部门从未分析过它们的工作流程，也无法鉴别哪一种服务提供方式更有效率。而且，各个部门对其内部数据的公布很是谨慎，它们惧怕把工作透明化。还要劝说那些不愿意使用信息通道的公务员，让他们明白：事实上新系统的使用不会影响他们继续工作，也不会改变他们的工作习惯。在管理组织的变革方面能够战胜诸多困难的一个关键因素是得到了市长理查德·M.戴利的大力支持。由于在芝加哥没有任期限制，公务人员是不用指望着领导层的变更了，因为自1989年成立以来，市长赢得了市民强有力的支持。一位官员解释说：

“我不必有那么高的心智水平，我可以等到你下台。但没有人能等到戴利市长下台，因为等他下台的人都已经离开了，他已经执政16年了。但是为了进行根本性的改变，也需要花费大量的时间、精力和政治资本。如果你在任了8年时间，那真是一件苦差使。”

1999年，311热线电话开始正式运行，在2000年的第三季度，市长决定建立311城市公共服务体系作为独立于地方政府部门的单位，使它在政府部门中发挥更大的杠杆作用。关于它的组织结构以及如何嵌入政府部门的情况请详见附录D。由于它有着如911紧急电话那样牢固却又可扩展的构架，311城市公共服务中心也成为了芝加哥911紧急呼叫系统的辅助设施。芝加哥311体系是在市政资源的支持下得以实施并运转至今的。目前的运营预算大约是1400万美元，其中980万美元用于支付给处理非紧急事件电话的警务人员的人力花费。然而，与911电话不同的是，311系统没有得到电话公司的无线和固定电话的25美分附加费的资金支持。

在实施的第一年，市民拨打了290万个全天候的311热线，拨打911紧急事件的电话减少了100万个。到2001年，311电话的拨打量上升到340万，如今每年大约有400万个电话求助。2000年，摩托罗拉CSR系统软件追踪了160万个服务请求电话（见图4－1），如今像这样的跟踪每年超过200万个。2004年，311热线每天平均收到7个来自市民的评价。在摩托罗拉CSR系统下，各个行政部门共享各个服务请求的信息以便开展合作。提到服务请求，一位高级行政人员指出，系统中有近60%的服务请求标签是内部生成的而非公众提出的。

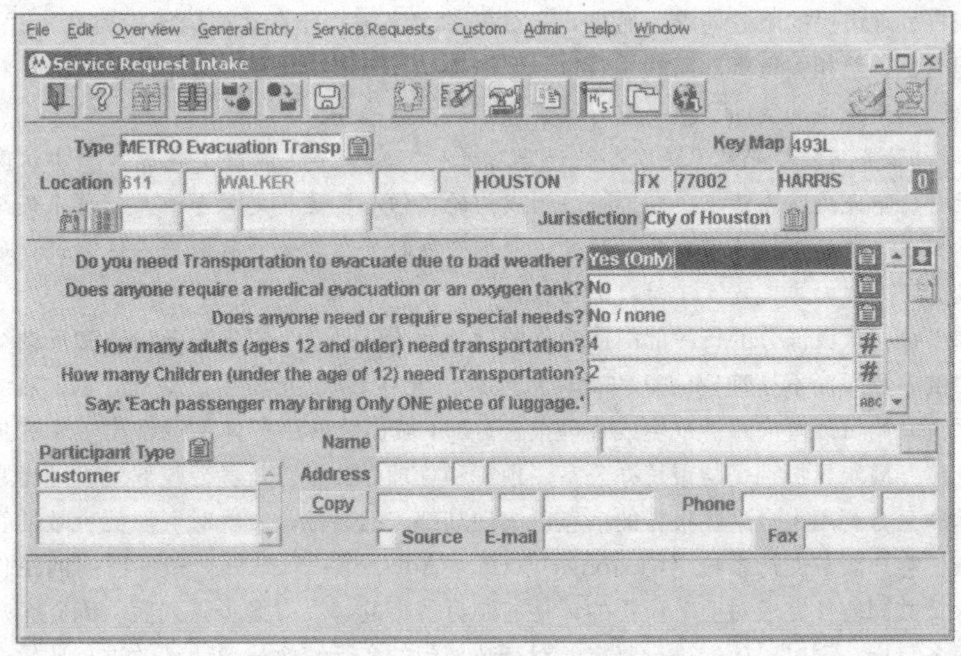

图 4-1 摩托罗拉客户服务请求应用程序截图

官方在启动 311 热线的同时，也发起了一场在市民中广泛宣传的多层面的推广攻势，各种宣传 311 热线的广告被张贴到公交工具和各种公告牌上；在当地的和全国的媒体也发布消息宣传；同时 311 热线还被当成新闻免费报道多次。由于已经有大量的关于公众对 311 热线的感知度的讨论，这场推广运动的关键点是将 311 热线与 911 热线区分开来，要使公众形成对“公共服务热线”的广泛认知。一位行政官员强调说：

“我们不希望误导民众，比如一位市民说，我的烟雾报警器响了，但是家里没有发生火灾，我要拨打 311，如果他没有搞清楚 911 和 311 的区别，他就会拨打 911 电话。所以，我们非常清楚地知道，人们对 3 个数字这样简便的号码有褒有贬。支持它的人认为这个电话便于民众记住，而且他们能够直接得到所需要的帮助。但是如果我们没有策划好关于 311 热线的媒体宣传，市民真的遇到麻烦时便会不知所措了。”

很长一段时间，很多当地选出的官员都反对 311 电话的实施。市议员们认为这样他们就会和选民失去联系。这些市议员们认为改善糟糕的城市公共服务体系，满足市民要求并平息市民的怨气，这才是他们所扮演角色的重要任务。为得到议员们的支持，311 热线系统直接将议员与 CSR 系统连接起来，以便他们可以亲自处理市民的服务请求。而且，议员们的名字被打印在客服信函上寄给市民，同时也寄给相关负责部门的主管以及市长本人（见附录D）。这些客服信函是对市民提出意见的反馈。据一位行政管理层的官员描述：

“服务跟踪号码就像是联邦快递跟踪号码。我认为这激励了我更加严肃认真地对待市民的服务请求。我们将培训我们的工作人员使其更加专业。如果市民想回拨或者检验事件处理到什么程度，他们可随时得到答复。所以可以这么说，通过311热线，市民建立了对我们的信任。”

最初，大部分的行政部门认为新的软件系统就是一个收集服务请求和反馈结果的工具，而不是管理信息的工具。这种情况在2002年发生了变化，311热线系统开始可以有前瞻性地生成管理报告。311城市公共服务体系设计出了“客户支持”模块，特别是与市长办公室、预算和管理办公室以及各行政部门管理者紧密联系，利用来自这些报告的信息以实现其部门的目标，实现对资源更有效的管理。客户服务支持系统（Customer Service Advocates，CSAs）和各部门的工作人员共同协作完成对业务流程的评估、制订清晰的解决方案步骤列表、确立客户服务目标。同时，他们进行复审并对行政部门的实际绩效与预期绩效进行比较以确定目标是否实现。他们分析行政部门相关系统程序的工作效率和有效性，在方案的规则、流程和执行方法的制订和修订方面提供帮助。例如，排水部门对于一个服务请求的回应时间从1997年的17天下降到目前的7天。通过不断识别非法打开的消防栓并安装锁定帽，全市每天能节省150加仑的水。另外，房屋管理部门根据311和911的数据能够有的放矢地起诉那些经常被报告存在问题的物业业主。客户服务支持系统CSAs会与市议员们、其他行政部门以及其他城市的人员保持经常性接触，以便对系统的使用情况、输入数据的发展趋势以及特殊的系统需求进行评价。同时，客户服务支持系统（CSAs）就像是311服务中心的一个个导管，使得311服务中心为运营者在部门政策的制定和提供城市服务的类型方面提供准确及时的信息。

芝加哥有一个在线的门户网站向市民提供各种信息并接收不同类型的在线申请。市民可以在线支付水费和违章停车的罚款，或者在线申请各种许可证。正如一位公务人员指出的那样，2001年年初，市民在线提交的服务请求数量还很有限，这个城市今天才刚刚关注如何广泛宣传市政府能够提供给市民的服务内容。他还指出，互联网通常不是穷人和老年人的选择，对他们来说，拨打311电话是与城市政府部门取得联系的最便捷的方式。而且，对于政府援助部门来说，电话渠道能更好地覆盖到任何发生紧急情况的区域。

城市行政部门与市民有多种程度的互动。例如，对房屋所有权或禁止取消赎回权这种计划就是直接面向市民进行调整。住房建设部门与选民互动有多种方式。官员和它们的选民保持着联系，同时，各行政部门在市议员办公室有直邮、信息明信片，并在芝加哥地区的学校或体育馆组织信息发布活动，这样的做法得到了市民的广泛支持。行政部门也与社区组织和宗教机构进行合作，向公众宣传其所能提供的服务。当住房建设部门选择加入到 311 城市公共服务体系时，它们的电话顾问和 311 电话处理员一起工作，在工作过程中给他们提供一些专业培训，并会召开关于预算顾问咨询的会议，这样可以帮助电话咨询人员更好地帮助市民解决房屋方面的问题。对于那些需要咨询信息的市民，可以选择匿名电话的形式拨打热线，也可以很方便地获取信息。据一位住房建设部门的工作人员说，虽然投入了一些成本去宣传和预防问题，但是全市节约了处理丧失抵押品赎回时大幅增加的成本。

“商务直通车”是戴利市长在全市商业发展领域实施一站式服务的一个项目，这个项目目前为任何一个想在这个城市创业的人提供支持，“商务直通车”项目代替了商业所有者承担起与政府做生意的任务。

芝加哥市政人员意识到他们的 311 热线电话的做法会被其他城市效仿，所以决定为那些想要建立自己的 311 系统的城市提供建议。到目前为止，有来自美国其他城市和郡的代表、来自加拿大和英国的城市代表到访芝加哥。此次研究中的全部城市都曾来芝加哥参观过。咨询工作显示，很多社区认为 311 系统就是个灵丹妙药，却没有意识到一旦 311 服务系统实现了，市民所期待的工作是需要去完成的。芝加哥一位行政人员总结他自己的感受，说道：

“公众的认知和他们回拨 311 电话次数要么让你成功要么让你失败。很多城市现在关注接听热线电话并运营一个呼叫中心。其实 311 系统中最容易实现的就是电话呼叫中心，而最难的事情是建立强大的支持系统，让整座城市的行政部门能够做好它们的工作。底特律刚刚建立起 311 热线，而又不得不将其关闭。还有很多城市开通了热线电话，但当其运转起来后，那些官员才发现‘哦，不’，结果还是不得不关闭这个热线。”

此外，芝加哥针对市民对于 311 热线期望值的管理，成为这一项目的基石。有些部门能够改善它们的流程，但是也有一些部门被规章制度所束缚，不能在短期内得到改善。这一点会对市民的满意度产生负面影响。比如，当有市民报告发现一辆废弃的汽车时，政府有关部门需要两周的时间完成所有的手续后才能将其拖走，而这一点可能是很多市民所不了解的。

4.2.2 公民关系管理产生的影响

芝加哥 311 城市公共服务体系的主管泰德·奥基夫认为，随着时间的推移，311 热线对节约资源和获得效率的贡献会有目共睹。但他同时指出这些成就很难在具体的形式中体现。城市有关部门的某些项目能够通过 311 热线得到实时的反馈。比如，一项控制暴风雨导致的洪水的计划能够在风暴过后根据需要实时进行调整，根据市民不断打进的电话所报告的具体的洪水问题，实时确定发生问题的地区，这样有助于有关部门有的放矢地迅速解决问题。在这个实例中，城市市政部门最终制订出一套计划去改造那些地区的涡流问题。其他部门在及时准确的数据的基础上，也能够做出更好的管理决策。以往，城市的决策者们往往根据个别假设来确定市民的需求、内部资源或者现有的工作程序。现在，交通部门在铺就一条新的道路之后，会通过跟踪市民在多长时间开始对这条路进行投诉来衡量其铺路的质量如何。最终，所有的行政部门也根据 311 热线提供的数据来申请财政预算。

所有芝加哥的受访者都认为 311 热线电话和 CSR 软件系统改进了内部问责制度。一位高级官员说："我认为，我们正在发现我们可以解决那些社会舆论指责的问题。当问题被反映给 311 热线后，就不再需要市民考虑谁对此事负责了，因为这已经变成了政府内部的问题。如果我们认为某个部门应该负责，这时候我们就能对他们说，'对，没错，这个事件确实不归你部门负责，但是现在需要你们去处理。'"事实上，由于得益于 CSR 系统所能提供的信息的准确性和可问责性，越来越多的行政部门使用其作为它们主要的工作指令管理系统。

执政的官员们也变得更加有说服力。市长可以向选民提供用于城市公共服务所支出的税收的准确数字。虽然市议会办公室仍在处理投诉和各类服务请求，但是其数量也在逐渐减少，因为市民们如今可以自己处理一些问题，诸如申请一辆新的垃圾清运车之类的日常事件，因为 311 热线使这样的问题解决起来越来越简单方便了。执政的官员们如今可以花更多的时间进行那些更广泛的政策问题研究或者进行社区访问。此外，他们对于各种资源的投入也更加有战略性。每一位市议员有一笔预算可用于他们的行政区。但是在过去，由于来自于市民的各种信息都是被记录在笔记本上的，所以很难对其进行处理分析。现在，CSR 系统可以识别出让市民特别感兴趣的地区在哪里，并可以绘制在 GIS 系统中。工作绩效的数据也可以提供给市民，市民就有机会检查他们所选出的官员是如何管理他们的行政区的。

芝加哥的市民较以往有了更好的途径与政府进行沟通。以往那些在当地公共服务部门有关系的人往往能得到更好更快的服务，但是现在的体系，对于经济地位较低的市民来说，显得更加的公平了。据一位高层行政人员说："如果你跟住在城北的市民聊天，因为那里是富人聚集区，他们基本不知道311热线，因为他们不需要市政府为他们解决问题，因为那里没有涂鸦，没有随处可见的垃圾；但是如果你到比较贫困的社区问问，那里的人肯定知道311热线这回事。"

建立一种客户服务为导向的文化是一个挑战，并不是所有的行政部门员工都接受这种想法，但是有一些部门正在将以客户服务为导向作为其工作的标准。有些部门的行政人员会举例说明对公众所提出的要求的回应是多么的重要。比如，一位行政人员就讲述了一个事件，他看到一些工作人员正在他家的外面做维修工作，他告诉那些工作人员马路对面的一个物件也需要他们修理一下。但是那些工作人员拒绝去干，因为这个物件不在他们当天的工作安排表上。于是这位行政人员拨打了311热线报告了这件事，311服务系统联系了相关负责部门，由它们通知这些工作人员将工作增加到他们当天的安排中。

4.2.3 对公民关系管理的理解

关于公共服务部门与私营企业客户服务的不同之处，芝加哥的行政人员给出了各种不同的但是非常具体的答案。与私营企业的客户服务不同的是，与市民建立一对一的关系对于政府部门来说并不是太重要。其实，在311系统运作过程中，通常上报的问题和打电话的人之间没有任何关联，市民也许会以正在上班、正在开车或者其他理由拒绝提供姓名。一位行政官员指出：

"虽然我不是太了解，我认为纽约的Siebel系统更多地侧重与客户的互动或是建立客户数据库，我们更倾向于关注客户的需求是什么，我们需要解决怎样的问题……如果市民想留下姓名，那样更好，不留下也没有关系。我们的目的不是要知道谁打电话过来，而是保证他所关心的涉及生活质量的问题得到解决。"

一些行政人员也认为当市民与政府打交道时，往往是在一些让人感觉不太愉快的事件发生时。

"市民与联邦政府唯一的联系是缴税，与州政府唯一的联系是缴税。当地政府为市民清理垃圾、提供生活用水，但这些同样也要缴税。基本上公众与政府互动都不是很愉快的事情。你拿到一张罚单，而警察正在敲你的门。你被劫持了，警察来解救你，这也是不令人愉快的经历；警察破门进入你着火的房子，也不令人愉快；基本上，与政府部门打交道的情况都不是令人愉快的，所以你不会期待有这样的客户交流，就像是单行线，只是客户向我们的员工寻求帮助，我们去完成，如果你一天之内很快解决了，市民会很满意，‘噢，天哪，政府部门的反应速度真是快呀！’”

而且，他们假设市民们宁愿避免与政府打交道，一位行政人员说：

“他们希望永远也不和政府打交道，如果能梦想成真的话，希望和任何一级政府都别扯上关系，唯一能有关系的是取得驾驶执照，但是如果你不一定要取得驾照的话那就更好了。”

这也是为什么一部分公务员提出当市民的某项诉求得到解决后，不应该以给市民发出一封回信的形式说明事件已经得到妥善解决。其中一位公务员这样说：

“不用总是提醒人们，比如关于涂鸦，市民会打来电话求助，然后第二天那些涂鸦就消失了，而市民也渐渐淡忘了此事。但是你不必给他们每人发一张通知，提醒他们社区里曾经有过涂鸦。因为当人们看到这封信时就会生气了。他们会说‘哦，涂鸦。我确实曾反映过这个问题，不过现在我该考虑搬家了。’”

行政官员们认为芝加哥的 CSR 系统和私营企业的客户关系管理系统很相似，但是其他人觉得它更像是一个工作关系管理系统。基于这种理解，该系统的主要功能应该是控制所有的工作能够很好地完成。市民所扮演的角色是市长的眼睛和耳朵，他们的问题都会优先于媒体上所反映的那些问题而得到解决。由于系统将工作订单管理、绩效管理和客户关系管理三方面都结合在一起进行，所以一些行政官员强调应该将公共服务 CRM 管理系统重新分类，但这个系统面临的一个挑战就是将接受市民诉求与解决这些诉求的脱节问题。正像一位工作人员解释的那样：

“当你打电话给 J. CREW 想购买一件商品，它们的接线员通过运行客户关系管理软件就能实现一切。它们有你的相关信息、清楚地了解你想要的规格和颜色，会把这些都安排好。接下来就是有人将商品装到盒子里找人送交给你了。这和填补路上的一个坑洞完全是两码事儿。所以典型的私营企业的客户关系管理就是一种对客户需要的满足，但是在公共服务领域问题就没那么简单了。”

此外，行政人员也表达了对通过政府的客户关系管理系统建立起公民档案这件事的关注，其中一位这样说：

“这对于那些频繁打电话进来的人会有很可怕的影响。我就有这样一位喜欢拨打热线的邻居，她是一位非常关心公益事业的人，并不是喜欢骚扰别人的人。但是如果跟踪我的教育经历并与她的教育经历进行对比，当调查机构发现这个人受过教育而那个人没有受过教育，他们就会衡量人们打进电话报告的事件的严重性。我觉得像进入了潘多拉的盒子一样，你们在开始以一个人建立模型之前还有很多问题得解决，还要看一看他们的个人资料，以何种方式和他们交流等。在你建立那种公民档案之前很多问题都要考虑一遍。”

在芝加哥，所有被访者都指出，相比私营企业的客户关系管理系统，政府部门的公民关系管理系统有着不同的理念和目标。政府的公民关系管理系统是提供公共基础服务而不是销售一种商品或服务。有些受访者认为公民与政府关系的管理中只有人性化服务领域具有优越性。也有人强调说，在界定政府职能时，应该将公民关系管理作为一项核心的任务。我将几位分别接受采访的受访者的看法归纳总结如下：

“我认为商业领域关注的是培育长期客户，明确其需求和欲望，然后再看如何通过一定渠道将某种产品营销出去。因此，购买行为的历史数据以及与该客户的以往沟通情况这些信息就会很重要。其维护好一个老顾客的成本要比出去寻找挖掘新的客户群的成本低很多。我认为我们没有必要向个人推动某个产品或服务，但是部门里确实有一些人是想这样做的。我们想知道公众有何种需求，以便弄明白是否需要去提供一系列的服务，在公共服务领域，我们更倾向于将这类事情定义为案例管理，当某个人有对食品、家庭、住宅、求职方面的任何需求时，我们确定已经识别出了这些需求，把各个相关部门聚到一起以提供一系列的可以让人们维持生活的服务。但是这样的工作往往需要一个部门牵头。我认为这也许和客户关系管理很相似。我知道，一些人称 311 热线和 CSR 系统是公共服务领域的‘客户关系管理’系统，而实际情况也确实如此。我认为，当我们以更宽泛的角度看待客户或公民时，我们就需要有个系统能帮助我们更高效率更有效果地为公民提供公共服务，政府在此基础上与民众保持更好的关系，这样也就不必建立一对一的关系以达到功利的目的。”

然而一位高层官员对于公民关系管理有着不一样的看法：

“真正的政府—公民关系管理应该用于监管方面而不是城市公共服务的交付方面。我要告诉你的是，如果你没有缴子女抚养费，那么通过这个管理系统我们就能够了解，因为这就是政府想要跟踪的情况。无论你在哪里，你为谁工作，政府都能将抚养费从你的工资里扣除。这才是真正的政府公民关系管理。这个系统更倾向于让经济地位较低的和有前科的人群从政府那里获得帮助。但奇怪的是，这就是公共服务领域的公民关系管理。私营企业的客户关系管理只是关注如何让客户买更多的商品，以及如何让客户感觉更好。政府的公民关系管理更像是个坏家伙。”

由于公共服务的垄断性，在基本的公民关系管理中，客户关系管理的概念很难实现，正如一位高层官员所说：

“政府一般比较抵制实施公民关系管理系统，不情愿去关注客户需求，因为退出的困难太多。如果我在 J. CREW 品牌工作，你在我这里受到了粗鲁的对待或者你的要求没有得到满足，你可以转而给 L. L. Bean 品牌打一通电话，你可以有其他的选择。但如果你不喜欢我们提供垃圾清运车的方法，那你就只好自己移走它……”

这位官员还说：

“人们不理解的是我们的工作量有多少，因为他们是看不到这些的。我们确实有效率地做了大量的工作为市民提供了服务，但我认为政府这样做也不是为了营销自己……”

4.3 纽约的公民关系管理

4.3.1 公民关系管理实施情况

鲁道夫·W. 朱利亚尼市长当政时期，纽约开始讨论运作 311 热线以减少 911 报警电话的非紧急情况事件处理量。经过了对芝加哥 311 热线运行情况的研究并对其自身内部情况进行分析以后，启用 311 热线的计划停止了，原因是纽约市警察局（NYDD）对于警方的非紧急情况事件有管辖权，如果设置 311 热线便与其发生了冲突，而且预期 311 热线的设置对 911 报警电话量的减少所产生的效果也不是很明显（预期 911 电话减少量不超过 5%）。

设置 311 热线的想法在 2002 年 1 月 1 日，迈克尔·布隆伯格当选纽约市长之后被再次提出。市长上任不久就和新任命的纽约城市信息官吉诺·门基尼（也是城市信息、技术和电信通信部（DoITT）主管）讨论了这一提案。布隆伯格在其城市致辞中宣布，即使城市仍有 6000 万美元的财政预算缺口，311 热线还是要在这个城市开始运行：

“‘开放的政府’不仅仅是一个口号，这是处理复杂事件的唯一有效方式。作为‘开放的政府’计划的一部分，我们会建立一个城市公共服务中心。纽约市民通过拨打 311 这个热线电话就能享受到各项城市公共服务。这会使城市的每一个居民很容易跟市政府取得联系。目前，纽约有 40 个独立的呼叫中心和热线电话正在运行，这对普通市民来说使用起来不很方便。在纽约的电话簿上相关的电话号码长达 11 页，没有人能在那么大的范围内很快找到他能寻求帮助的电话。（建立一个城市公共服务中心）会花费不少的时间。但是最终纽约市民将会仅使用两个电话便能够与政府部门保持联系，911 用于紧急情况报警，311 用于除紧急情况以外的任何情况报告……”

布隆伯格市长曾在商业领域建立起斥资数千亿美元的全球媒体和金融信息业务，他运用这些经验来管理这座城市。他认为，“好的公司首先是倾听他们的客户的意见，然后尽量满足客户需求，但是不能让客户需求牵制了公司的内部决定”（Lowry，2007）。市长将整座纽约视为一个公司，市民就是他的客户，雇员都是他聘用的人才。他对 311 热线应该如何运作有着非常清晰的想法：

所有的电话处理都必须是人工服务而不是交给那些日益复杂的交互式语音应答系统（IVR）来处理。

- 311 热线必须是全天候无假日状态运行；
- 311 热线必须能够处理所有来自纽约市民和游客的来电；
- 311 热线必须能够处理所有非紧急事件来电；
- 所有问题的落实时间不能超过一年。

市政府的工作进程安排得相当紧张，因为仅仅是如此大规模的物品采购过程就耗时一年。为了能够在规定时限内完成采购任务，城市信息、技术和电信通信部门（DoITT）加快了工作进程。它向一个系统集成供应商发出了计划书征询文件（Request for Proposals，RFP），RFP 指针对“311 客户服务管理系统（CSMS）项目，包括工作的各个方面和项目各个组成部分的系统集成，比如，客户关系管理（CRM）、采购、组织筹备、基础设施、人力资源管理与培训、电话和语音网络系统、局域网系统和平台运行环境”。市长运作办公室（MOO）、预算管理办公室（OMB）、纽约警察局通信处（即 911 电话处理部门）以及交通运输部（DOT）和城市信息、技术和电信通信部（DoITT）共同对供应商、计划书进行评估，最后决定选择埃森哲公司（Accenture）作为 311 热线的系统集成商。

埃森哲公司要确保系统的软硬件与分散在城市各处的原有的各个系统能够兼容。根据系统集成商的决定，城市聘请了一家技术研发和咨询公司——加特纳（Gartner）来完成对公民关系管理软件的分析。加特纳公司在对 Oracle、Siebel、SAP、PeopleSoft、Motorola 和 Computer Associates（CA）几家公司的软件解决方案进行评估之后，推荐 Siebel 作为最合适的系统供应商。表 4－1 简要介绍了加特纳公司的主要选择标准及其评价。作为分析的其中一项，加特纳公司也对311 热线的电话量进行了预测。城市行政部门的一项调查显示，每年城市总体的电话量在600 万左右，而加特纳预期 311 热线开通后上述数据将有 15%～40%提升，即在第一年的拨打量能够达到 500 万～1500 万。最后，DoITT 决定使用 Siebel 作为客户关系管理软件（见图 4－2），内容管理软件来自 Interwoven 公司，Sun 公司的服务器搭配 Oracle 公司的数据库，Nortel 公司的电话系统。然而，使用 Siebel 公司的客户关系管理系统软件也遇到了一些反对意见。工作人员认为它速度太慢，操作复杂，而且其授权模式也会很昂贵。

表 4－1　　加特纳公司对政府公民关系管理软件供应商的评估情况

标准	所占权重（%）	Oracle 公司	Siebel 公司	SAP 公司	PeopleSoft 公司	Motorola 公司	CA 公司
规模	20	E	E	BA	AA	P	P
知识管理	20	AA	E	BA	A	BA	NA
电话集成	8	AA	E	A	AA	P	NA
多渠道管理	5	AA	AA	A	A	BA	NA
建筑	10	A	AA	A	E	NA	NA
供应商的市场地位/前景	5	AA	AA	BA	A	E	NA
供应商支持程度	15	A	A	AA	AA	BA	BA
产品体验	7	A	E	AA	A	NA	AA
成本	10	A	BA	BA	A	AA	NA

注：E＝优秀；AA＝平均水平以上；A＝平均水平；BA＝平均水平以下；P＝较差；NA＝无数值。

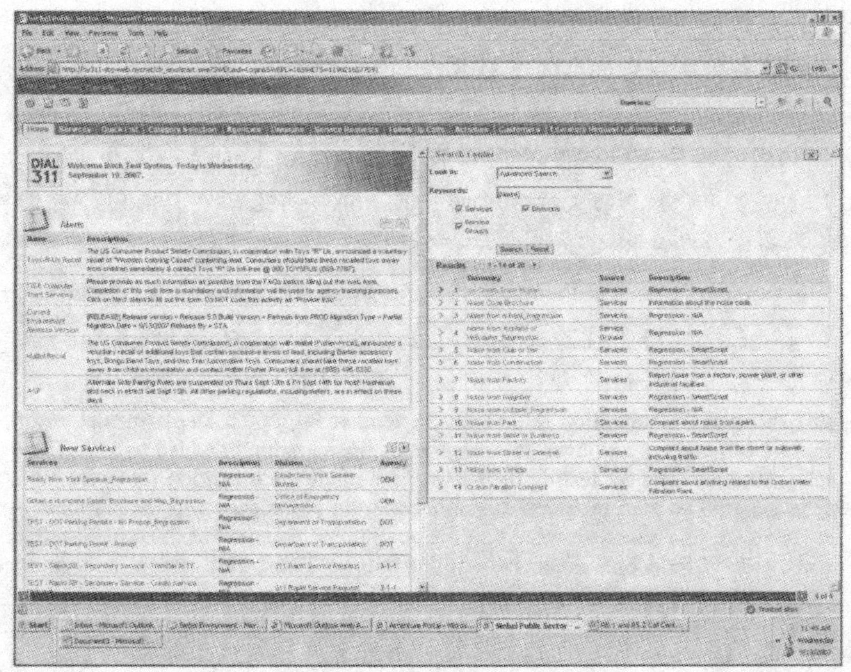

图 4-2 Siebel 应用软件系统截图

纽约警察局“到目前为止是 311 热线系统最关键的部门”，一位行政官员说。所以在最初阶段，DoITT 就对纽约警察局的信息技术基础设施投入了大量资金以得到纽约警察局的认可。它们花费 500 万美元为城市里所有的警区升级网络系统，并更新电脑设备和打印机。

项目团队和市长决定，311 热线能够进行电话号码查询服务、提供各类信息，并能接受各类服务请求。最后那项功能是指市民拨打 311 热线可以报告各类问题（如动物死亡、地面坑洞），或者请求某部门提供某一种服务。311 热线系统将该情况转给相关负责部门处理，来电者会得到一个电话号码以跟踪该事件处理的状态。纽约一共有 45 个呼叫中心方便市民向市政府各行政部门请求帮助。这些呼叫中心包括实际的呼叫中心，也有独立运营的应答机构，还有自动语音应答系统来处理市民的各类电话。通过信息分析，这些呼叫中心及其服务都被整合到 311 热线系统。但是整合过程中，有些部门确实曾消极应付。

此外，这个项目也遭到了很多当选的官员和来自 59 个社区委员会的成员反对。各个行政部门关注的是财政拨款预算透明度和对预算所做的分析以及如何运行系统；而当选的官员反对的是项目的运行成本太高，并且担心与他们的选民失去了联系。尤其是，社区委员会认为他们的工作就是帮助市民解决与政府部门打交道时遇到的各种困难，而311热线系统一旦运行他们就发挥不了太大作用了。一位高层行政人员说：

“311热线的想法第一次提出时，我们还以为这不过是一笔小开支的项目，而实际上我们要花费数百万美元用于该项目。有些当选的官员会问，我们为什么不把钱花在为学校购买图书上呢，或者为什么不把钱花在很多其他的事情上呢？不要听信有人说他们其实一开始就支持这个项目。除了市政府以外没有人真正支持这个项目，直到我们即将要把计划公之于众了他们才意识到我们要做的是什么。我们几乎得不到任何的支持。在项目启动过程中还遇到了来自各方面的阻力，所以计划实施起来更复杂更困难。任何一个行政预算项目都会被质疑，我们召开听证会后，进程就变得越来越复杂。我们曾按要求对从公众收集来的每一份数据进行分析，即使我们还没弄清楚我们收集的数据是什么或者我们如何利用这些数据，我们也得这么做。城市其他行政机构的负责人起初对这个想法都很不屑一顾，直到他们意识到市长一直都在关注这个事情，他正在努力使其成为一个核心的系统，我们谁都脱不了干系。开始时确实没有得到很多的支持……”

改造的过程得益于市长及其高层领导的行政支持。每周他们在市政府召开委员会会议，为落实责任和推进项目排除各种障碍。很多311体系的成员也强调了引进艾玛·布隆伯格（布隆伯格市长的女儿）加入团队的重要性，那时候，她就是市长的高级顾问文森特·拉帕杜拉的一位政策分析师，她的角色就是市政府与这个项目之间沟通的桥梁。一位顾问回忆道：

“我坐在这位年轻女士的旁边，开始不认识她是谁。市长也坐在这里，我还奇怪这里就是一个呼叫中心而且目前还有些萧条，市长在这里干什么呢？当我们围着桌子坐下开始自我介绍时，她说自己是艾玛·布隆伯格，我笑了笑自言自语说：‘现在我明白了。’”

2002年9月30日，DoITT开始进行向311热线系统的过渡工作。10个行政部门[①]带领其旗下的这10个最大的呼叫中心和超过250名员工逐步地加入311热线系统。软件启动时期允许进行系统测试，这样的过渡对于市民和工作人员都能更容易接受，其中包括将原有的那些服务电话保留一段时间然后再停止使用。然而，在这个阶段暴露出的问题是那些转过来的工作人员在工作素质和薪酬等方面

①这10个部门分别是：公共卫生部（DOS）、消费者事务部（DCA）、纽约警察局（生活质量管理部门）、建设部（DOB）、档案和信息服务部（DRIS）、环境保护部（DEP）、交通运输部（DOT）、出租车和巴士管理委员会（TLC）、房屋保护和发展局（HPD）和市长行动中心。

有很大的差异。一位行政人员说："这些呼叫中心和代理机构就像是在地下室里，这个比喻既形象又贴切，而它们的雇员也像是在那里。我们让有问题的雇员先放下手头的工作，试图培训他们，使他们能达到平均水平。"整个 311 系统创造了新型的服务工作，工作要求和薪酬设计必须要得到代表各类员工利益的 14 个工会的支持，因此，所有工会被邀请加入到计划制订程序的各个环节。

布隆伯格市长于 2003 年 3 月 23 日正式宣布 311 系统开试运行。整个项目团队囊括了 DoITT 部门的 150 名员工，涵盖各个城市行政部门。埃森哲（Accenture）和 Winbourne & Costas 两家咨询公司计划以 2100 万美元交付这个项目，比 2500 万美元的预算要节约一些。大面积的推广活动在为 311 系统建立起良好的公众形象上发挥了作用，在与政府部门进行互动的方面能提高市民的期望值，并能缓解 911 热线处理非紧急情况事件的压力。此次被称为"拨打 311 热线——获取纽约的信息和城市公共服务"的推广活动的目标群体是纽约的全体市民和公务员。除了免费的媒体报道，城市的出租车、垃圾处理车、广告板、垃圾桶，到后来代理机构的出版物都成为了 311 热线的广告。而且，市长和各类官员每次在与媒体交流的时候也都会提到 311 系统。

自从 311 系统运行以来，其一年的电话接听数量达到了 1400 万。在 2006 年 12 月爆发的交通系统大罢工期间，每天的电话接听数量更是能达到了 25 万。事实上，电话接听数量的迅速上涨导致了电话通话量的持续增长（见图 4－3）。在高峰时段和突发事件发生时，电话可以外包给服务提供商。不在纽约市区的人，可以拨打"212-NEW-YORK"连通 311 热线；市民如使用非英语打入的电话将转由私人运营的翻译服务公司处理。目前超过 400 名客户服务代表在处理所有来电。他们都经历过以服务为导向的行为培训和使用系统方面的训练。在与接线员开始对话之前，来电者首先听到的是一段简短的电话录音告知他们如果是紧急事件请拨打 911 热线，同时提供一些基本的服务公告。电话最开始由第一级的客服代表接听，他们根据信息库提供的信息确定来电的类型以及解决方案。这个信息库的内容保持更新状态（目前其内容已经超过了 7000 个专题）。

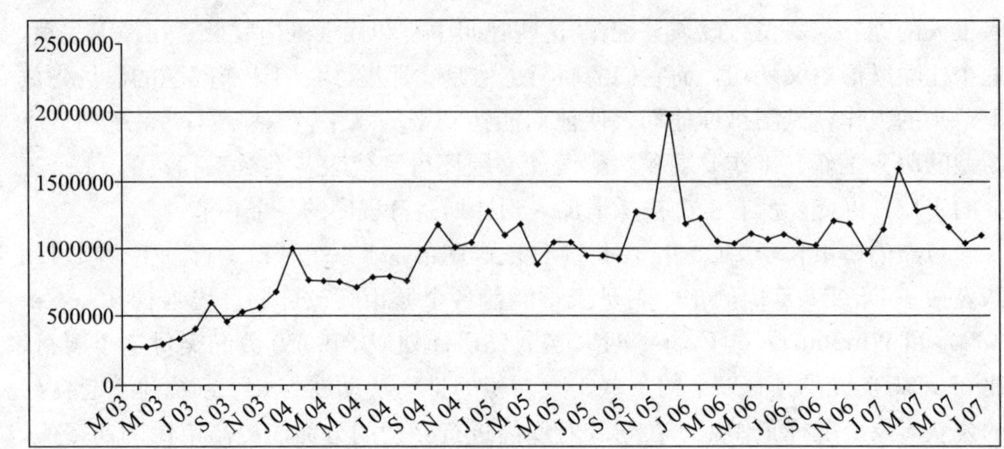

图 4－3 电话拨打量发展趋势图（2003 年 3 月—2007 年 7 月）

80％的来电应该在 30 秒内处理完毕。如果第一级客服代表无法给来电者提供其需要的信息，则来电会转给一个代理机构；如果来电有一些特殊的服务请求，则被转给第二级的客服代表。第二级的客服代表都接受过相应培训，能够处理复杂的来电请求，而且知道如何利用代理机构的信息系统。之所以选择这种方法出于几个原因，首先，由于许多部门的信息技术（IT）基础设施过于陈旧，把所有的部门完全整合到 Siebel 系统中是不可能的，只有几个代理机构有能力或愿意被整合进来。其次，由于项目实施的时间有限，Siebel 的客户关系管理模块（原本是为私营企业设计的模块）无法得到相应改进以满足政府部门的需要。一位公务员解释说："我们需要的应该是面向事件的模块，但是我们使用的客户关系管理软件是面向客户的。"于是，主要以使用电子邮件和工作表格的为工作方式的工作区建立，这使得一些行政官员称纽约的 311 解决方案"只有广度没有深度"。这个工作区的建立也给 311 系统的运行和行政部门的工作带来了许多问题。首先，代理机构不得不确立某种服务水平，比如，它们需要预先确定处理完一个事件的平均时间。即使因为它们不想把自己的运作情况（如结束一个服务请求所用时间）公之于众，很多代理机构反对确立服务水平这个想法，但是这样做有助于降低电话拨打量，管控市民的期望值。假如客服接线人员告知市民，许多问题的解决是需要花费一定时间的，而市民又恰巧能接受并理解这些苦衷，那么行政管理者会感到无比欣慰。

此外，由于缺乏一个完全整合的体系，311 系统的客户服务代表在一个代理机构内部也不可能得到关于实际解决方案的过程方面完全实时的信息。而且，代理机构也没有办法对由 311 系统或其他代理机构错发给它们的投诉和服务请求进行回复或转发。然而，这种问题将来会被解决。总的来说，这个架构还是可以管理好大多数的服务请求的，这能占到每月拨打量的 10%。70%～80%接收到的服务请求是信息咨询和需要转到其他部门的请求（见图 4-4）。

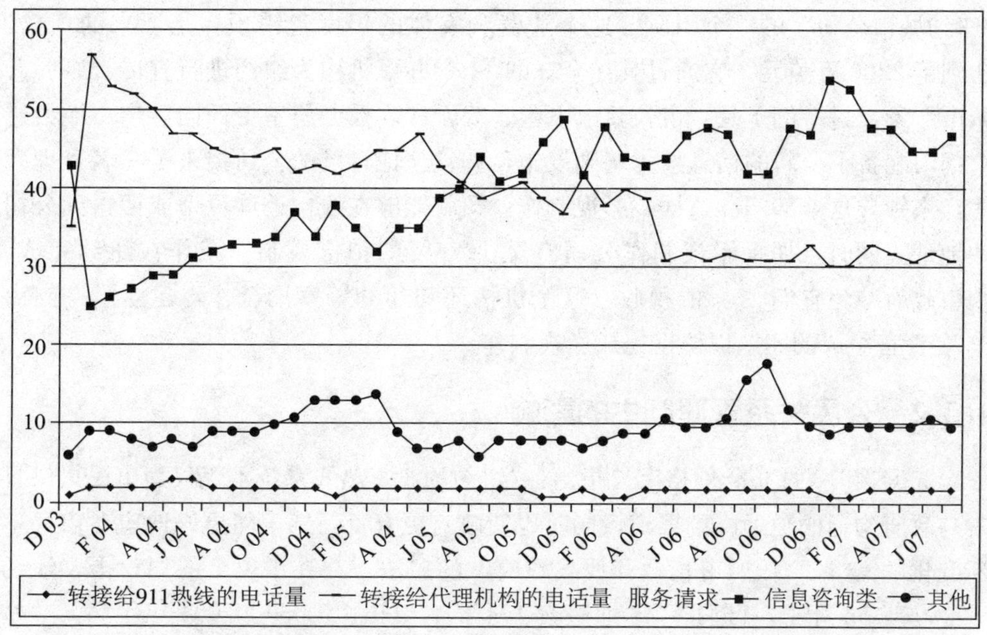

图 4-4　纽约 311 热线系统调查（2003 年 12 月—2007 年 7 月）

最近，纽约市长引入了一个街道情况巡视单位（Street Conditions Observation Unit，SCOUT），这个项目一年耗资 100 万美元的市财政经费（Rivera，2007）。这个 15 人的团队成员来自 DOS，DOT，DOB，DEP，HPD 这五个城市行政部门，他们在街道巡逻以识别各种事件的发生（如被损毁的公共设施、需要急救的无家可归的人员、地面坑洞）。政府为每个成员配备了 GPS 定位系统设备和一部黑莓手机，这样每个成员就可以直接向 311 系统报告情况。除了热线电话这个渠道，市民还可以利用由各个代理机构维护的实体服务中心、纽约电视台、门户网站（nyc. gov）等向政府反映问题。门户网站可以给市民提供各种信息和在线服务，诸如在线支付等服务。门户网站还提供一些一站式服务方式。例如，一项称为“连通纽约”的应用，通过回答一系列问题可以链接到 20 多个城市、州和联邦政府的人权服务福利计划。然而，吉诺·门基尼和劳伦斯·拿弗指出，回顾过去他们可能会在实施电子政务之前实施 311 系统，因为这样他们可以更好地了解市民需求。

市长实施的另一个公民关系管理方面的举措是为城市本身进行营销。为了向游客（这一最大的利润来源客户群）推广纽约，布隆伯格市长聘请了曾经为迪士尼、可口可乐公司做过营销策划的营销公司首席执行官乔治·弗提塔统领名为“纽约城市公司”的一个团队。这个非营利实体的年度营销预算是原来的 3 倍，达到了 2200 万美元，它通过其在全球的 14 个办事机构为纽约进行宣传，以提升城市形象。另一例子是，市长要求电影、戏剧和广播办公室更面向客户。他给这个部门配备了全新的信息技术基础设施，并且从他自己的公司招来了一名管理人才，来领导这个部门。这样，影视制作公司就能够在线申请许可证或搜索到公司的地址。同时，如果影视制作公司有至少 75%的拍摄或制作工作在纽约完成，则市政府减免它们 15%的税收。这个机构还与纽约警察局合作，建立了一支由 33 名警官组成的团队以协助完成影视制作。

4.3.2 公民关系管理产生的影响

2004 年 12 月布隆伯格市长指出：“纽约的 311 热线系统不仅仅为市民提供日常与政府沟通的更通畅的渠道，同时也使政府更有责任感，能更好地应对市民不断变化的需求。”依照市长“开放式政府”的想法，并在市议会的倡议下，纽约于 2005 年 8 月 17 日颁布了本地法案 174－A（Hu，2006）。2004 年年底，一些社区委员会的担忧成为了现实：市民向社区委员会提出的请求减少了 1/3，而且 311 热线也没有及时将市民关注的热点问题及时转达给社区委员。同时，超过一半的社区管理者感到在为其本社区选民维护权益时，311 系统阻碍了他们与各个部门的沟通，因为他们被各个部门告知去使用 311 热线系统。而且，311 热线系统对于接收到的来自居民的投诉，有 87%在处理的时候遇到了困难（Sheppard，Mintz-Roth，2004；Brustein，2005）。

174－A 法案要求 DoITT 部门每月生成报告并将其分发给市议会、公共辩护律师、社区委员会，并通过纽约门户网站公示。自从 20 世纪 70 年代，纽约通过其一年一度的市长管理报告履行其职责，这个报告非常复杂，是基于各个行政部门报告上来的数据完成的。以前，没有一种正式有效的方法跟踪市民的投诉。DoITT 部门和市长办公室运行部门与各个代理机构共同合作，充分利用 311 热线系统的优势，开发出绩效考核标准和报告跟踪体系。报告包含 311 的目录辅助数据（如调查类型）；并且还包括收到的服务请求的数量、开始结束时间、平均结束一个服务请求的时间等有关服务请求的细节问题。311 热线的数据也成为了市长管理报告的一部分，自从 DoITT 部门开始越来越多地参与绩效管理方面的工作，一些管理者考虑将 311 热线系统独立出来，而将 DoITT 部门纳入到市长办公室运行部门。一位高级的行政管理人员解释说：

“DoITT 部门是一个技术方面的代理机构，和许多其他代理机构是同级的。所以，让我们跑到其他部门告诉它们：你们的工作出现了失误，这确实很困难。所以我们认为市长办公室应该将 DoITT 包括进去（这样我们做工作就会容易些）。”

311 系统的运行以及将各个代理机构整合进 311 系统的进行程序揭示出许多机构内外部的问题。涉及多个部门的问题只有当升级到市政大厅时才能被解决。目前，机构高层官员希望多重管辖权问题能够通过 311 系统召集的会议解决。需要多个部门共同解决的问题之一就是关于处理狗的排泄物的问题。一位管理人员解释说：

“每个代理机构都说：‘我们给卫生系统打电话，他们问，排泄物在哪？街道上还是人行道上？哦，是在街道上，那你最好给交通部门打电话。’我们给交通部门打过去询问由谁处理此事，他们说：‘狗的粪便不归我们管。有很多吗？你应该给环境保护部门打电话。最终，我们还是在市政厅找到负责人，他给卫生部门派去了若干人手专门负责处理这类问题。’”

对于政府机构内部，由于 311 热线系统的引进和改革的深入，代理机构向市民提供服务的形式改变了。在现有的程序下，如果建筑师、工程师或承包商想要见一位建筑监理，他们必须通过一个中介机构的介绍。很多从事中介工作的人员之前曾在建筑部门供职，做过规划审查的工作，这些人和建筑部门工作人员保持着良好的关系。这些中介就是靠跟进审批程序并促使其成功来赚钱。有许多人想要通过中介人员与建筑监理见面，但对于那些没有付中介费的，中介人员就会在最后时刻取消与某一位建筑监理的预约。这样一来，那些不借助中介的市民如果要和建筑监理预约就不得不等上好几个星期。同时，建筑监理的工作量也不均衡，有的监理几乎没有约谈的机会。如今，预约只能通过 311 热线和建筑信息系统（Building Information System，BIS）来完成，监理被随机分派参加约谈，他们的工作状态也可以在线跟踪。约会的平均等候时间从 40 天降低到 3～5 天，中介基本上被淘汰了。

另一个发生变化的机构是交通部门，它们现在正着手改变部门的战略。交通部门现在是根据 311 热线报告的情况来进行地面坑洞的修复。之前，交通部门会为城市道路的重新铺设设定一个时间表，如果由于某个原因该区域出现了地面坑洞，而该路段的修复时间没有列在时间表上，那么这些地方就得等上一个月或更长的时间才能得到维修。情况发生变化之后，即使交通部门收到的关于地面出现坑洞的报告比以前多出2倍，它们还是可以通过更有效率的路线规划和资源再分配设法在18天或更短的时间里予以修复。

很多部门企图通过其客户服务装置（如限制可以打入电话的线路数量）来限制市民打入电话的数量，从而控制其部门工作量。一般在这种情况下，只有一小部分市民能够获得这些部门提供的高质量的服务，这是由于他们要么了解如何利用政府部门的诉求系统，要么他们认识政府部门的某些工作人员。据一位公务员说："311热线系统达到了分散权力和推行问责制的目的。"因为311热线系统使市民的需求更加透明。事实上，311系统行政主管迪恩·施洛耶认为，"总的说来，或许存在一些潜在需求，它们不可思议地分布在不同的代理机构和不同类型的服务中"。

一位市民电话数据分析师表示，噪声是市民投诉较多的一个问题。2004年夏天布隆伯格政府随即引入立法程序彻底修改了已经实行30年的噪声法案（Lueck，2007）。同时，随着市民开始利用311热线向市长表达他们的观点，一项名为"对市长的意见"的服务被加入到311系统中，这些意见会被整理之后传递给市政府。

有250万美元的预算支持，311系统本身是并不以省钱为目的。一位高层管理者说，311系统就是一种提升客户服务的工具，他说道：

"就像是特洛伊木马，我们本想提供一个问责工具，但是我们不得其门而入。于是我们找到了（311热线）这种一站式的、24小时在线运营的服务方式……"

4.3.3 对公民关系管理的理解

一位参与过多个311热线项目的顾问指出，在美国运营311热线的大多数的自治市、郡从来没有考虑把它当作一个客户关系管理的项目。他们是根据咨询师的推荐，开始在其311呼叫中心使用客户关系管理软件的。有纽约的管理者指出，政府的客户关系管理与私营企业的有很大的区别。首先，政府的规模比任何一家企业都要大；其次，政府所提供的服务无论从数量上还是复杂程度上都远远超过私营企业。纽约的一位管理者说道：

"政府部门的客户关系管理与私营企业的之所以不同，有这样的原因：当我们从政府角度把市民当作顾客看待，并考虑他们的需求时，就好像是把全美国甚至全球的所有公司放进了一个呼叫中心，每个市民都可以因为电脑、电话、衬衫或者食品等问题打进电话。即使在本地范围内，这也是在客户关系管理方面唯一能够用来比较政府与商业的方法。所以你确实得改变观念，因为你不用跟踪你的雇员的工作，商业领域里的客户关系管理系统会帮助你完成（考察雇员绩效的工作）；你只需跟踪服务请求。服务请求有成百上千个，而且不同类型的服务请求将由不同的代理机构负责处理。”

官员们同时认为，商业的客户关系管理通过增加与客户的互动而赢利，还有交叉销售这种方法都不适用于政府的客户管理系统。私营公司可以总体或个别的客户收入的增加来衡量它们在客户关系管理方面的努力程度。但是对于政府来说，由于一些其他因素的影响，而且并没有具体的收入目标，就无法用私营公司的方法来衡量客户关系管理的运转情况。一位官员说：

“如果有个市民每天都打电话要求派检查员到他家对面的建筑物那里进行检查，但建筑物本来并没有任何问题，而我们恰巧又不知道实际情况，却还在不断地派人前往检查，这样就浪费了大量资源。所以我们需要控制这种情况的发生。然而，如果是私营企业，它们希望客户不断地光顾，你知道的，如果客户光顾的次数越多，他购买的概率就会越大。”

按照这个思路，行政管理者指出不断增加的市民需求提高了政府的财政支出，由于各个代理机构受市财政预算的限制，它们希望投入在这个增加它们工作量的项目上的资源也是有限的。有人说：

“政府为什么会愿意提供好的服务给市民呢？在某个层面上是因为，政府中有一些有前瞻性思维的人，他们的意识里也接受私营企业运营管理的理念。但是也有人认为，‘一旦政府提供高质量的服务给市民，就会吸引更多的市民使用公共服务，这就会大大增加政府开支’。这就是典型的只从财政预算角度出发考虑事情的模式。大部分的政府部门即使是在预算有剩余的情况下，在增加员工方面还是相当谨慎的。如果市民的服务需求有所增加，而政府部门又不愿意增加人手，那么政府就很难满足市民的需求了。”

其实，政府官员都明白，公众更倾向于把与政府互动的机会降到最低限度，所以他们认为政府进行客户关系管理还是有必要的。事实上，客户关系管理将使公众与政府间的互动概率大大下降。有人说：

“人们不愿意和政府打交道。他们希望尽可能地减少这样的机会。有时会有一些有重复业务的客户，但是大多数情况下，他们又不愿意和你打交道，所以你的工作就是做两件事，要么尽可能地贴近客户，要么让自己易于沟通，以便他们花费最少的时间和你接触。所以，你需要变得尽可能的高效率以便你能尽可能快地处理他们的问题，让他们觉得作为一名客户又不用和你多接触会很高兴。你必须弄清楚你需要哪些系统去处理市民的需求，需要哪些系统去进行干预，又需要哪些系统去解决掉一些问题。”

此外，市民对于政府角色及其服务的期望值是很难满足的。随着政府服务质量的提升，市民对于政府的期望值又会有新的提高。311 热线系统的行政主管说：

“大多数情况下，由于政府提供的公共服务水平没有达到市民的期待，市民就会感到很失望。如果一位市民住在格林威治村，他在凌晨 2 点打电话抱怨有噪声干扰其睡觉，那么他就希望那些噪声能够立即消失。但是，要解决这样的问题，还要克服许多困难。政府愿意做到的、政府能够做到的和市民期望政府能够做到的，在这三者之间存在着巨大的差异，而且这种差异永远存在。事实上，我们做得越好，市民的期待值会越高。现在，市民对于政府公众服务的期待程度已经又大大提高了。”

他还说，很多情况下，相对于事件发生的地点和类型，关于市民个人的信息已经显得不重要了。

“我们发现，至少在开始阶段——我认为关于这个系统的有些东西能够且应该有所改变——那就是，311 系统重要的不是以客户为基础而应该以地理位置为基础。在市政府，我们所遇到的问题关注的都是事件的发生地点。所以有可能有这种情况，只要一位市民每次反映的问题不同，那么即使他打 10 次电话，只要这 10 个问题是不相干的问题，那么都没有关系。所以即使 311 热线系统已经建立了关于这个市民反映问题的历史记录，但对于相关部门也没有任何帮助。因为某个部门没有向该市民进行任何交叉销售。也就是说，政府有关部门不会因为同一位市民报告了一个地面坑洞的情况就会对他反映的噪声投诉提供更及时的处理。所以我觉得为了 311 热线系统能够启动或运转，让相关部门了解（市民反映问题发生的）地理位置的信息是至关重要的。”

然而来自纽约的一个咨询师认为：

“在客户与政府之间还有很多匿名的关系存在。我认为在公共服务领域的客户关系管理下一阶段将在这方面有所尝试，去发掘一下建立一种针对个人的客户关系的价值会是怎样的。”

几乎所有接受采访的管理者和咨询人士都表达了他们对于建立市民档案和客户细分系统的关注。他们都认为社会服务领域是一个例外，不应该对客户进行细分，因为在这里，客户关系管理将使得政府可以更好地在需求方面了解市民以得到他们的支持并防止欺诈。这方面的意见如下：

“相比私营企业领域，大多数人还无法接受在公共服务领域将客户细分这个概念。如果在这个领域将你的客户分门别类，并向不同客户提供不同的服务，这几乎是不可能的。我要说，有个别客户确实被我们列入另册，因为他们常常做出不可思议的举动。但对于大多数市民，我们会一视同仁。我能想象到的对客户进行细分的方法，那肯定不会是依据客户是谁而分类，而是根据他们打进电话来所反映的情况是什么来分类……”

“我们不会跟踪个别客户的行为习惯。政府对于这类问题是非常谨慎的。如果你给 311 热线打来电话，接线员说：‘你好，某某先生，我们看到您在去年曾经打过 3 次电话。’那么市民就会对政府推行的这个系统有所顾虑了，因为他们会觉得在被‘独裁者’监视着。”

只有一位管理人员持相反观点，他说道：

“最终你想达到的目的就是给市民提供最优质的服务。在市民第一次打进电话反映一个问题后，我们会想办法尽快解决这个问题。过了一段时间，我们就会回顾这个问题，然后发现一些规律性的东西。如果同一位市民第二次又打进电话，反映一件和第一次的问题有关的问题，那么我们会找来一个顾问提供帮助，也许通过这样的努力，那位市民就不必再打第三次电话了。对于同一类型的问题，政府相关部门会提供类似的服务。这就像亚马逊网上书店一样，总有许多人喜欢同一本书。(通过将客户分类）我们就能对某一层次的客户进行关系管理。这也是我认为政府需要放权的地方，通过这种管理，使市民的观念得以转变。他们会说，哦，我原本是不想和政府打交道的，但是现在，我还是这样做了，我可以咨询一件事，而我其他的问题也得到解决了。”

最后，关于公民关系管理的定义，有些管理者认为是为市民提供容易获取的政府服务，并确保该项服务确实提供给了市民；而有些人给出了一个非常宽泛的定义。有人说：

“我不认为客户关系管理仅仅是一方面的事情。它不仅仅是 Siebel 操作系统，不只是一个呼叫中心，它其实是一个组织文化的整合。如果是以满足客户需求为关注点，那么这个组织就是成体系的，包括它的信息技术、人员等任何方面。像 Siebel 系统、311 呼叫中心这样的工具仅仅是帮助满足客户需求的工具而已。但是如果市民向你提出要求，而你的团队的组织文化还没有适应以客户为中心这种理念，那就糟透了。我倾向于更加全面地考虑问题，因为客户管理不仅仅是一个方面，而是包括很多方面的问题。”

4.4 迈阿密—戴德郡的公民关系管理

4.4.1 公民关系管理实施情况

迈阿密—戴德郡通过实施的一项长期战略计划“组织问责蓝图计划”来达到公民关系管理的效果，这项计划旨在“每天为市民提供完美的服务”。此计划是在1999年由一个内部任务小组开发的。这个任务小组成员包括了现任郡长乔治·伯格斯（George Burgess）和政府信息中心主任朱迪·济托（Judi Zito）。在那之前，该郡从未有过任何战略计划。这个团队认为政府需要改进与市民的交流而且要更加有责任感，所有的政府部门都需要接受类似迪士尼公司、佛罗里达电力照明公司或者浸信会医院这样的以客户为导向、一切以达到客户满意为目标的企业文化。

同时，该战略计划强调指出政府部门工作的这种变化能否成功很大程度上依靠的是郡里的全体公务人员的努力，因此，到2004年7月，该郡为了改善7500名工作在第一线的公务人员面对市民的态度而设立了一项培训计划。与此同时，政府建立了覆盖全郡范围的呼叫中心，向门户网站提供了提高信息处理服务和信息提供能力的追加投资，以期达到该郡的“扩大为客户服务的范围”的目标。这样，市民就能够通过多种渠道（如公共电话亭）得到自助式服务。政府希望通过彻底整治技术平台和政府组织结构文化，提高政府运行的效率，使市民恢复对政府部门的信心。作为战略的一部分，郡政府加强了通信部门的职能，以使其能在该郡的广告与公共关系方面起到更好的协调作用。每年拨款10万～35万美元用于宣传政府各种计划和其开展的服务活动；同时，政府会更好地利用广播和有线电视，争取更多的观众群（如通过互联网播放有线电视节目）。最终，为了能够促进跨部门的合作以及信息、知识共享，政府安排了多个部门共同承担此项战略计划的实施。

此项计划由郡委员会（Board of County Commissioners，BCC）批准。但是直到2002年，它们关注的还只是建立门户网站和培训一线员工两个方面。一些高级行政官员指出通过这个组织启动客户服务各项措施以及绩效考核指标体系是很困难的一件事。事实上，组织结构和组织文化的变革遇到了很大的阻力。一位高级管理人员这样描述道：

“就像是一条船已经在朝特定的方向航行，如果让它改变方向是很困难的，也会很费时。我们现在就在朝既定的方向航行，有人却极力要改变航向，但是情况仍一如既往，终归随着时间的流逝参与者也会发生变化。这个组织和全郡目前就是这种情况，而且无法改变。我现在就看着同样的事情正发生在我们的新主管身上，即使他现在会指示我们要做这个、做那个，出不了三四个月他就会被我们同化，很多时候，在组织还没有发生变革时，他们就已经届满离任了。”

一位部门主管补充说：

“我总是说：‘在你的团队里，只有一小部分同事能够为其他人考虑；其余的人则属于可有可无的，他们不思考，不参与，没有任何想法，只是随波逐流去做事。’”

尽管这样，新上任的首席信息官朱迪·济托在 2003 年仍然提出了一项详细的计划以改变本郡的市政服务战略。这些新的服务理念基于以下几个主要目标，但并未直接提到客户关系管理：

• 充分利用科技手段作为为市民提供服务的重要手段（例如互联网、电话和电视等）。

• 通过消除内部各部门的孤岛式作业，达到向市民提供全方位服务的目标；实际上，公众可以便捷地获得公共服务而无须了解任何有关本郡的组织结构。这一点将导致服务项目的合并。

• 监督服务质量，利用这一信息的反馈开展一项长期的服务质量提升计划。

• 为能实现优质服务推进一项持续的学习策略。在客户服务方面建立服务标准和最佳实施案例。

• 建立地区间的合作关系，这些合作关系将设计为向所有客户提供一系列无缝服务。

• 实施有效的沟通和市场营销方案。

• 开通“311 热线”作为政府向市民提供公共服务的一项重要举措。

• 同时关注客户服务内部和外部的各个方面。

除此之外，“大使俱乐部”的想法被提出。按照朱迪·济托的理念，全郡的公务人员在私人生活里，和家人、朋友、邻居相处时应该像外交使节一样。俱乐部的活动应该包括诸如在社区论坛上公开演讲、举行关于客户服务领域不同主题的常规会议以促进本社区内不断获知和报告各种事件的发生（如涂鸦等问题）。该俱乐部的会员资格只能授予那些经证实在客户服务方面的记录一直为优秀的公务人员。虽然这个俱乐部尚未成立，但已经有超过 500 名雇员表示有兴趣参与进来。

这项战略之中对于本郡的“客户”作了明确的规定，该计划确定了五类客户关系：

真正意义上说，每个人都是我们的客户。每一个在本郡定居的人、商人、游客、雇员、代理人……任何一个与迈阿密—戴德郡有潜在合作的个人或者组织都属于我们的客户。每一个利益相关者对组织都有不同的看法。每一个群体与郡政府都有不同性质的往来，对政府的服务也有不一样的期望；每个群体对于政府优质服务的概念也不尽相同。有些群体会认为不需要他们自己与政府部门打交道就可以接受服务这样的方式是好的，无论什么时候政府部门最好都不出面或是隐身的。举例来说，市民支付停车罚单这样一件事，他们是不愿意通过与行政部门的工作人员打交道来办理，也不喜欢跑到一个相应的部门去办理。一个需要帮助的年轻单亲妈妈更倾向于向一个有同情心的陌生人倾诉以期得到真诚的帮助，她不愿意求助于一套已经按程序设计好解决方案的生硬的自动处理系统。她需要的是某个能够使用这些工具和信息的行政部门工作人员出面帮助她。服务交付的目标群体基本上是有明确的近似关系的团体，这些利益相关者的分组是以他们与政府部门之间的互动需求来进行的。

政府—公民：公民泛指那些政府公共服务的受益者，即本地或社区的居民，包括那些居民（含长期居住和季节性居住的市民）、本地市民、纳税人、本地媒体和各种社区组织等。

政府—商业机构：商业机构泛指有意在迈阿密进行商业活动的实体单位或者是那些正在寻找机会、希望作为本郡政府的服务提供商的单位。

政府—员工：员工指本郡财政支出雇佣的工作人员，政府正是依赖他们的努力才能够向本郡公民提供各项公共服务。

政府—游客：游客是我郡经济来源的重要部分。虽然郡政府对旅游业不负有直接责任，但是本郡的公共服务是适用于在本辖区范围观光游览的游客的，尤其在交通运输和公共安全方面。由于许多游客来到我郡旅游，针对游客的客户服务理所当然地会对本地经济产生重要影响。

政府—政府：政府部门向公民提供公共服务时，要打破一些旧制度的约束，而且郡政府、州政府或是联邦政府，常常会通力合作，共同为公民提供他们所需的服务。(Zito，2003)

迈阿密—戴德郡政府在开始实施 311 热线系统前，分析了已经在芝加哥、休斯敦和纽约开通的 311 热线服务系统。IBM 商业资讯服务公司和以在 311 热线系统方面咨询著称的 Winbourne & Costas 公司被选中在全郡范围内进行一项可行性调查。咨询公司估计该郡 311 热线的年拨打量在 300 万～650 万，它们还提供了以下几个方面的建议：

• 使用 311 这个号码而不要用一个 7～10 位数的电话号码；

• 设立一个多通话线路的应答中心；

• 应答中心应能够向其最高级别的郡行政部门报告情况，以便能够实现跨机构的合作与资源共享；

• 升级通信方面的基础设施；

• 实施一套客户关系管理软件解决方案；

• 全面培训电话接听人员。

在咨询公司看来，311 热线系统正常运营将面临的最大风险来自以下几个方面：代理机构无法得到准确、充分的信息；代理机构得到的信息已经过时；应答中心工作人员缺乏适当的培训；管理机构和成本等方面出现的问题等。

该郡在 311 热线系统启动之前，有 11 个联系中心在运营，当时财政拨款约 2500 万美元用以维持其中最大的 7 个呼叫中心的正常运转。其余由法院、动物监控和税收等部门运行的呼叫中心由于人力资源有限或是代理机构利用率低等原因，在高峰时的拨打放弃率达到 40%。而且，案件管理系统要么不存在，要么就已经过时了。市民们不得不经常辗转在各个部门之间寻找解决方法，有的时候，市民提出的问题会被搁置，还有的市民不得不自己在多达 1600 多个代理机构的电话号码中寻找能够为他们解决问题的号码。由于服务水平的参差不齐，很多市民都感到很失望。一项 2003 年进行的民意调查显示，有 69%的受访者认为他们对本郡的公共服务情况知之甚少，服务质量的整体满意度在 37%。同时，该郡的领导层希望通过 311 热线系统的启用，彻底解决这些问题。

然而，在资金有限的情况下，行政和政治方面的领导层非常关注 311 项目将要投入的预算，他们担心 311 项目是否真的应该优先于其他项目而得以运行。有些人不同意 24 小时全天候运行 311 热线，他们认为从早上 9 点到晚上 9 点开通 311 热线的方法更为可行。此外，由于 Siebel 软件系统能够建立客户档案而涉嫌干涉公民隐私，所以，即使 Siebel 软件系统被认为是目前市场上最好的产品，当地政府仍决定使用 Motorola 公司的 CSR 系统。

许多供应商尽量使他们的客户关系管理软件解决方案能够适应政府部门的需求，希望政府应该像商业机构那样运作。然而，供货商们在和政府部门打交道的过程中也积累了不少经验教训，就像摩托罗拉公司与戴德郡政府的合作那样。

为了能和“311应答中心”建立起合作，该郡不得不获得这个电话号码的所有权。但是这个号码已经被迈阿密的“311呼叫中心”使用了，这一中心是1999年由司法部为社区警务服务部门（Community - Oriented Policing Services，COPS）提供的资金资助的。除此之外，在2000年迈阿密已经和Bell South公司（一家电信供应商）签署了一份合同，为311热线服务提供每通电话0.12美元的额外附加费。2004年，迈阿密—戴德郡在经过协商签署了一个地区间协议之后，获得了311号码的使用权（详见附录D）。根据这项协议，戴德郡在运营戴德郡311系统的同时，需要同时负责迈阿密的市政服务联系中心以及该市的311热线联系中心，即两个已然在正常运营的服务热线。

311热线应答中心最初的启动成本由一个“资本资产收购债券2004 A/B系列”（Capital Asset Acquisition Bond，2004 A/B Series）提供，共计1620万美元。该郡和迈阿密共同使用一个共享的服务模式，大约92%的资金（约800万美金）来自主要的基金，其余8%来自于为门户网站服务建立服务协议收入。同时会有五家主要部门加入到该系统，这意味着每一个部门都不能操之过急，必须循序渐进地与刚刚建立的311热线系统进行配合。因此，以运行成本的投入、技术复杂性、对公众的影响以及明确的利率水平这些因素为基础，所有的部门都在计划与311系统的融合。该郡的长期目标是与其全部35个镇和市通过一部311热线进行合作，而不像911热线那样，其中有些市镇已经表现出加入的兴趣。即使该郡已经提供911热线的基本服务，但仍有5个市镇选择自己运行其911应急事件处理中心。在当时，311热线项目关注的仅仅是要在3～6年内整合所有的郡级行政和服务部门。

经过了2004年11月至2005年8月的软启动之后，2005年9月恰恰在丽塔飓风登陆仅仅两天之前，该郡的联系中心正式运行。通过对311项目的分析和它在软启动中的运营，政府得出的一个重要经验就是要关注内部的沟通以获得内部利益相关者的认可与支持，这对于项目的成功运作至关重要。

该联系中心目前的运营时间是工作日早上6点至晚上10点，周末期间从早上8点至晚上8点。在紧急事件发生期间，119名电话接线员会进行24小时不间断服务。每一名电话接线员会用英语、西班牙语、海地克里奥尔语每天处理大约102个电话，每个电话大约会持续50秒至2分50秒。有一个涵盖了7000个主题的、不断更新的知识库为电话接线员提供有关的信息，这类的电话大约占到160万的全年电话拨打总量的83%（见图4 - 5）。此外，电话接线员主要运用的是

Motorola 公司的 CSR 系统软件来进行操作，同时配合该郡的门户网站使用，这一网站相当于第二个知识库，能为接线员提供丰富的信息。电话接线员应对各类来电时，可以查阅一本指导手册，这个手册会由 311 项目的成员不断检查并随时更新。重复性的信息录入和这类重复性的回复会通过软件进行拦截，信息和服务请求会连接到地理信息系统（GIS）或者其他专业机构的应用程序。然而，服务请求只占到来电的 10%，其中 7%需要转到其他诸如市、郡或州立行政部门。根据一项内部调查，了解 311 和利用 311 热线最多的人包括：依靠社会福利补贴生活的人，年龄在 50 岁以上的、靠固定收入生活的拉美裔族群。但官员们对于通过 311 热线电话整合多个政府部门服务工作的作用并不看好。正如一位官员所说："311 热线带来的似乎只是公民的需求和不断上升的电话量。"

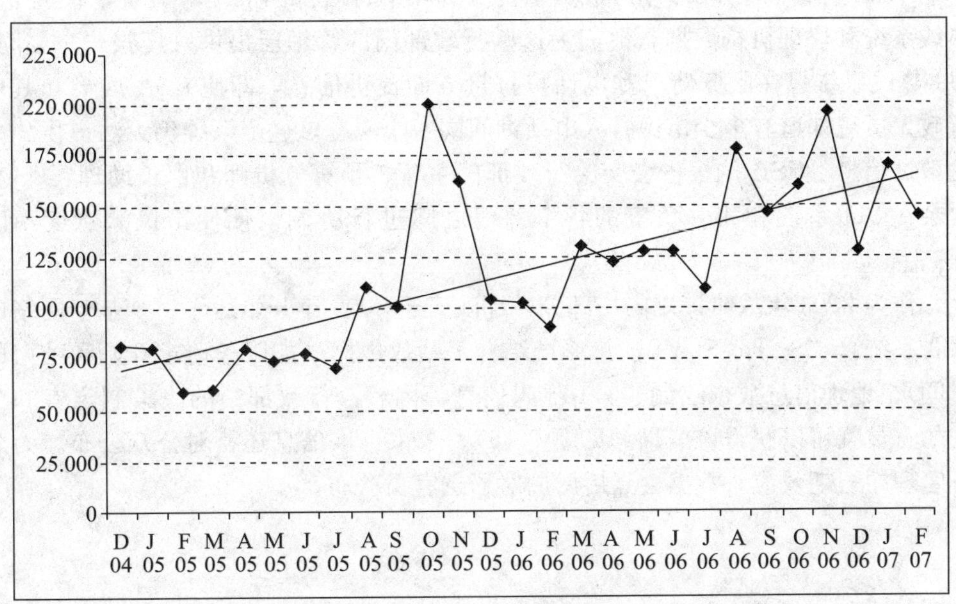

图 4-5　月电话拨打量发展示意图（2004 年 12 月—2007 年 2 月）

有一个在全郡范围内推广的活动，名为"电话确保服务计划"。这个项目转到了 311 联系中心。这个项目是由接线员和监督员每隔一天打电话给参与计划的老年市民，以确认其是否健康安好。一位独居的孤寡老人说这项计划给我带来了"安全感"。如果某个老人发生意外，311 团队会打电话给老人的一位联系人。

呼叫中心的常规操作中，接线员会尽力追踪那些没有得到及时回复的市民来电。一位客户服务代表说，有些市民呼叫中心的工作人员注意到，市民以往对政府的印象是当市民打电话求助时，“就像只是把垃圾扫到了地毯下面”，事情往往会不了了之了；所以现在当这些市民接到呼叫中心客服人员的回拨电话时会非常惊讶。其实，接线员会和市民在某个事件上建立一种“一对一”的关系。举例说，有个接线员讲到一位丢狗的女士，她在电话里用了 15 分钟描述情况，然后接线员对她说：“如果你需要找人倾诉，请给我打电话。”过了几天，她又打来电话说丢失的狗找到了。这名接线员认为，这种情况就属于“某些特殊的情况，这时我希望市民直接打电话给我，于是我就可以直接帮助他们解决问题，而他们就不需要再从头开始走程序了。”

为了管理跨部门的合作，实现服务质量的改进，并对市民数据进行分析，311 热线项目的工作人员发明了一个“客户服务支持”（Customer Service Advocacy，CSA）单位。CSA 单位成员主要负责几个行政部门的绩效表现，根据 311 热线系统和代理机构数据，他们为这些行政部门的管理层提供月度报告。当时，311 热线系统只在服务请求和电话拨打量方面提供信息，即使 CSA 成员和其他行政人员想知道有多少市民打入电话询问同一个问题，这个系统仍无法提供相关的数据信息。CSA 的报告会交给行政部门主管、预算分析师和郡长助理，CSAs 也会在 311 系统和相关负责的各个部门之间进行协调以便使市民满意度不断提高。

作为 2003 年战略计划的一部分，郡政府于 2006 年开始运作一个基于网络的报告系统（“ServiceStat”）。该系统结合了绩效数据（如服务请求开始和结束的时间）、地理信息数据绘制、311 呼叫信息等内容，行政部门的决策制定者和当选的官员都可以获得该信息（见图 4－6）。未来，该信息还将对公众公布。为防止管理的短期效应，数据会延后两周对当选官员公布。

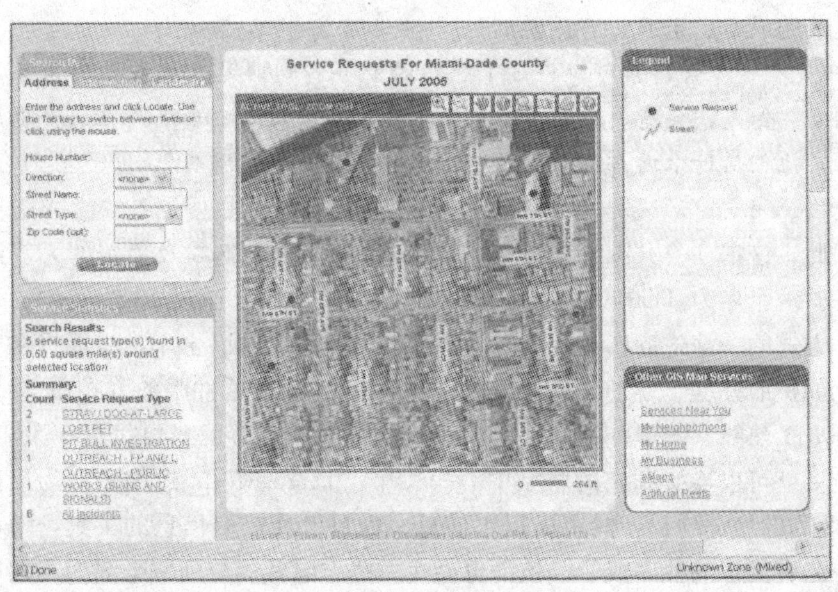

图 4-6　ServiceStat 系统截图

迈阿密—戴德郡是佛罗里达州 311 热线联盟的发起者，也是向州立法部门游说，倡导成立 311 热线基金项目的一员（www.florida311.org）。然而，这项提案（这里指 HB611 政务服务电话系统）被地方长官否决了。2004 年，佛罗里达 311 热线联盟成立，以便在州、郡、市三级政府间加强合作与协调。据一位官员说，会议表明：

“各个市、郡还没有完成 311 项目，我担心一旦开始正式运营他们会吃不消。因为 311 热线系统一旦启动就不能停止。人们会拿你和别的城市进行比较，即使你没有超越别人，你起码也得达到市民的心理期望值。开启了这个系统，就意味着你向市民做了一个很严肃的承诺。”

在 2002 年关注多重管辖权客户联系中心成立之前，该郡已经在 2001 年运行了它的新门户网站。这个网站可以提供超过 20000 页的材料、30000 个 PDF 文件以及一些交易性服务。官员们从戴德郡的网站项目的运作上得到了很多有价值的经验教训，并且将之运用到 311 热线项目的实施中。朱迪·济托回忆说：“从网络到电话，其性质是一样的。”行政部门大都不愿调整它们的服务接入程序以适应新的服务渠道。而且市民的渠道选择很大程度上由目标群体和服务类型决定。建筑行业想尽可能多地在网上实现服务，但是老年人更喜欢使用电话，在服务中心与客服人员面对面进行沟通。然而，从成本的角度考虑，越多的市民使用网络，越节约成本。朱迪·济托说：

“一定程度上说，我可以将311热线的业务转到网站，从成本的角度考虑会是不错的。但是，会有一部分人群永远不会去使用网络。如果你把一部电脑给这部分人，他们估计永远都不会去开机。有些人就是‘电脑盲’，即使他们有电脑，也不想去使用它。”

因此，该郡在公共图书馆为市民提供了1200部电脑以及免费的无线网络接入服务。一个名为Team Metro的戴德郡的行政部门，通过15个实体的采用直接交易方式的一站式商店和一个名为“移动的政府”的巴士车，也能提供多种服务（比如护照办理、各种许可证申请、规范审查等）。这种服务方式在2005年被转接到311热线系统里，在此之前的很长一段时间，市民只要拨打一个10位数字的电话就可以连接到它的联系中心。每年，Team Metro还会多次为市民提供为期13周的培训项目，向市民提供信息、资料以及获取信息的工具，培训市民成为一名有见识的社区成员。该郡也会找一些志愿者参与到一个名为“秘密的购物者”服务测试计划中，如果无法找到足够多的市民，这项测试计划也会外包给某家公司。后来，该郡发现一种类似的反馈方式可在其门户网站上运行，这就只需要政府的雇员操作即可。

还有一些政府信息是通过戴德郡电视台发布的。在州一级的层面上，佛罗里达州最近着手进行“开放的政府”的计划，为公众、州一级和当地的官员提供各类政府信息，如立法程序、本州的预算情况以及佛罗里达州公共记录法律法规的详情。市民还可以在线或以传真方式索取州政府文件的翻译版。

从2006年5月以来，“客户服务支持”计划（CSA）的工作集中在政府信息中心（GIC），该信息中心的报告系统整合了客户服务战略和多渠道沟通环境，如门户网站、311热线系统、电话亭和实体设施，并合并了分析性的服务（如客户体验评价服务）。在未来，能够提高“第三扇门”（即提升与政府的直接交流体验）的服务质量，这对政府信息中心的主管朱迪·济托来说非常重要。在她看来，为始终如一地保证高质量的客户服务水平，如果既不通过电话也不通过电脑，而是通过直接和政府的交流获取的数据，或许能提供更有价值的信息给政策制定者或管理层。

4.4.2 公民关系管理产生的影响

动物部门是第一个加入311热线系统的部门。通过与311热线系统的结合，该部门的运行方式和处理问题的方法变得更为合理。CSA部门每月的报告和它们与行政层领导的密切配合帮助动物部门更好地了解市民需求（电话打入量由每天的500个增加至2500个）；同时该部门也将做内部改革以适应市民的需求。随着311呼叫中心运营的时间越来越长，来自市民的投诉和服务请求成倍地增长。同时，现场工作人员配备了移动设备可以支持他们实时地应对服务请求。由于给311热线打来电话的市民总是要求直接与相关负责部门直接对话并且需要获知他的服务请求的处理状态，这使得公务人员承担了更多的责任。其他的部门报告显示诸如运营时间这类的一般性问题有所减少。然而，由于311系统开始给市民提供更多的信息而无须将电话转给其他相关部门，在一些部门中雇员对311系统产生了一些消极情绪。他们觉得电话接线员不具备足够的专业资格为市民提供准确的信息。

郡长乔治·伯格斯意识到311热线的真正价值在于它收集的数据。他认为，这些数据有助于帮助他们了解不同地区应关注的重点问题是什么。迈阿密的一位资深官员说，311热线系统未来将对政府工作产生重大影响。一位主管承认，应对市民的服务请求花费的时间不会总是一直受这一整套客户服务系统影响。随着时间的推移，对日益积累的数据进行评价，能够让他们更好地分配可用资源。她说："如果这些服务请求过于集中，也许我们会说，看，仅仅做了两个排水系统，600个投诉电话中就有400个得到圆满解决了。"许多行政官员希望数据和内部流程的变化可以允许他们在相同或较少的财政预算下做更多的事情。但是，各部门关于市民需求的数据也更容易传递到当选官员那里；同时根据市民诉求电话的数据，各部门可能更容易到市长那里要求增加财政预算，而这与该郡的战略重点是相违背的。负责预算的官员显然不同意这种想法，强调说大部分的部门已经为95％的服务请求都做好了合适的预算。

当选的官员对于311热线系统产生的数据也很吃惊。他们发现，311系统反映的问题是他们的选民从来没有在他们的地区办公室中提出过的。一位当选官员发现在他的选区里最大的问题是流浪狗而不是路面坑洞。然而市民通过311热线的服务请求与他们的"衣食父母"进行沟通，以确保能得到满意的服务。一些管理者发现，当选官员其实是客户服务行动的最大受益者，他们可以以运转良好的公共管理体系而居功。而且，ServiceStat系统的绩效评价数据也显示出政府工作的透明度，这一点在历史上是没有的。但是为避免短期管理效应，且使得政府部门负担减轻，数据对于当选官员是延迟两周可见的。一位行政官员认为，如果执政者较少地处理市民反映的事件，不怎么提升地方政府较差的服务，他们就可以集中精力加强其在战略和政策的决定性作用。一位当选官员很青睐这一趋势，他说：

“我不认为我会和我的选民疏远，因为我们正在运行一个新的行政管理模式。其实，这类似于系统的审计过程。如果哪里出了问题，而311热线系统没有解决市民的问题，那么这些市民肯定会打电话给执政者投诉。我不想让自己被市民认为有特权，比如我家里有一些化学品需要妥善处理，于是我会给固体废物处理部门打电话。我没有透露我的身份，我只是想以普通市民的身份体验一下。我询问了最近的废物处置场所在哪里，他们告诉我就在北面的一个地方，我说在南面远一点的地方应该有一个，他们说你应该联系你们郡的郡长解决这个问题（大笑）。我的想法是他们应该联系他们的老板，然后说，看，我们的选民需要建立一个离他们居住地近一点儿的处置地点。他们可以总是联系郡长，但是我不认为行政者应该告诉市民应该去联系郡长，我认为他们应该尽量自己解决问题。”

此外，在2005年威尔玛飓风来袭的时候和之后一段时间，311热线系统为政策制定者，包括FEMA代表，提供了来源于市民反映的实时情况的报告；而郡公务人员也通过这些“眼睛和耳朵”实时地了解情况。因此，援助的重点和供应点的组织都是基于系统可识别模式和热点。

作为它们提升服务计划的一部分，2005年秋季，一个外部营销研究公司进行了一项多语种的市民调查。为了进行对比，该调查沿用了2003年所做调查的问题。居民对该郡服务质量的满意度由2003年的37%上升到2005年的51%（从“非常满意”和“满意”的里克特量表5点选项）。对该郡公务人员客服质量的满意度在41%，有33%的人表示中立。与2003年相比，更多市民认为公务人员对待工作会“多努力一些”，这一数据在2004年是33%，在2005年是28%。针对问题“很容易找到地方表达市民的关注点”，2003年数据是46%，2005年是44%。市民更加关注他们的问题到哪里能够得到解决，希望郡政府部门进一步加以改进。

虽然上述数据看似有些矛盾，但其实越来越多的戴德郡居民开始认可郡政府改善其自身服务的相关努力（如2003年有24%的居民认为政府正在实现其改革管理的目标，到2005年这个比例上升到了35%）。其实，政府制定的向公民提供优质的公共服务的组织目标的评级标准是没有变化的。

在“该郡与市民的沟通手段是否有效”这一问题上，居民没有表达明确的意见。在“您是否能及时获得本郡的公共服务项目和服务信息”这一问题上，有46%的居民表示中立，但是30%的居民表示不满意。大多数居民（55%）表示他们获得信息的渠道是电视（占49%）、《迈阿密先驱报》（占44%）或者该郡的门户网站，这一问题的满意度是61%。仅有7%的该郡居民认为他们会通过拨打311应答中心或者其他政府部门的电话获取信息。在过去的12个月里，有54%的居民通过电话或是亲自与戴德郡政府部门联系过；17%的居民说他们与311热线应答中心联系过。58%的居民表示他们听说过Team Metro这一提供很多公共服务的行政部门。

4.4.3 对公民关系管理的理解

戴德郡许多执政的官员，无论是职业政客或是有过在私营企业工作经历的人，都支持面向客户的这种方式。他们把市民看作是需要尊重并且要以诚相待的客户，郡长认为该郡的公务人员与市民交流的方式是树立政府形象的关键，通过这样的交流市民可以对政府和社区产生好感。该郡311热线的主管贝吉乔·格洛弗也认为她和她的311团队把市民视为客户。她认为公共部门应该在如何管理客户关系以及如何以最低的成本实现好的服务方面驱动其发展，以便将来政府部门在客户服务领域成为领头羊。政府一视同仁地有所义务为市民服务，而不像私营企业那样，只是因为有利可图才会在客户服务方面加强投入。但是政府也有一个负面形象，一位部门主管这样比喻道，它“就像是一根图腾柱，或是一个二手车的销售员”。

虽然很多行政主管和当选官员都同意，在“以市民为导向”的服务中他们有很多事情应该去完成，但他们仍然感到了一些麻烦。随着政府各部门服务水平的提升，希望政府提供服务的市民数量以及市民对政府的期望值也在增加，能达到市民满意这个目标就更加难以实现。如何开发政府财政预算来源和市民是否愿意以纳税的方式来提供给政府这笔支出，成为了改革的障碍。该郡的一位行政人员说：

“其实，公民对于政府部门的提供公共服务的期望值并不高，所以当政府有任何积极的反应时公民都会感到大吃一惊的喜悦。但这种情况不会持续很长的时间。在公民和政府经历了‘蜜月期’之后，政府在最初阶段所做的努力，会反过来激发公民提出更多的需求。”

然而另一位官员认为，公民关系管理和政府机构应该以“对抗”为特点，大部分的官员赞成搞好公民关系管理，但是在如何实施公民关系管理方面他们有不同的看法。他们认为政府的公共服务和程序相比较客户管理系统在私营企业所发挥的作用要更具多样性、复杂性，有点类似银行的客户服务。再者，无论是私营企业还是公共实体都有客户反馈机制；但是现在政府需要履行的责任是根据市民的反馈修改原有政策。也就是说，公司没有义务必须对客户的反馈做出回应但是政府必须做出回应。而且，市民所反映问题的发生地点往往比市民个人信息更重要。一位高级管理人员解释说：

“我们不代表全部的客户关系管理，但是我们比私营企业更加注重‘事件’本身和事件发生的‘地点’。对我们来说由谁打来电话报告说有地面坑洞并不重要，重点是我们把这个问题解决掉。所以我认为相比以客户个人信息为中心，我们更加以事件和地点为中心，不是说我们不重视客户，也许同一个市民可能打过5遍电话了，这也很重要，但是我们优先考虑的是修补好地面坑洞这件事。”

但是，政府部门也可以通过了解某一事件的特性和地理环境来加强与市民的互动。另一位行政人员说：

“关于扩大服务范围有两个概念，一个是单纯地扩大服务范围，另一个是提供有附加值的服务。在私营企业销售环节有附加值，但却与政府提供公共服务的附加值稍有不同。也许作为市民的你在周五打电话询问是否有老师工作，但是周五没有学校上课。而我作为接线员可以对你说：‘巴恩斯公园里有为孩子开放的露营活动。如果你想带孩子参加户外活动，你还可以参加在南部迈阿密举办的一个名为“收养一棵树”的聚会活动，你们可以去参加然后带回一棵免费的树种在你家院子里。’这样我就是为市民提供了有附加值的服务，也提升了我郡政府的服务水平，我并没有销售任何东西，但我确实提高了服务的质量。这在政府部门是很重要的一个概念。第二件事是扩大服务范围，这就需要我们在有相应的科技支持的时候来完成。现在我们能够提供的服务就是，当有一个色狼就住在离某个市民家5英里远的地方时，我们可以给居住在周围的每个人打电话，告知他们加以提防。或者，我们要为某官员召开镇民大会，我们希望选区内的每个市民都能参加。虽然现在我们的电话技术还无法自动完成这些功能，但是这已经在讨论过程中了，而且也是最初设想的一部分。我认为将来我们能够实现这一目标。”

只有很少一部分行政管理者了解“公民关系管理”这个名词，而当选官员中没有一个人之前听说过这一概念。因此，他们给出的定义要么比较狭隘，要么非常宽泛。狭隘的定义就是把公民关系管理定义为通过多种渠道得到信息，并提供相应服务。朱迪·济托给出的理解就很宽泛：

“公民关系管理远比311热线系统和门户网站要复杂得多。它是很多方面的情况集中在一起，是我们了解公众真正的需求是什么，他们需求是什么以及我们如何能够让他们以一种无缝的便捷的方式和政府沟通。不仅仅是能够预见到公众的需求，然后制定一个程序满足他们的需求。这是一个调查、确定目标群体、确定客户服务标准的过程，这些问题无法简单地通过呼叫中心解决，而是需要由我们的组织来全盘掌握，以便我们能够真正地自始至终地进行公民关系管理。”

该郡郡长对公民关系管理的定义遵循了一个广义的理解，并强调说公民关系管理应作为政府组织文化的一种哲学思想。

“公民关系管理基本上是应对市民关切的问题，政府不再死板地待在那里，政府已经成为社区的一部分。它有责任和义务应对市民关注的问题。公民关系管理需要利用我们今天所能获取的方式和手段，包括科技、伦理、责任制等一切所能获得的手段，使市民能更好地理解政府是如何运作的。因为政府也没有自信，它需要证明自己的存在可以为市民提供帮助，它的存在能够使社会更和谐。311热线系统是客户服务的一种方式，它传达了公众对政府的感知，减少了紧急事件的电话拨打量。311热线系统可以是一个巨大的灾难管理工具，也是个战略管理工具，你可以利用它获取信息或者传递信息。对我来说，政府的每一位成员在提供公共服务方面的努力都是影响市民如何看待政府的决定因素。如果我在公园里割草，我也是政府形象的代表。如果我在市区通过柜台交易得到了一张税单，我也是代表政府的。如果我是一名接线员，我更加是政府形象的代表。我们谈论客户关系管理，就像是老板成功地给每一位员工留下好印象那样，因为员工是保证老板的事业持续发展的关键因素。政府会一直存在，但是我认为我们应该考虑像商业那样运作，让它的客户能因为它的存在而感到高兴。客户虽然是一小部分但是对大公司的成功至关重要。公司极为重视其客户体验。它们需要基于它们所了解的客户喜好和需求有针对性地提供商品或服务。当然，它们希望一直有回头客，这样公司才能持续经营，也希望客户能有满意的体验，如果成功了就能赚钱。难道这些公司的事业就是为了让大家快乐吗，是的。它们同时也在赚钱。而且如果它们讨好客户就能挣到钱，所做的就是客户关系管理。我的意思是，这与你在办公室里的工作无关，也与311热线无关，这需要把客户服务的理念根植于每一个组织中的工作人员的心里。”

一位官员认为公民关系管理和电子政务性质是一样的：

“无非都是关于服务以及交付服务过程。无论是谁完成的，就像是我们的网站。重要的在于市民与政府沟通的方式。这就是电子政务的全部理念，与公民关系管理完全相同。”

关于对公民关系管理的广义理解涉及市政方面的影响问题，只有一个人提出了批评意见：

“假设你希望公民关系管理成为现实，你就需要全面考虑政治和城市管理方面的问题，要考虑人们对立法的反应如何，他们又如何能够影响政策的改变。如果有某个市民打进电话来请求服务，但发现相关法规对他们不利，他们还需要为此付费或交罚金，那么这位市民肯定是会不高兴的。公民关系管理就像是利用某个公共服务事件作为改变立法的一个机会，客户关系管理就像是一个连接点，由你来重新决定你的目标。如大家所知，在立法产生机制中，一个常规的操作互动就可能成为政策。”

该郡的政府官员们认为公民关系管理是其在政府中角色的核心方面，在每一次与选民的互动中，这些政府官员都会尽力对选民反应的问题做出回应，尽力管理他们之间的关系。一个当选官员指出公民关系管理是在市民驱动下的政府管理行为，因为很多投诉的解决最终都是通过改变相应的政策得以解决。另一位官员关注的是公民关系管理的哲学价值，他说道：

“公民关系管理就像是婚姻关系管理，双方谦恭有礼，互相尊重，尽量寻找共同点。如果有问题，可以协商解决。我认为如果采用的原则合理，例如，开放式的交流、诚恳、合乎道德，就能够告诉人们即使你尽力去做，你也有一定的局限性，这要比虚张声势好很多。”

相比之下，下面这位官员对于公民关系管理的定义也比较宽泛：

“（公民关系管理）就是市民通过各种系统，向政府请求考虑他们的需求。这是给政府提供一个机会去了解公民的特殊需求并设法解决。同时，政府在获得公民的反馈后，开始理解市民的心理、需求和反映的问题。如果是那样的话，政府就能够在某些问题成为真正的棘手问题之前就积极主动去解决它们。”

5 公民关系管理

本章将讨论研究结果以及研究的贡献。首先，本章研究了客户关系管理对当前改革运动的新贡献。其次，总结并讨论了跨案例分析的实施结果、影响及对于公民关系管理的理解；之后回答了公共服务领域的公民关系管理和私人企业实施的客户关系管理之间是否存在差异。最后，提出了公共关系管理的一般模型。

5.1 旧酒装新瓶？客户关系管理与 TQM 及 eGovernment 的比较

自 20 世纪 80 年代以来被公共管理者们和学者们研究并应用的客户关系管理，是否只是简单地需要重新给予其定义并加强理论与技术？

客户关系管理和 TQM 均被理解为整体的管理概念与哲学思想在私人企业中的发展，是导致诸如全球化和影响竞争力的新技术、消费者行为以及其他因素的根本原因。从本质上讲，客户关系管理和 TQM 的思想基础是，高层次的顾客满意度和高品质的经营信息、知识和交流，它们会使得某家企业的产品在市场上具有竞争优势。市场驱动的含义是，正确预测并及时满足客户的需求，挤掉竞争对手以增加本企业的市场份额和/或减少需求弹性（Reed，Lemak，Montgomery，1996）。因此，客户关系管理和 TQM 对于政府这种不同的环境来说，并没有任何特别之处。

在政府部门实施的管理概念和技术受到一系列因素的制约，比如财政预算短缺、制度安排、文化规范、现有的法律法规、政策考量和政治行为等。所以学者们在试图将 TQM 和客户关系管理应用于政府管理时，应该谨慎从事。不同于 NPM，客户关系管理在商业价值、目标与实践等方面不会对政府产生影响。它们不会影响到政府与社会之间的正式和非正式的联系。然而，管理概念不但适合 NPM 的客户满意度目标，而且能提高政府绩效。此外，一般的管理问题诸如客户服务可以根据具体情况加以适当处理。当然，一旦 TQM 和客户关系管理在政府部门中得到实施，它就会对政府管理产生一定影响。下面就来分析和讨论这些影响。

虽然，客户关系管理和 TQM 的目标相同，但是，实现这些目标的方法依赖的是不同的前提条件。TQM 着重于质量，具体表现在 100%的客户满意度和零缺陷。客户关系管理的重点是个人客户满意度和客户关系管理。从文献中可以看出，TQM 的核心要素更强调组织内部的各个方面，而客户关系管理更强调外部的客户要素。TQM 的核心要素包括管理层的承诺和领导、统计过程控制和基于事实的管理、对质量文化的发展，以及消除员工参与的障碍、流程的持续改进和员工能力的持续提高。因此，TQM 是通过内部流程和人际关系水平来影响质量的。客户关系管理的核心要素集中于管理客户的互动、分析客户，创造一个以客户为中心的组织，发展一个以客户为中心的文化和利用技术为这些管理功能服务。因此，客户关系管理是通过积极的管理来影响客户关系，致力于内部的流程和技术的使用。

然而，两种管理理念在对内部客户和外部客户的理解上是一致的。客户关系管理和 TQM 都是从透彻的客户分析和组织分析开始。这个逻辑的一个宗旨是，客户是价值的共同创造者（Mele，2007）。TQM 强调以发展客户关系为中心（Norman，Ramirez，1993）；客户关系管理对关于如何开发和管理这些关系给出了详细的说明。此外，在客户关系管理中，客户被视为单独的个体而不是一个群体，需要特定的客户行动。由于客户需求的不断变化，企业就要不断地学习如何去保持与客户的关系。因此，公司必须有能力收集信息、共享这些信息并采取行动来分析这些信息。客户关系管理通常通过技术来实现这一目标，有时候它也通过跨边界的合作来完成。相应地，因为 TQM 的倡导者认为，最好的改善机会不在于各个工作部门本身，而在于外部的，即跨部门之间的合作，所以 TQM 的持续改进（日语中的 Kaizen）是通过跨职能部门的团队合作、实验和统计方法（Spencer，1994）实现的。

企业或某个部门为了实现以质量为核心或以客户需求为目标，就要改善其基础设施和组织文化。这种角色、流程、协调、合作和雇员的行为等的改变一定会遇到阻力。所以我们毫无意外地发现，TQM 和客户关系管理都有高达 70%的失败率的报告。虽然这两种管理理念强调领导力的重要性，客户关系管理通常会提供一些文献来指导企业如何使组织转型。客户关系管理虽然提到了变革管理、培训和交流，但仍然集中在客户关系管理方面。与此相反，TQM 对于如何重新定位组织文化提供了详细的说明以保证企业达到以产品质量为核心的目标。TQM介绍的方法，如质量圈、自我管理团队和政策等，都旨在鼓励开放的、双向的、非惩罚性的交流。

数据收集和绩效评估也是TQM和客户关系管理的基本构成模块。绩效评估使管理者能够对照内部和外部的标准来确认并跟踪组织目标方面取得的进展，识别改进的机会。Ishikawa（1982）强调，TQM的数据（例如，来自客户调查、缺陷处理的数据）的最终目标是使企业能够根据这些数据来采取行动。这就是为什么企业对各级员工都要进行有关质量控制工具和思维概念方面的培训（附录C）。对于一个客户关系管理战略，企业的各个层次的部门都要有明确的措施和标准：个人、工作单位、开发周期。因此，TQM不存在显著的分歧。

但是，客户关系管理也有其独特的方面，这包括以连续的方式通过各种渠道来建立客户档案、客户细分、计算客户价值、管理并提供产品和服务。ICT的发展在很大程度上使这些活动成为可能。然而，建设、维护、挖掘和管理整个组织全面的客户数据，会产生新的问题。例如，客户经常会为个人隐私被系统记录而感到不安，而企业主动与客户互动的尝试也使客户心生疑虑。

综观（Rahman，2004）捕捉TQM重要因素的各种尝试，可以发现其缺乏ICT元素。这是另一个客户关系管理和eGovernment本质的不同之处，我不久将会讲到这一点。然而，应该指出，TQM的很多元素，例如，对组织面向过程的考察，跨边界团队或数据分析，可以在现代ICT的帮助下得到促进（Au，Choi，1999）。

电子政务本质上是将ICT应用于政府。电子政务的支持者们是从ICT的特点中，特别在互联网的特点中，获得他们的视角和概念。例如，ICT使信息处理过程、协调、控制及其流量的构建打破了通常存在的组织和运作程序的边界。ICT也改变了信息同组织规模、距离、时间和成本等这些物理因素之间的关系。

电子政务的范围通常取决于其应用的领域。一方面，在线报税方便公民完成他们的公民义务，同时，自动错误检查简化了政府的税务处理方式。另一方面，ICT让独裁的国家能够对本国公民施加更大的控制权。因此，ICT显然是实现了政府使命的一部分，但其只是作为达到政府实现既定目标的一种手段。许多电子政务项目都宣称它们是以客户为中心并极具效率，正如客户关系管理和TQM设定的目标一样。许多学者也指出，要通过多种渠道提供公共服务。建立在处理生活中的大小事情基础上的门户网站和结构化的数字信息将“一站式”的想法重新体现出来。然而，电子政务，至少以目前的形式，不能像TQM和NPM那样定义出明确的概念范畴。事实上，我认为电子政务是一种管理理念。它更多的是一些与 ICT 有关的实践与想法被应用到政府中。

所有开始实施 TQM 计划的政府都已经在使用 ICT。然而，在电子政务出现之前，ICT 主要的服务是作为代理业务的重要支柱。办公自动化进程已经广泛地适应了业已存在的组织文化和结构。互联网的兴起，改变了原有的一切，也改变了政府和民间社会之间的联系。按照这样的思路，Dunleavy 等（2005）认为，政府的数字化及政府管理（称为数字时代的政府管理）将“直接导致反向变化和其他许多与 NPM 的优先权和倾向性相反的结果”。此外，他们发现一个基于需求的整体论成为了新时代的主题，这是“与 NPM 所强调业务流程管理完全脱节，而是发展成为真正的基于公民的、基于服务的或基于需求的组织基础”。基于需求理念的具体形式是一站式商店（数字和非数字的）和数据仓库，它更全面地关注公民的需求，或公民的自我服务以及合作活动。令人惊讶的是，Dunleavy 等（2005）没有提到 TQM 或客户关系管理，而他们强调当今时代的独特性。而在回顾 TQM 的观点时发现，他们的概述趋势并没有因 NPM 而逆转。相反，代理机构最终只是频繁地颁布以前一直有的想法，但从来没有彻底实现。此外，Dunleavy 等（2005）的总体观念与客户关系管理一样，因此，似乎不同的观念在政府中是能够和谐存在的。

基于此观点，我得出结论，客户关系管理在一定程度上确实是“新瓶装旧酒”。然而，客户关系管理对于如何实现以客户为中心的组织愿景提供了一套完备的想法和实践。客户关系管理还提供了一个新的“客户关系”的说辞来实现基本的组织变革。在 TQM 中，这个说辞就是质量，在电子政务中是技术。表 5-1 概括了客户关系管理、TQM 和电子政务的原理与实践。

表 5-1　　CRM、TQM 和 eGovernment 的比较

原理与组成	CRM	TQM	eGovernment
目标	客户价值 客户关系	质量 客户满意度	政府变革
基本原理	组织生存 竞争优势	组织生存 竞争优势	技术能力和外部效应，例如信息社会

续 表

原理与组成	CRM	TQM	eGovernment
驱动	信息 知识	信息 知识	信息 知识
客户	内部的 外部的	内部的 外部的	
客户关系	共同生产者 积极管理 一对一	共同生产者	多重角色
理论背景	市场 关系市场	系统理论	
组织结构	“整体的” 跨边界的 灵活的、较少层次的	全部的 跨边界的、灵活的、较少层次的、授权	跨边界的 网络化的
技术	促进者		核心
文化	以客户为中心	面向质量和客户	
变化	改变和学习是个持续的过程，因为客户需求不是静止不变的	改变和学习是有价值的，因为它们能导致质量提高	
工具	绩效评价与管理 数据挖掘、客户档案、CLV	绩效评价与管理 统计、质量环	ICT、信息架构

5.2 公共关系管理的实施

综合所有案例，我们能够看到311呼叫中心是如何得以实施的，但它们也显示出，311或任何其他旨在促进以公民为导向的公共服务活动并未考虑客户关系管理（见表2-1）。在311热线出现以前，公民需要通过许多渠道与政府互动，这些渠道包括代理机构办公室、呼叫中心和互联网。然而，政府为民众提供服务的渠道和服务方式取决于一个部门主管的决定，而没有制定广泛的战略。客户服务实践基本上遵循了司法和组织的界限。各个政府部门服务水平参差不齐。

起初，311 热线系统的目的是用于非紧急呼叫以减少 911 电话的压力，也是为了“让官员们有时间来解决民众的实际问题”（Mazerolle 等，2003）。结合机构改革，311 热线系统至多只被视为一种促进社区警务工作的方式。

虽然，启用 311 热线的动机各不相同，但是所有的方案已经由行政领导提上了议事日程。在巴尔的摩，市长扩展了 311 的作用——他依靠 311 热线系统实现政府的绩效管理方案。在芝加哥和纽约，311 项目获得了市长的支持，能够便捷地获取政府信息，从而缓解 911 的压力。最后，在迈阿密—戴德郡，一些有权威的委员和郡级管理者都积极倡导推广 311 热线的使用；该郡的郡长首先提出将 311 应答中心作为一个渠道，向市民提供政府的各种司法服务、各种政府服务渠道的访问接入点，在他任职期间，将 311 应答中心作为辅助管理手段并与其他郡级领导们保持一致。

有趣的是，许多当选官员（委员、市参议员、理事会成员）对此持怀疑态度，甚至最初还反对该项目。考虑到 311 的实施需要财政预算的投入，当选官员们非常关心它的运营成本，同时关心是否应该优先为 311 项目注入资金，而不优先支持教育领域。另外，他们还有一个更深切的担忧，就是害怕与选民失去联系。

一般说来，311 热线项目并不是根据公民的需求或选民的主张而开始实施的，包括 311 所具有的那些功能也不是公民的要求。事实上，实施 311 项目是由行政部门内部提出来的。311 的实施对于行政和政治领导特别具有吸引力，能够带来明显的政治结果。在过去的 11 年中，美国有 70 个县、市安装了 311 热线，而上述效果在这些地区特别明显。在过去 3 年里，311 热线的安装使用了一种 S 型模式，Rogers（1983）在他的创新扩散理论加以描述了这种模式，而安装 311 热线的大多为美国大城市。特别是，纽约的 311 收到了很多积极的媒体报道，尽管有人批评它是“一英里宽，一英寸深”。通过传播研究，除了口头的信息或最佳实践案例的扩散研究（Strang，Soule，1998），大众传播媒介已被确定为核心的信息来源。此外，311 热线必须与市政府和县级政府现有的惯例、价值取向和需求相一致。如果不是（在这里介绍的情况下），它就不会得到如此广泛的应用。然而，应该注意的是，在这里介绍的 311 热线的使用是指 311 热线在处理非紧急、非政策的事务时所使用的程度如何。

根据我之前的论证，有些行政管理者和当选官员在开始实施 311 项目时，并没有进行公民满意度、公民需要和组织现状的分析。然而，文献中将这些分析工作列为客户关系管理的重要元素。此外，除了迈阿密—戴德郡，至少据我所知，在研究过的案例中，没有整体的战略来改善国民政府关系。看起来，大多数 311 项目的主要目的似乎是集中于努力巩固政府的呼叫中心和电话信道以解决公民的非紧急问题。例如，311 热线系统就是布隆伯格市长在市政府的第一个任期内的一个关键的政治工程。在所有研究过的案例中，政府都没有更进一步地开展以公民为中心服务的计划。最后，美国各地方政府公开分享它们关于公共关系管理的解决方案和遇到的问题，这些都是与私营部门私有性质的客户关系管理项目形成了鲜明的对比。例如，芝加哥为迈阿密—戴德郡、巴尔的摩和纽约提出建议，而迈阿密—戴德郡又与佛罗里达州的其他地方政府分享其实施 311 项目的得失经验。

客户关系管理的实施需要一种允许改变的组织文化（Curry，Kkolou，2004）。成功的改变需要企业内部员工具有共同的愿景和畅通的沟通，但它也需要一个可持续发展的保证。在我所研究的三个城市中，每座城市都有一位坚决的、有魅力的市长和一些致力于创新的部门领导。布隆伯格在新闻发布会上和他的政府发言中都阐明了他的总体目标和关于 311 项目的特殊计划。纽约的领导层和 DoITT 项目团队，遇到了来自外部的压力。此外，纽约定期举行会议，使市长及时了解项目的进展，市长女儿艾玛·布隆伯格的参与，这些都是确保了 311 项目在政府各部门的顺利实施。

311 的一个主要任务是建立一个联络中心或非紧急服务系统。311 呼叫中心的全部启动经历了大约 1 年时间，其中包括软启动阶段。然而，有关部门的整合仍然是一个持续的过程，需要花费很多年的时间。除纽约和迈阿密—戴德郡，管理人员没有专门为 311 的实施寻找客户关系管理软件。当芝加哥开始其 311 项目时，根本无法在市场上购买到适合政府的客户关系管理产品。通过与 SunTrack 软件的开发商 Suncoast 科技有限公司（现在的摩托罗拉公司）的密切合作，以及对系统的测试，这些城市从根本上对今天的摩托罗拉的 CSR 系统产生了很大的影响。事实上，虽然我所研究的 311 项目均被贴上了政府客户关系管理的标签，其主要源自咨询公司的参与和推销以及软件供应商。当然，除了客户管理软件还有其他的 ICT 解决方案，这就包括个案管理、服务请求管理或接触管理。311 联络中心包括一个知识库、应用程序和 GIS 的功能。311 项目涉及的技术（如摩托罗拉 CSR，Siebel）是使接收服务请求、提供服务和服务状态追踪之间形成封闭循环。在传统的公共服务中，市民与政府部门的交互数据被隐藏在政府部门的工作中，这导致了公共服务缺乏透明度和跨部门服务的边界难以识别等问题。然而，仅仅在一些请求服务方面，组织圈才被封闭。某个政府部门的特定的公民数据，或者由其他渠道收集来的公民数据，特别是面对面交流的数据，是不会在部门间共享的，也不会被收集在数据库中。公民关系管理与商业客户关系管理的另一个核心区别是数据类型，公民关系管理的数据都是由政府收集的。多数情况下，公民保持匿名状态；然而，对于公民发布的问题、发生问题的地点和公务员对这一问题的处理过程等这些数据都会被追踪和保存。总之，这些步骤可以被归类为操作型和合作型客户关系管理。

311 呼叫中心的任务可以区分为服务和非服务的活动（表 5 - 2）。311 呼叫中心的主要业务包括：市民打进来的电话号码查询服务、信息请求、服务请求和对复杂的公民问题的调查。政府发出的包括对外提供信息或客户调查。311 呼叫中心的营业时间比政府部门的办公时间要长，能够每天 24 小时工作，全年无休。一些 311 联络中心能够通过多种渠道解决市民提出的服务请求，而它们中的大多数只管理来电通信量。有趣的是，市政府将 311 联络中心作为公民关系管理的一个重要手段，这样的做法与私营部门曾经进行的客户关系管理的形式如出一辙。在 20 世纪 90 年代早期，私营企业开始实施客户关系管理时，最先使用的也是客户电话服务中心。

表 5 - 2　　311 公民联系矩阵

	入站通信 公民打入的	出站通信 政府发出的
服务活动	服务需求	信息提供（SR 跟进） 老年保障
非服务活动	服务状态 投诉和评论处理 信息提供 推荐	公民调查

此外，跨案例分析表明，政府的一些特殊部门能够向市民提供更加个性化的服务。此外，客户服务代表试图适应形势，并试图适应每个访问者的行为。现在很常见的是，为目标群体提供捆绑（一站式）的服务，例如建筑行业（迈阿密—戴德郡）或门户网站上的福利受领人服务（纽约）。例如，芝加哥的房屋署部门，通过专注于高止赎率地区、与社区领导合作或为匿名的公民提供适合其需要的不同形式的访问等方式，试图为他们提供个性化服务，以预防止赎权范围的扩大。

我们也可以说，越是复杂的服务请求，越是需要政府提供个性化的服务。一般来说，对于公民或社会而言，如果市民要求政府提供较为复杂的公共服务，那么就很容易在政策制定、服务方式选择以及其他潜在方面产生负面效果。此外，如果以增加税收（比如直接投资）或提高收费为前提，那么政府会在适应目标群体的需求时表现得更为积极。例如，迈阿密—戴德郡用于建筑行业的网络服务，为政府带来了110万美元的政府收入。然而，纽约的电影、戏剧和广播办公室，却没能得到如此好的收效。直到市长从私营企业引进了外来人才，这个部门才最终将其服务理念调整为以服务市民为导向，而这正是政府部门本来应该做的。因此，我们有理由提出一个疑问，即部门领导是否对于客户服务，如个性化服务这样的实践有着非常重要的作用，或是否有其他原因妨碍了部门领导发挥其强有力的领导能力。

此外，通过访谈我得出这样的结论：客户服务和满意度似乎成了行政人员和当选官员的一个标志。在访谈中，他们将公民称作客户。他们还用其他的一些标志性的概念来证实和体现以客户为中心的理念。例如“像迪士尼……”这样的说法出现在许多访谈中。受访者在叙事的时候也是有差异的。那些直接与市民接触的官员，能够更详细地描述他们与公民之间的关系以及关于“良好的客户服务”应由什么组成的想法。而那些更多地参与战略决策的领导们，对于公民与政府之间的关系有更抽象的理解。

客户关系管理也需要整合客户关于产品开发和需求评估的信息。在本书研究过的这些案例中，有一种不同的客户集成。对于每天的绩效评估、问责和城市管理，公民以及他们打入311热线提出的服务需求、投诉、评论都是重要的变量。汇总这些数据就形成了大量的信息，这些信息是关于服务水平、员工互动以及邻里状况和发展趋势。因此，整合和分析这些信息的目的大不相同。在私营企业，进行数据挖掘是用来建立个人客户档案、细分客户、识别并找出提高销售和交叉销售的机会、检查市场营销计划的投资回报率。而整合公民数据是用于绩效管理和城市管理，也可以解释为分析型客户关系管理。然而，与私营企业相比，政府在分析过程中依靠客户服务的倡导者们（Customer Service Advocates，CSAs）的能力或CitiStat团队（巴尔的摩）。CitiStat团队使用了如MS Excel的产品，因为它们没有功能强大的数据挖掘解决工具可以利用。事实上，有关市民对于公共服务的评价需要有关部门人工处理。这样的分析过程对比我早前曾经讨论过的又有所不同，因为这种处理过程需要共享各种信息。信息分析在每月或每天定期进行，此外，关于组织绩效和公民需求信息的传达也遍及整个政府。

总体情况

总体而言，在实施公共关系管理的过程中，从跨案例分析（见表5－3）收集到的实验性证据是支持先前的假设的，即客户关系管理对于政府具有有效性。其实，我能够从中看出2.1节中所描述的客户关系管理的许多方面。然而，证据是分散的，因而案例研究并不支持以下观点：对客户关系管理的整体研究会使得市政或多个司法管辖区的公共关系管理方案可行。根据受访者的评论和最近几个月我对相关案例的研究，我发现了公共关系管理活动成功的关键因素，如下所示：

• 一个强有力的领导和持久的支持。

• 财政预算或其他的资助机制。

• 在分析组织和流程的时候要将公民的权益摆在第一位。一旦发现问题，立即进行整改，而不是相互指责。

• 在相同的强度、结构和预期期望的基础上开展工作。

• 与现在的或潜在的不同层面的利益相关者保持持久的联系。

• 以循序渐进的方式来实施。

• 确保实施此项目的时间有政治上的支持（大约1年）。

• 以循序渐进的方式进行外部（公民）沟通（广告）。

• 从部门开始，可以选择一个大的、影响显著的部门，或者一个无足轻重的部门。

• 在软件启用阶段对311呼叫中心进行为期几个月的测试。

• 绩效管理。

• 要面对以下事实：虽然技术很重要，但它仅仅可以起到方便顾客服务和组织变革的作用。

• 学习最佳实践和开放知识共享。

表 5-3 公民关系管理执行概况

	巴尔的摩	芝加哥	纽约	迈阿密—戴德郡
多渠道	是(网络、311、代理)	是(网络、311、代理)	是(网络、311、代理)	是(网络、311、代理)
公民需求分析	调查、311 数据	调查、311 数据	调查(311 数据)、焦点小组	调查、311 数据、焦点小组
个性化		专门的服务	专门的服务、网络	专门的服务、网络
绩效管理	CitiStat	若干	CapStat	若干(Service Stat)
使用 311 的理由	为 CitiStat 收集数据	客户服务	容易访问、满意度	客户服务、满意度
311 开始运作的时间	1996(2002)	1999	2003	2004
311 执行时间	1 年	1 年	1 年	1 年
311 执行成本	约 350000 美元	约 13200000 美元	约 24000000 美元	约 16000000 美元
311 运营成本		约 4300000 美元	约 25000000 美元	约 6000000 美元
311 预算资源	拨款、预算	市预算	市预算	债券、郡预算
311 呼叫量(每年)	约 1100000 美元	约 4000000 美元	约 14000000 美元	约 9100000 美元
CSA	CitiStat 团队	2		4
客户关系管理软件	摩托罗拉 CSR	摩托罗拉 CSR	Siebel	摩托罗拉 CSR
知识库		有	有(约 2800 个主题)	有(约 7000 个主题)
GIS 整合	间接	间接	间接	直接
系统是否封闭	是,许多代理(SR) 但没有其他渠道	是,许多代理(SR) 但没有其他渠道	是,很少代理(SR) 但没有其他渠道	是,一些代理(SR) 但没有其他渠道
时间	24/7/365	24/7/365	24/7/365	6—10wd/8—8we/365
跨管辖权	否	否	否	是(迈阿密)
311 服务	信息、参照、 接受服务申请	信息、参照、接受 服务申请、提供服务	信息、参照、接受 服务申请、提供服务	信息、参照、接受服务 申请、提供服务

5.3 公共关系管理的影响

公共关系管理相关项目的实施影响了公民、公共管理和当选的官员，我将在下面逐一叙述。我将列举一些非常独特的特定案例研究，或者是在各案例中多次出现的一些现象加以说明。

过去的政府其实已经为公民提供了各种不同的与政府互动的渠道。在所有的案例研究中，大量的信息和一些其他服务是通过互联网提供的，特别是在迈阿密—戴德郡和纽约。然而，今天的社会变得越发移动化，公民会在工作中或在上班途中花费很多时间。因此，即使政府提供通过计算机联网的公共服务，但由于市民无法获得上网的渠道，当出现问题时也无法及时与政府沟通。上述情况也出现在政府机关人员身上。他们的上班时间、地理上的距离或工作合同限制了市民的访问。因此，移动中的公民会选择使用电话渠道与政府部门联络，无论是固定电话（座机）或移动电话（手机）都有可能。如今，手机是很常见的。

因此，一个 311 热线系统，向市民提供了 24 小时全年运转的服务，使市民能够随时获取政府信息，得到一些公共服务，或者对有关公共服务做出评论或报告。有一部分市民，例如那些被排除在数字革命之外老年人群体，或被复杂的政府排除在外的处于社会和经济底层的群体，如今都能够通过 311 呼叫中心获得政府的公共服务。311 呼叫中心的接线员们在客户服务行为方面训练有素，并且能够扮演好公民的代诉人。他们帮助公民确定其需求以及表达公民的问题，并帮助公民更好地了解行政程序。根据 Moorman、Deshpandé 和 Zaltman（1993）论述的关于在顾客关系中信任角色的理论，我们可以得到这样的结论：政府通过实施公共关系管理，降低了政府行政服务的复杂性，从而增加了公民对政府的信任。他们认为，行政管理越是复杂就越容易降低公民对政府的信任，因为复杂的行政管理无法尽快向公民提供公共服务；同时还可能使公民对于政府规范的信任产生动摇。由于有 311 接线员们的帮助，市民不再需要直接面对诸多政府部门却不知哪个部门会对他们提出的问题负责，这样就减少了市民的挫折感。然而，也有一些证据表明，市民仍然必须意识到，当他们报告一个问题的时候，需要使用相应的行政语言。例如，纽约市政府花费了一年多时间才修复好一条街道上的凹陷，就是因为市民在报告问题时将“受损路面”称为“洞穴”或“天坑”（Brustein，2005）。

此外，公共关系管理的实施过程带来了服务的变化，例如纽约在311实施阶段，建筑部门因为引入了BPA而导致其服务水平相应提高；这也得益于市民需求服务跟踪系统、服务水平协议和绩效评价活动（如CitiStat）。政府部门的响应能力也得到了改善；虽然有一些证据表明，行政领导无法保证所有的部门都对市民的服务需求具有相同的响应水平。整体的市民满意度增加了，然而，这并不能确定其是否源自于公共关系管理活动。正如我在第二章中概括的，客户满意度和公民满意度是基于一系列复杂的因素。此外，纽约的SCOUT措施和互联网的大众外包趋势（Howe，2006）激发了两位公民的灵感，开创了“人民的311”（见图5-1）。“大众外包”是一个新词，互联网Web 2.0有这样的趋势，即外包一项任务或问题给公众或更具体的一群人（如维基百科、Threadless）。两个纽约人创建了一个叫作Flickr① 的小组，在这里，任何人都可以上传妨碍公共利益的图片（如人行道障碍、奄奄一息的树木、非法广告等），然后将它们“放在”地图上，使它们可以被定位。但是，还有一些令人不愉快的事情发生。比如，公民匿名打给311热线发出虚假报告，或者错误地公开指责别人。例如，即使在没有违反噪声条例的时间，一些酒吧的邻居仍然匿名拨打311来指责酒吧噪声扰民；有的市民会拨打311进行毫无根据的投诉，例如投诉一起根本没有发生的打架事件。

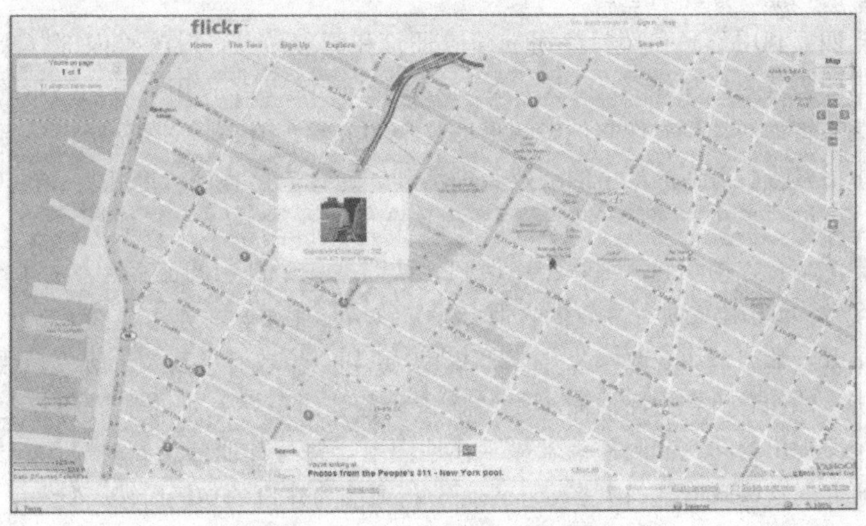

图5-1 “人民的311”屏幕截图

①Flickr.com是一个基于互联网的照片共享和社交网络的平台。

集中式的呼叫中心、门户网站和数据驱动的绩效方案，对于现有的政府结构、行政程序和多个司法管辖区的环境来说，都是挑战。这一事实有以下几个原因。

第一，通过方便市民拨打电话并创建一个单一的呼叫中心，311 热线从根本上将公民的服务请求与向公民提供服务予以区分。它是一个集中的、几乎中立的实体，为市民所需的信息请求、服务请求和评论提供了实时信息。然而，值得注意的是，60%以上的服务请求是在芝加哥市内部创建的。因此，公共关系管理软件恰好被一些部门当作有用的管理工具而迅速得到接受和采用。

第二，由于以前没有适当的程序或技术，或者由于公民服务信息被隐藏在部门的信息中，无法跟踪向公民提供的服务的情况，而现在接受公民的服务请求和提供服务分离开来，使得公民需求具有更大的透明度。以前，许多政府部门通过限制公民的访问来控制自己的工作量。在将 311 项目整合到各部门的过程中，还应用了 BPA，从而保证了内部透明度的增加。

第三，由于 311 热线可以使政府获得公民的意见，因此有些部门能够得到政府财政预算的倾斜政策，如纽约的卫生部门（DOS)；但也有些部门会遭受损失。然而，我并没有发现，公民的意见能够带来组织变革，从而在为公民服务这方面整合政府功能、预算和运营。

第四，利用公民和部门数据的绩效评价和管理活动，对改善内部（政府官员、部门负责人）和外部（公民）的绩效审核方面起到了作用。虽然巴尔的摩的公共关系管理活动没有像其他案例那样复杂和成熟，但是其 CitiStat 程序是所有案例中最具分析能力的严格的绩效管理活动。通过应用程序（摩托罗拉的 CSR）采集的数据，提供了关于一个部门如何运作之类的信息。在其他情况下，CSA 也曾尝试结合、构建和评估数据，但它无法改变一个部门的流程。尽管 CSA 过程与 CitiStat 相比侵扰程度较低，但可能导致增量变化。

第五，数据被用来改善公共管理决策。正如一位政府行政人员所说，通过数据分析，他们有机会做评估而不是“瞎猜”各部门正在发生的事情和其责任范围。公民提出的问题和服务请求显示在地图上，并与其他信息同时显示。然而，我所研究的这些政府部门大多处于全面分析或能力建设的初级阶段。此外，许多行政领导表示，分析的结果能帮助他们分配资源。

第六，客户服务历来注重的是对公民提出的问题做出被动的反应，或者回应来自公民的投诉（Lovelock，1992)。公共管理的现状亦是如此。311 系统汇集的数据使政府有关部门能够进行更广泛的回顾性分析，使公共服务得到持续改进，同时能帮助政府部门的行政人员更好地预测公民需求。虽然政府肯定能引导公民需求（如公开宣布退税），但还有其他一些因素可能影响需求，如天气或相互关联的事件等。

第七，公民的需求让人难以招架。总体而言，公民需求的四个效果显而易见。①通过它可以迅速识别出公共管理效率低下的任何政府部门。②由于公民被给予了“发言权”，那么公民对于政府公共服务的期待值相应提升，而且政府部门的反应时间相应缩短。因此，各政府部门迫于压力会不断挖掘数据分析能力并做出适当的反应。③政府还需要在短期和长期的目标和资源管理之间找到一个平衡点。④政府还需调整战略，以便应对公民对于政府部门的期望。

第八，由于 311 热线成为所有非紧急求助的呼叫中心，它收集的数据便成为跨部门知识共享和合作的主要来源。由于市民期望 311 为他们提供各种政府信息，政府各部门和上级司法机构必须通力合作。以前政府的各个行政部门并没有机会接触到其他部门的服务活动。随着时间的推移，部门之间的合作非常困难，因此各部门都能够理解，以全面、协调和合作的方式解决公民的服务请求是十分必要的。其实应该指出的是，总体上说来，公共关系管理并没有改变主要的组织结果或相关的过程。此外，绩效管理，如 CitiStat，最终超越了组织的边界。举个例子，巴尔的摩的 LeadStat 团队，就是由市政府各个部门和行政机构的行政人员组成。311 热线系统能否有效地向公民提供公共服务，在很大程度上取决于所有的政府部门是否能够本着以公民为导向的原则向公民提供服务。因此，CSA 的作用还在于促进政府各部门内部以及各部门之间的合作。

第九，公共关系管理还支持应急管理工作。由于 311 热线系统的可扩展性，政府机构能够在灾难发生之前、灾难期间和灾难发生之后，管理持续增加的各种公民需求信息。正如在城市管理中，那些充当政府“在民间的眼睛和耳朵”的公民和政府工作人员，为应急管理人员提供重要的信息，使他们能够监控事件并做出有效的应急响应措施的决定。

当选的官员首先担心的就是公共关系管理活动会导致他们与其支持者失去联系。事实上，（由于 311 热线的实施）公民打电话到他们的办公室的次数减少了。很多市民为了日常琐事给他们打电话，这些问题与政府的政策无关，而只是抱怨一些行政管理的不足（如垃圾桶送来的太迟了）。此外，公民与当选官员联系的目的，是希望他们能够敦促有关部门尽快为公民提供服务，这就是由理性选择理论描述的证据的效用最大化行为。在这两种情况下，那些当选官员就有机会做“看得见的政治”，也就帮助他们证明自己的作用。相比较而言，政府官员更难在政策制定中显示出他们的作用，或提供成效明显的政策。

公共关系管理为当选的官员，尤其是市长，提供了跟踪政策实施情况的机会，他们在与媒体或公民进行沟通时就可以用事实说话了。在案例研究中，我们无法检验短期政策实施情况的实时数据，但这些数据却能够让当选的官员对于来自公民的一些问题更好地做出反应。

此外，当选的官员和他们的工作人员以前没有使用过复杂的 ICT 解决方案来跟踪和分析公民的问题。政府各部门也一样，它们并没有现成的关于公民在其他方面存在的问题的相关信息，也很难跟踪政府部门的绩效。因此，公共关系管理引入了一种集中的、数字化的关于公民投诉问题、对政绩评价和请求政府部门给予服务的机制。同时也起到防止某些当选的官员干预部门管理，迫使一些政府部门优先处理他们的问题的情况发生。

芝加哥最初是向当选官员提供 311 热线系统的数据来启动这一项目；而纽约的议员则通过立法，使 311 热线得以实施。此外，由于不断出现公民误报信息的现象，一些纽约的议员提出立法（Int. ＃509）修改 311 热线项目相关的隐私政策，以便打入 311 电话求助的市民会得到跟踪。

随着公民和行政绩效数据变得更加有意义和更容易理解，公共行政管理的主导地位进一步得到加强。Maor（1999）曾指出，NPM 增强了行政管理的政治化，而不会使其非政治化。有证据表明，公共关系管理也会进一步加强行政管理的政治化。公共行政管理已经控制了那些与政策制定相关的数据。通过对信息流量和访问的控制，公共行政管理者在与政治领导协商时，可以掌握更多的主动权；在政策制定中能够发挥更加积极的作用。另外，纽约的案例表明，当选的官员会很快引入立法机制以管理信息的获取。

5.4 对公共关系管理的理解

多数当选的官员和行政管理人员并没有意识到客户关系管理的存在。那些有私营企业工作经历的人即使了解一些关于客户关系管理的知识，也没有想过要将客户关系管理应用于政府机构的运作中。除了客户关系管理软件，没有相关的管理文件可以借鉴。而且，所有的受访者在面谈时候都表示之前没有使用或听说过公共关系管理这一名词。但是后来，本书进行的个案研究中，这些当选的官员和行政管理人员已经掌握了公共关系管理这一概念了。

第一，面谈中的受访者指出，与私营企业相比，政府在客户基础以及它提供的产品和服务的广度和深度方面更加复杂。此外，政府在提供多种公共服务方面的垄断，是实现以客户服务为导向的战略的一个制约因素。

第二，与私营企业相比，公共关系管理基于一个不同的理念。政府在提供公共服务的同时还提供了公共价值。政府并不是在销售商品或服务。事实上，一位受访者强调，公共关系管理是政府必须要完成的核心使命之一。此外，政府不能够通过与客户的互动以产生更多的信息，导致交叉销售和税收的产生。实际上，在大多数情况下，政府越少地与公民互动，就越有助于降低政府运作的成本。

第三，行政管理员指出，由于财政预算和某些政策的限制，在政府行政管理中推行以公民为本的理念会存在一些制约。此外，许多人认为，由于公民对政府期望的内涵丰富且难以达到，公民对于政府推行的以公民为本的管理理念的认识也不全面。所以，即使政府在某一时期内满足了公民的期望，会导致后来公民对于政府的期望值不断上升。之后便会出现这样的情况，由于政府的资源有限，无法提供更加及时完美的服务，公民对于政府的期望又再次陷入难以满足的境地。

第四，在公共服务方面，一般不需要管理关系或培育与公民一对一的关系。公民的需求（地点，特别是关于生活质量的问题）似乎才是更重要的。只有在福利、医疗保健和法律的实施等方面，需要政府实施一对一的关系管理，同时还要在客户需求、行为和交互等方面做进一步沟通。另外一个反复出现的主题是，公民与政府之间经常出现一些令人不愉快的情形。例如，公民不得不向政府履行义务（如考取驾驶执照或钓鱼许可证、支付税款或超速罚单）；公民在遇到困难的时候向有关部门求助（如失业）；在政府没有履行其职责时，向有关部门提出服务请求（如填补坑洞）。因此，很多公民希望他们与政府联系的机会越少越好。

第五，整个访谈厘清了公共关系管理的两个目标。一方面，许多行政管理人员认为，而且政府文件也是如此阐明：公共关系管理的目标是通过采取一系列的措施来提高公民满意度（如实施 311 热线呼叫中心、提供多渠道服务、积极向公民提供其要求的服务）。另一方面，公共关系管理被理解为追求制度化的潜在目标，改进问责制和政府绩效。因此，311 热线系统被看作一个信息中心，能够实时提供数据，考察行政管理人员和当选的官员向公民提供公共服务的情况。只有一位行政管理人员认为在公民与政府之间的关系中，公共关系管理更多指的是监管方（执行方）的情况。

第六，所有面谈受访者都不支持政府在与公民互动等基础上建立公民的个人资料信息库的想法。他们担心，这会让乔治·奥威尔的《美国大哥》电视节目成为现实（公民无隐私可言）。也有人指出，政府为了管理公民的福利档案，其实一直在尝试建立详细的公民资料。

第七，对公共关系管理的定义既有广义的也有狭义的。从广义上给其下定义的受访者将公共关系管理描述为一个将沟通渠道、技术和组织文化变革综合起来，以改善行政部门公共服务水平的系统。从狭义上给其下定义的受访者认为，公共关系管理就是 311 热线呼叫系统的实施及其发挥的作用。一位当选官员更将公共关系管理定义为他的职业角色和任务。

5.5 公共关系管理模型的建立

这项研究始于一个难题：在私人企业实施客户关系管理和公共服务的客户关系管理有什么不同？为了找到答案，我在本章前从四个方面探讨了客户关系管理和公共关系管理：文献回顾、实施情况、其影响和对其的理解。从美国三大城市和一个郡实施公共关系管理的经验不难发现，公共关系管理对于政府来说的确是一个可行的概念。虽然个案研究的焦点集中在 311 热线项目上，但 311 显然并不是公共关系管理。我们可以通过个案研究和文献回顾发现，对于政府行政部门来说，客户关系管理并不是一个新概念，我们需要对客户关系管理的一些方面做出相应的调整，以便其适应政府行政管理这一大环境。因此，我想在本节中提出一个公共关系管理的模型（见表 5－4）。

表 5－4　公共关系管理模型

原理及组成	公共关系管理（CiRM）
目标	公共价值、透明度、责任、公平、效率
基本原理	公民满意度、绩效管理
驱动	信息与知识
客户	内部（PA/EO）、外部
关系	多重关系、没有关系也可能是合适的、模糊的客户生产者/提供线性
公民价值	取决于范围、绩效数据的生产者、搜索、联合生产者
理论背景	客户关系管理、社会契约
组织结构	平行部门间及上下级部门间的合作

续 表

原理及组成	公共关系管理（CiRM）
技术	服务商
文化	以公民为中心
改变	保持改变与学习，因为公民需求随时在变化
工具	绩效评估和管理、数据挖掘、公民个人资料、分析、市场细分、调查、渠道、BPA、BPR、延伸

客户关系管理的一些理论可以原封不动地应用到政府部门行政管理中，这在个案研究中就能够找到实证，比如，多渠道地提供信息和提供服务、将每个人（内部和外部的）视为客户、根据内部分析和公民分析过程中做出过程改变，或在诸如福利领域的一对一式的服务。然而，到目前为止，在各政府部门、行政管理或各司法机构还没有形成协调一致的公共关系管理。这主要受到相关法规和条例的限制。如果是在自愿的基础上，并且得到一位强硬的、有远见的行政领导的支持，还是有可能在政府中实施公共关系管理的。

在公共关系管理中，需要更广泛地定义价值这一观点。当公共关系管理应用于 G2B 关系时，特别是在吸引外国直接投资（FDI）领域，政府可以尽量多收集一些它们希望吸引来当地投资的那些企业的相关信息，以确定这些企业的进驻能够为经济带来最大效益（从经济发展角度考虑），也能够为政府带来最大收益（如税收）。在这种情况下，客户关系管理的客户价值定位完全适用于政府。虽然公民的价值可以用成本（如收到的效益和教育）和收入（支付的税费）来衡量，仍然有一系列的法律法规问题会相应出现。因此，公民的终身价值不应该是公共关系管理的一部分。但是，公民的价值能够从以下三个方面来确定：第一，公民可以向行政管理人员提供有关地区的知识，这就能够提高政府的行政管理水平；第二，公民经常对行政管理进行评论并经常参与行政管理，就可以让当选官员更好地了解他们的支持者们的需求，从而帮助他们增加获得连任的可能性；第三，来自公民的投诉和意见有助于每位行政管理人员保持公共行政的责任心。

在一个公司里，客户关系管理的边界是由公司管理规定的。以客户为导向和客户服务的边界受到客户自己（需求）和同行间竞争的间接影响。也就是说，公司的目标是使其服务和产品保持在略高于其客户的期望值以及竞争对手之上即可。政府中，公共关系管理的边界由行政管理人员和当选官员通过协商划分。以公民为导向的边界间接地由公民们确定，亦即通过公民对政府公共服务的抱怨和投票选举官员来界定。换言之，只有来自公民和媒体的抗议足够多，那些当选的官员和公共行政管理人员才会努力提高他们以公民为导向的公共服务水平。

在公共关系管理中，还有一种不同的解释。在私营公司，公司愿意与它们的客户建立密切和持久的关系。而在有关公共关系管理的文献中，多次提到一对一关系概念的转变。与文献记载不同的是，大多数受访者强调他们倾向于与公民保持某种聚合形式的关系。这样，公共关系管理根据视角不同，就具两个方面的含义。如果从 2.3 节讨论的社会契约理论来看，公民和政府之间的关系可以基于不同的理念。因此，公共关系管理的含义既包括与社会契约（关系）一致的性质，又具有与其相反的内容。

然而，即使是在“自我反省时代”（Blanchard，Hinnant，Wong，1998），即从 20 世纪初到 20 世纪 60 年代初，当人们期待政府能够提供越来越多的服务时，公民的角色已经转变为受益者，在许多情况下政府获得最佳利益的方式是与公民不发生任何联系。例如，如果没有人犯罪，警察就不需要与任何公民建立关系，那才是警方的最佳案例；就业机构需要与那些需要找工作的公民建立关系，但是就业机构的总体目标就是在尽可能短的时间内结束这种关系（让人们找到工作）。同时，在许多情况下，公民和公共服务实体之间的关系保持的时间越长，政府和社会最终付出的成本就会越高，因此这就激励了政府尽量缩短与公民保持关系的时限。

此外，政府也有特定的义务（如垃圾的收集、交通），这并不真正需要政府与公民之间保持某种联系。公民更喜欢匿名的政府，而政府行政部门也觉得除了了解公民的需求以外，了解关于公民的其他个人信息没有意义。在本书第 2.3.1 小节中，曾讨论的那个某市民提供交通信息的例子，对于公共关系管理仍然是独特的，并且对行政管理人员来说是难以克服的挑战。

最后，公共关系管理概念中指出，公民与政府之间保持着各种不同的关系，每一种都需要政府以不同的形式加以管理——其实这一直以来就是政府的任务。有些公民与政府的关系需要政府施加控制，并实施积极的管理；还有一些关系，可以由公民来控制，或者只有在得到公民许可后才能形成某种公民与政府的关系模式。公民对于隐私权的看法受其文化背景和价值观念的影响，因此，与私人公司的运作不同，公共关系管理的一个重要的道德目标就是要平衡和保护公民的个人隐私。

公共关系管理中生命周期的概念只能在微观层面上起作用。提供特定服务的行政机构要根据公民关系的不同阶段来规划它们的活动。然而，从宏观的角度看，由于政府的垄断性，公共关系管理中不存在生命周期的概念。根据 Hirschman（1970）的“退出”理论，除非公民决定迁移到另一个国家，他们没有机会单方终止与政府的关系。在这方面政府也是处于相同的境地，即政府不能解除其为公民服务的义务，直到它"退出"，也就是说，直到它死亡或迁移。

在公民数据的基础上，公共关系管理将公民的普遍看法总结出一种模式。一位公民报告的问题以及问题发生的位置比公民的个人信息更加重要，所以没有必要建立公民档案。此外，需要将公民数据分析与内部组织和外部信息的分析相结合，才能对问题得到一个全面的了解。然而，有一点要注意，数据不会为自己说话。Behn（2006）最近指出："只有通过某种系统的、方法论的、知识的或思想的框架对数据进行分析，才能使数据说话。柱状图和表格可以建立起一定的框架，只有将数据填入相应的图表中，数据才能表达一定的意义。"不管一个问题是如何的具体，它也会同时排除特定类型答案的同时过分强调其他类型的答案（Zaltman，2003）。因此，那些负责监督的人（部门领导、当选的官员）、负责分析数据的人，还有那些分析本身，都担负着巨大的责任。此外，如果公共关系管理被理解为是政府的一般概念，在理论上就需要建立公民档案。因为，至少政府已经在执法、福利以及其他项目中收集公民信息，在数据库中建立公民档案。不管我们对客户档案问题的观点如何，数据分析的结果需要在行政单位、当选官员和最终公民之间共享。

因此，组织内部和组织之间的协同过程形成了公共关系管理的基础。这些与开放的知识管理和绩效评价一起，将形成资源的整合，并最终形成协调的、跨职能部门的公民与政府之间的互动。因此，公共关系管理也建立在由 Kelly（2005）描述的问责制理论的基础上，他指出，公民需要政府良好的绩效，而且行政管理人员能够评估的（在我所研究的个案中，关键绩效变量是一个及时的响应）的绩效的某些方面，对于公民来说具有同等的重要性。

最后，我将公共关系管理定义如下：

公共关系管理是一个技术可行的战略以及一系列的管理实践，旨在维护和优化关系并鼓励公民参与。

5.6 公共关系管理和公众参与

为了下列讨论，公民参与将被定义为公民参与政府公共行政管理和政府的行政过程。我研究了 Coulter（1988）的理论，他认为由公民发起的公民与公共行政部门的联系是"公民在城市政治系统参与公共关系管理的非常重要的方式"。

因此，我认为，如果一位公民向公共行政部门提供有关人行道破损或投诉等信息，这实际上增加了政府的管理以及社会的价值。当然，这种参与不同于在政治科学研究的政治参与，后者是指通过投票或与当选官员的互动来实现的参与。它也不同于公民承诺，也就是公民在自愿的基础上支持他们的社区。在本研究的背景下，公民参与被认为对政策的制定和实施有着直接的影响。除此之外，公共关系管理为公民提供了在当地政府出台行政决策之后继续参与行政管理的方法。这是因为公共关系管理包含了像311热线这样的机制，能够从多种渠道捕捉公民需求和意见。在个案研究分析中有证据表明，由于311热线易于使用，它就成为协同其他行政部门实现目标、解决冲突、赋予弱势人群权力的方法。随着时间的推移，311热线等机制可以通过数据本身的变化影响政策制定的过程。然而，我们必须明白，公共关系管理支持的公众参与形式并不能替代其他形式的公民参与，但可以作为其他形式的补充。

在2.3.4小节中提到的Fung（2006）的民主立方体，让我们了解由公共关系管理产生的治理机制，以及它与其他各种各样的机构设计和参与机制的比较（见图5-2）。

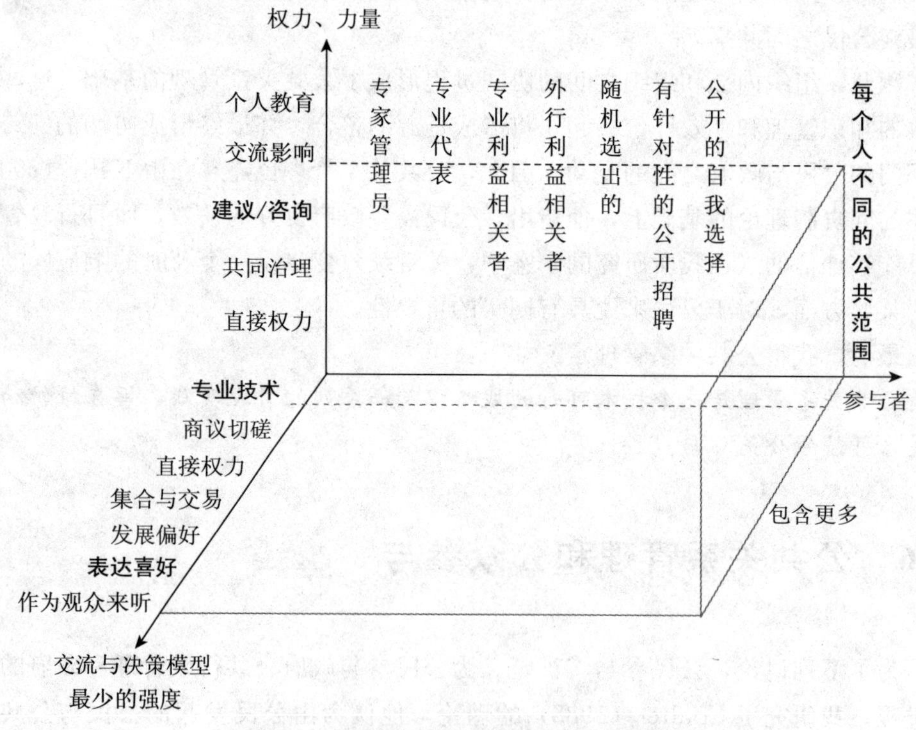

图5-2　公共关系管理中公众参与的维度

公共关系管理允许所有人参与——这些人不一定能够提供某种信息，甚至那些没有公民身份的人（如游客、非法移民）也可以参与。然而，这样完全开放的形式，常常会吸引更多的富裕人口和受教育人口的参与，但按照行政管理人员的报告，在个案研究中并未出现这种情况。相反，一些行政管理人员认为，较低的社会经济群体参与的人数要多一些，因为他们在其居住的地区会遇到更多的生活质量的问题。

如果公民能够公开、全面地得到公共关系管理系统和行政机构内部的数据，那么公民的个人偏好就会得到公共关系管理的分析研究。在这种情况下，任何人都可以了解相关的问题，参与到协商考虑的过程中，并且可能还会改变他们的偏好。然而，一般来说，如果我们能够理解公民的偏好其实是极具地方色彩的社区问题，那么公共关系管理正是以一种更加传统的方式促进了公民偏好的表达和行政管理的结合。这甚至可能导致一种隐秘的议程设置，我将在后面加以讨论。

第三维度的民主立方体强调公众参与的影响。公共关系管理使公民能够对公共机构提出建议和进行咨询。行政管理人员的任务就是接收来自公民个人的信息和综合信息，然后行政管理人员和当选官员就能够根据几乎实时的信息来做出决定。当一位公民向 311 热线报告（有）一条人行道受损这样的问题时，除非政府已经规定了相应的行政程序来确保在这个问题上有所作为（如在巴尔的摩，市政府规定填补道路坑洞不得超过 24 小时），那么这位公民至少希望他能对政府的行政行为产生一些影响。我也可以想象，信息的自由公开，将使公民和行政管理人员形成“共同治理的伙伴关系”（Fung，2006）来共同制订计划和政策。

开放灵活的信息获取机制、与公众共享的公共关系管理系统和机构数据，不仅能够令公务员更加认真负责任，而且也为公民提供了一种新的参与形式——“公民创新者”。Von Hippel（2005）描述了在商业世界的用户或用户社区的创新转变，这是一种策略，有助于通过 ICT 的改进而“彻底地”改善业务流程及产品。Von Hippel 认为：“民主化能为创新带来机会，其重要性远远超过给予更多用户正确的自己制造产品的能力……快乐与具有创造性的学习以及成为创新社区的成员都很重要”。如果我们把“用户创新”的理念转变为在行政管理过程中的公民参与，公民就可以作为创新者可以想出新的且对社会或公共管理有益的方式来分析、解释或使用数据。公共管理并不是存储关于公民议题和管理过程的绩效的信息，而是将信息反馈给公民，使他们能够为政府决策提供（行政部门）无法获得的数据。与公众分享政府信息确实存在一定的困难（Rosegrant，1992）。然而，如果信息共享经过一个深思熟虑的过程，公众是能够更好地理解公共资源和客户服务的局限性的。这已经在世界各地的一些政府举措中被证实是成功的（Pröhl，Plamper，2000）。

一些人可能仍在质疑公共关系管理支持的公民参与活动与其他形式的公民参与活动相比有何价值。通过个案研究我们发现，公民能够使政府认识到许多行政管理和较后处理的政策问题；他们促使政府部门对相关问题进行反思，但却不参与宏观政策的商议过程。随着时间的推移，政府的行政程序会日益僵化而且无法得到相应监督，直到有某些事件的出现暴露其存在的问题，行政程序在有效性和效率方面的问题才会显露无遗；比如，纽约的 DOB 事件即为一个例证。在公共关系管理中，行政程序是一个连续的过程。按照这样的思路，随着公民向政府部门报告某个问题的频率不断上升，那么最后这个事件就能够得到优先解决。如果街道变得崎岖不平，市民就会意识到政府并没有完成它们应尽的义务。为此，公民将使用自己的发言权。相应地，如果政府在其职权范围内，认真对待公民反映的问题，而且公民也得到了来自政府部门的良好服务；如果公民可以帮助政府更有效率地执行其日常职责，同时公民能够体会到此种努力对其生活质量带来的影响，那么公民对政府的总体看法将会得到极大改善。总之，当公民通过参与行政过程得到了生活质量改善这样的回报，尽管存在时间约束、以及类似社会冲突的障碍，公民个人也有助于帮政府解决问题并完善治理过程（Fung，2006）。政党的选民却不会有这种情况发生。自然而然，在此之后，公民与政府打交道时候就不会再恐惧或焦虑。我推测，在公共关系管理式的行政管理下，公民可能会期待公共管理的介入。我预测，如果公民可以看到自己努力的成果体现在政府良好的服务和良好的政策中，那么公民就不会再回避法律法规，而越来越多的公民会参与到法律法规的实施中去。

此外，与其他形式的公民参与相比，如城镇会议，公共关系管理的公民参与更加亲民。而其他形式的公民参与通常是一个单一的或偶发的事件，不是一个持续的过程。此外，其他形式的公民参与的结果难以预测，得到结果的期限过长，而且结果的好坏难以评估。公共关系管理还提供了捕获并分析大量的观点的方法和机制，公民可以对或大或小的政策方案发表评论，如教育或外交政策。公共关系管理缩小了政府与公众之间的距离。在这一点上，我认同 Bohmann（1996：180—200）的观点，即“不应视公民为被动的客户，而是将他们当中信息的来源，特别是在研究有关法律或规定是否适用于当地的具体情况时，要将公民的判断当作依据”。此外，公共关系管理也满足 Barnes 与 Prior（1995）论述的对一种机制的需求，这种机制允许公民参与资源分配、规划和管理。正如 Van Ryzin

(2004) 曾指出的，随着公民素质的提高，公民对政府的信心（信任）会增加。

乍看起来，公共关系管理支持理性行为模型的概念。公民们试图通过向政府有关部门投诉问题而优化它们的真正效用。根据集体行动的理性行为理论，政治参与是毫无意义的。简单来说，逻辑如下。由于政府的政策是集体制定的，那些理性的、利己的个人没有动力去将稀缺资源投入到政治参与中。因为任何的个人努力是不可能对是否达到预期的政策效果有显著影响，理性的行为人会从其他人的活动中搭免费便车，从而不消耗资源并获得优先政策的好处。然而，公共关系管理允许一种集体行为的形式，还有待公民行政管理人员的探讨。公共关系管理支持了亚里士多德（1981）的“积极的公民权”理论，即公民为了公众利益运用实践智慧，因为在宏观层面的个人喜好的聚集体能够形成公共管理决策（不一定是政策决定），从而增加集体效用。群众的智慧是更好的。这使得参与理性选择理论更加令人困惑（Verba，Schlozman，Brady，1995）。

5.7 公共关系管理的潜在问题

依据前面的章节进一步提出论证，公共关系管理可为公民提供一种新的方式吸引政策制定者来关注某个问题，而政策制定者却没有意识到这一点。也就是说，一些公民开始明白公共关系管理的逻辑分析方法或过程，以及用于行政管理和政治决策的数据的作用（尽管他们的意见只是决策者考虑的因素之一），那么他们就能够激励大量其他的公民报告他们感兴趣的问题，通过积极参与政府行政管理，从而带来真正的变革。这样的策略会通过激活公民参与意识而导致政府达成一种隐秘议程，因为 311 热线本身的功能就像一个实时的为公民服务的市场。公民的需求量越大，政府的回应概率就越大。然而，参与的机会，甚至参与的命令，并不能保证参与质量的存在（Rosener，1978），比如在格林威治村（Greenwich Village）关于噪声的误报即属此类情况。公共关系管理的范围比 311 热线更广泛，但现在，一些公民利用匿名的 311 呼叫以及他们对基本处理过程的认识来遣责他人。

此外，如果在决策过程中数据变得十分突出，公共管理者将必须采取更严格的机制和战略，因为他们要试图平衡意见并解释结果。因此，公共管理者需要接受关于如何有效地收集、分析数据，并将数据转换为有意义的说明等方面的培训。那些决定应该收集何种数据、由谁来收集信息、由谁来分析数据、由谁来从数据中得出结论等问题的行政管理人员肩负着艰巨的责任，需要持续的监督。因为是公共管理，所以收集和分析数据被公共关系管理政治化，这几乎是公共管理领域不可避免的（一旦政治中立且专业）。未来，人们可能会就以下问题争论不休，如数据的所有权、控制权，数据结构的有效性或可靠性等。

Heikkila 和 Isett（2007）也指出关于公共关系管理的另一个重要问题。行政管理人员可以质疑公民主观评价的有效性，取决于这些评价的一致性以及客观的绩效数据，他们认为："存在珍贵的少量证据表明，一些行政机构以公民优先为基础，选择绩效评价；或者根据公民的喜好修订部门的绩效标准，特别当该机构达到或超越其绩效目标的时候。"只有少数几个城市的政府向公民公布其服务标准和解决问题的过程。而当政府未能达到它自己设立的标准时，几乎没有城市采取措施纠正公民行为。正如 King 和 Cotterill（2007）指出，客户关系管理"启用呼叫中心和其他渠道来继续剥夺公民在服务设计或交付中的积极作用"，因为公民并不了解关于政府如何提供服务以及行政管理相关的处理程序信息。

公共关系管理的本质也是改变，在有经验的公共和私人组织中积极地反对变革将成为有效实现的一个关键障碍。由于政府不会受到市场压力的影响，且由于公共关系管理与大多数在位的政治术语相比需要花更长的时间来实现，所以确保持续的支持将是困难的，这是公共关系管理成功的一个关键因素。

公共关系管理促进了跨边界合作，这有很多好处，但却可能致使政府变得更加复杂，而不是使政务简化。唯一的区别是，因为有更有效的渠道、更有效的交互过程和更好的以公民为主导的服务，政务的复杂性被更好地遮掩了。因此，有人提出了反证，认为公共关系管理隐藏了政府缺乏改变的能力，这可能是一个非常讽刺的论据。

最后，我们可以用 Bogumil、Holtkamp 和 Kiβler（2001）提出的对 NPM/TQM 的质疑，即公共关系管理的应用取决于个人的兴趣、行政和政治领导的努力或监管的环境。此外，我们得出了与 Schedler 和 Summermatter（2006）的有关面向公民的电子政务的研究结果一致的结论，即公共关系管理可能会被社会的价值观和文化所改变。

6 结论

这项研究的目的是要探索政府中的客户关系管理，主要围绕五个关键问题展开。我们如何理解客户关系管理，客户关系管理在政府中是如何实施的？客户关系管理的影响力如何？客户关系管理对现有旨在提高以公民为主体的行政改革运动有什么贡献？本书除了回答这三个问题之外，还在此基础上实现了两个目标：一是，回答了在私营企业和公共客户关系管理之间是否存在区别这一基本问题；二是，通过提炼公民关系管理（也就是我定义的 CiRM）的概念，更清晰地描绘了客户关系管理在政府中的实施。

为了找到这些问题的答案，我从评估商业领域的客户关系管理开始研究。一份文献综述显示，客户关系管理受不同的管理研究流派（特别是营销科学）和技术发展的影响。客户关系管理的核心是以在永久客户关系中增加客户收益为目标的，以此来保持企业的竞争优势。随着客户关系管理定义的变化，大多数文献作者都涉及一系列相同的问题——客户分析、客户细分、通过渠道同步客户交互和面向客户的文化。ICT 保证了客户关系管理的实施，但是也仅仅是作为一个促进的因素。因此，客户关系管理现在被理解成一个关于管理的整体概念，它可以创造以客户为中心的组织结构。无数的企业不断在客户关系管理项目中摸索，它们认识到，要实现客户关系的改善不仅仅是在它们的呼叫中心安装一套客户关系管理系统那么简单。这些企业最终认识到客户关系管理项目的范围越大，越需要流程再造，进而实施客户关系管理的过程遇到的阻力也会越大。直到 2000 年，政府部门才开始考虑实施客户关系管理。公民关系管理（CiRM）的目的是提高公民满意度，它是以公民为本位的。然而，公民关系管理缺少一个能够被广泛接受的定义，对政府什么时候和如何实施公民关系管理也缺乏理解。由于缺乏经验证据，仅几座城市的政府开始实行公民关系管理；而大多数城市的公民关系管理还只是停留在市政层次和建立一个政府联络中心而已。

许多研究者声称公民关系管理将给公民满意度带来巨大的改进，提高政府中的公民本位。为了验证这些说法，我将客户关系管理与目前政府的积极改革运动进行比较，特别是 TQM 和电子政务。TQM 强调客户关注以及员工授权的重要性。一份关于电子政务的文献综述阐释了 ICT 具有提高政府公民本位的潜能。电子政务中，ICT 被理解为是能够为政府部门带来组织变革的能动因素。然而，电子政务更多地变成了有限模型而不是改革变化（West，2005：2)。实证显示，政府部门组织结构、文化和所有关键参与者的行为，才是决定 TQM 或者 ICT 的制定和结果的关键。我所做的比较分析显示客户关系管理与 TQM 及电子政务有许多共同之处。无论是客户关系管理还是 TQM，或者是电子政务，它们都遵循一个基本的逻辑，那就是信息共享和客户关注能够为客户和组织带来积极的结果。其中，客户关系管理总是提出一些更详细的、更新的、关于客户本位的流程和概念，这些都以客户关系管理为中心。此外，客户被理解为个体。而且，不像 NPM，客户关系管理和 TQM 都没有在政府行政服务的理念中强加商业价值、目标或者实践。它们不会为了重塑政府与社会的正式的和非正式的联系而提供任何标准的管理观念或者方法论。

另外，客户关系管理的焦点是在客户和管理客户关系上，这就有必要来参考关于公民—政府关系的文献资料。公民—政府关系比商家与其客户的商业关系更加复杂。首先，公民具有多重角色，例如投票人、委托人、合伙人或者客户。将公民定义为客户，或者将公民说成是政府的客户，这样的观点遭到了很多批评，这些批评也出现在对市场驱动的改革运动的批评中，例如 NPM。讨论将公民视为客户固然有其重要性，而在我的这项研究中，清楚地展示了行政管理人员确实将公民看作自己的客户，同时又为这个“客户”角色赋予了更广泛的意义。也就是说，他们将公民称为委托人或客户是为了强调客户服务文化，例如亲切服务；但是他们也认为公民具有另外的角色，例如选民。此外，我概述了过去 100 年中的公民—政府关系运动，其现在正成为一种合作式的学习过程和结果。因为客户需求分析是客户关系管理非常重要的一个方面，我查阅了关于公民需求和偏好的文献。很少有文献系统地研究公民偏好，而且这种研究也有些过时，但是公民对于那些不胜任的官僚们所产生的不满情绪确实是被夸大了。许多公民在与公共管理者的接触中是感到满意的（Goodsell，2004)，但是公民满意度测量一直是很困难的。最后，我概述了在民主政治中作为公众参与手段的接触式管理的重要性。事实上，只有当公民和公共行政管理者相互合作时，政府的工作效率才得以提高。将上述观点结合在一起，我们可以得出这样的结论，那就是客户关系管理的某些方面适用于政府的环境。

实证研究要结合定性的案例研究设计和改进的扎根理论方法。本书论述的个案研究包含实施客户服务系统中 311 热线项目的三座美国城市和一个郡。研究过程包括三个步骤：文献综述，关于公民关系管理实施、理解和影响的个案分析和跨案例分析，对跨案例数据和文献的比较分析。

这项研究的一个主要发现是 311 热线项目或者任何一种旨在提高公民本位的活动都不能被认为是客户关系管理。事实上，几乎没有证据能够证明，行政管理人员对于客户关系管理这一概念有所了解，即使那些曾在私营企业工作过并且有客户关系管理相关知识的人也不会尝试将客户关系管理应用于政府部门。唯一的参考有关客户关系管理概念的情况出现在 311 项目的规划过程中，当时行政管理人员要找到一种适合政府行政部门的客户关系管理软件包以便应用于政府的联络中心。然而行政管理人员和当选官员们指出了客户关系管理与公民关系管理的各种不同之处。政府部门与私营企业相比，在与客户的关系的类型上要更加复杂一些，而且其向公民提供服务的广度和深度也比私营企业更加复杂。更进一步来说，公民关系管理的核心理念是向公民提供更有效的服务，同时减少公民与政府的互动行为。公民关系管理的目标是提高公民满意度，同时加强政府部门的责任感和提高政府绩效。除了社会福利领域，行政管理人员似乎更关注公民所投诉问题发生的地理位置和公民生活质量的问题，而不是构建公民个人资料系统。令人感到惊讶的是，他们强调公民—政府关系通常是在有问题出现的时候才发生互动。也就是说，公民被迫遵守政府规则，这也许是他们并不愿意的，或者说当公民遇到由于政府的原因或一些外部原因而产生的问题时，他们才会寻求政府的帮助（如天气变化、疾病问题等）。

实施公民关系管理的实证证明，客户关系管理在政府中是有效的这一假设的正确性。与客户关系管理在私人企业的早期应用情况相似，公民关系管理的初始阶段主要集中在呼叫中心。而呼叫中心恰恰有可能识别客户关系管理的许多其他方面——多渠道的环境、在政府某些部门实行个性化服务的情况或对通过 311 热线收集来的公民数据进行分析。值得注意的是，对公民信息的分析是对集成的信息来进行分析，而不是对公民个人信息进行分析。这很明显地表明，公民关系管理的实施既没有统一的方法也没有整体应用的尝试。而且，311 项目被打上公民关系管理的标签，这更多是源于管理顾问和软件商的市场行为。公民关系管理活动与主动的客户服务是有联系的，也要通过建立一种新的绩效管理形式来提高政府责任能力。

公民关系管理的相关措施对公民、公共管理者和当选官员都有影响。公民关系管理使政府更容易接近公民，从而在某些方面实现了更广泛的平等。311 热线的用户成为了公共管理的另一个信息源，他们成为政府了解基层情况的眼睛和耳朵，能够为政府部门带来实时的信息。政府承诺要解决公民提出的问题，这使公民相信政府会在将来采取实际的行动。311 呼叫中心的持续扩大以及政府门户网站的建立使现有的政府结构和处理流程面临挑战。公民需求和管理绩效现在都具有很高的透明度；公民关系管理倾向于促进更多的数据驱动的公共管理功能；公民关系管理也有利于政府部门在平级之间和上下级之间共享信息和跨区域合作。然而，总的来说，公民关系管理没有给政府或行政管理带来重大的变革。它所做的是使当选官员能够承担公共管理的责任。通过公民关系管理，当选官员能够更好地理解他们的选民的普遍需求，并能按照公民提出的问题采取相应的行动。总之，这些发现支撑了这样的结论，即公民关系管理能够进一步使公共管理领域政治化。我同意 Fountain（2001a）的观点，那就是由公民关系管理和 ICT 带来的透明度，将会引起关于数据所有权问题的政治斗争。

基于前面的分析，这项研究的主要贡献是阐述了公民关系管理的基本概念。我认为这项研究的许多部分不需要任何修改，就可以应用于政府部门，跨案例分析也支持了这个结论。公民关系管理的许多方面建立在个人视角上。第一，需要更广泛地定义价值这一观点。一位公民的价值能够被转换成货币数字，因而将客户终生价值（Customer Lifetime Value）转换成了“公民终生价值”（Citizen Lifetime Value，CiLV），这个观点需要在将来做进一步的深入研究。我认为公民的价值在其他方面也有所体现，例如责任和公共价值创造。第二，政府中公民关系管理的范围是由行政管理人员和当选官员在协商过程中确定的。公民本位的范围间接由公民通过问题投诉和投票选举官员来决定。第三，存在一种不同的方法去理解公民关系管理中的关系：公司关注的是与其赢利客户维持长久的商业关系，这部分客户是它们的产品和服务的主要购买者。公民关系管理是建立在基于公民—政府关系视角上的理论观点，这已经被社会科学家和哲学家讨论了几个世纪。除此之外，我认为在很多涉及政府利益的案例中，政府根本没有与其公民联系。因此，公民—提供者在线性关系上是模糊不清的。第四，组织内部和组织之间的合作过程形成了公民关系管理的基础。第五，公民关系管理更加注重整合和分析公民和政府数据以及其他数据源的数据。总之，公民关系管理是一系列的管理实践和战略，着眼于广泛的公民概念，以保持和优化政府与公民的交互，激励公民权利。

我提出公民关系管理能够激励公民权是基于我对公民关系管理的判断，即公民关系管理提供了低强度公众参与的更多实践形式。公民关系管理使任何人都能够很容易地参与到政府行政中（如通过311热线）。公民关系管理提供了针对社区问题表达个人倾向和专门解决技术的混合形式，而在以前，这种问题是采取更加传统的方式来解决的。我建议与公众分享公民关系管理产生的数据，这能促使公民成为改革者，这与Hippel（2005）的用户创新的观点是一致的，公共管理能够激励成千上万的个体参与到集体问题中来。我认为，如果公民能帮助政府更有效地承担责任，让公民感到政府在解决问题时没有任何延迟，这样，公民对政府的整体感受将会得到一个增量的提升。因此，我同意Fung（2006）的观点，公民关系管理会使公民成为"民主突击队"，他说道："如果这个突击队能够正确发挥作用，那么公民对于本地区的了解、他们的智慧、他们的承诺和权威能够在合法性、正义、效率等方面弥补那些官员和官僚机构的弊端。"传统的民众参与在形式、目的和合理性方面，都不能与公民关系管理相媲美。公民关系管理的魅力不在于将统治权从政治家和行政管理人员转移到公民手中这样的根本转变；而在于公民关系管理能够调动公民指出现存惯例的不足，减少参与式管理安排，为政府提供获得和分析大量观点及评论的手段和机制。所以，通过实施公民关系管理，民众与强大的行政机器之间既不相互排斥，也不再矛盾丛生。

6.1 研究的局限

本研究虽然获得值得关注的成果，但它还是存在着缺陷和局限性需要进一步说明。这里展示的定性结果由于缺少普遍性而受到了一些批评。根据复制逻辑（Yin，2003），受访者反复强调的观点和客户关系管理跨案例研究，为我关于公民关系管理的概念定义提供了强有力的支持。由于这项研究是针对多个机构展开调查的，优于那些只从某一个机构和某些特殊人群的特殊视角来开展的研究，所以本研究的结果对其他政府组织机构有其适用性，其他的市级政府和郡级政府也可从此项研究结果中得到一些可供借鉴的内容。本研究提出的假设是以定性设计为原则，其得到的研究成果只有在同一文化下通过共享工具才能得出。而且，该研究结果对美国的市政管理部门有效，并不能代表对世界上其他的政体有效。例如，我并没有研究公民关系管理在其他国家和地区中的应用情况，因此，像关于公民隐私和公民细分的观念，在其他国家或是地区可能会有所不同。而且，这项研究选择的案例均是美国市级和郡级这样的较高级别的行政机关；因此，我并不能得出公民关系管理在较低级别的政府行政管理中的应用前景和适用性的相关结论。此外，我没有研究公民关系管理在州和联邦一级政府中的应用，因为这些政府层次总的来说与公民联系较少。而且我发现，由于我过于关注 311 项目，因此没有全面探究公民关系管理如何应用于整个组织以及每个案例中的管理程序是怎样的。

一项替代研究可以用来评估公民关系管理的状态，这与埃森哲咨询公司（2001；2003）在研究中所使用的方法相似，即通过对当地高级别行政官员进行调查，在 4 个特定的政府管理地区和 11 个国家中找出客户关系管理的渗透性和应用前景。这种研究方法因为以下几个原因没有被采纳：第一，这里有非常重要的现实考虑，在这项研究的计划时间表内我们不可能访问特别多的政府组织和行政单位。第二，由于公民关系管理是刚刚出现的概念，并且政府中的应用也处于初期，因此基于调查的方法可能仅仅是强化现有的想法（Deshpande，2001），而不会产生新的解释。第三，基于调查的方法，无法阐明公民关系管理在特定方面中的一些观念其背后的真正原因是什么。

如前面提到的，政府中的大多数人并不了解客户关系管理。由于管理者和当选官员们是主要的分析对象，在阐述中过多地表达了他们的观点，而他们的观点也可能是受到同事或者 311 项目的影响。事实上，在访谈时，受访者关于公民关系管理的定义与 311 项目的基本功能和目标是一致的。因为我们的研究是建立在来源于多种渠道的事实基础之上，所以上述这些问题是不能被忽略的。

调查公民—政府关系以及从公民的角度如何看待公民关系管理已经超出了这项研究的范围，这样会导致在结果上产生一些差异性。我们不可能从公民的角度去了解公民关系管理是否能够显著提高公民—政府关系以及公共服务的效率。

虽然我得出了公民关系管理允许不同形式的公众参与这样的结论，但是对公众参与的相关文献和社会分包方面进行更加详细的讨论将会有利于这项研究的进行。探讨公民数据在行政管理人员和当选官员决策制定过程中的角色和重要性的问题也超出了这项研究的范围。而且，这项研究不涉及数据分析的过程。

从本质上说，有关公民关系管理的影响性的结论，是 311 项目实施情况的结论，而不是公民关系管理本身的结论。然而我在研究中也展示了 311 项目的实施在很多方面是与客户关系管理的概念相匹配的。事实上，在私营企业，客户关系管理是开始于联络中心的。

最后，虽然我试图在扩展的客户关系管理文献中寻找研究公民关系管理的方法，然而客户关系管理的基本内容在主观上引导了这项研究的某些方面。因此，其他学者可能认为我对客户关系管理的理解是不全面的。一开始就对客户关系管理有详细的了解是为了这项研究的目的，即要回答在私营企业和公共的客户关系管理之间是否存在着不同之处。然而，由于这个参考框架的限制，我们无法超越目前对公民关系管理概念的理解范围。

6.2 对理论和研究的启示

在管理科学领域未来的研究中，使用跨学科的研究方法提高了对公民关系管理的理解力和对公民关系管理概念化的精确性。首先，这项研究有助于识别私营企业和公共行政部门在公民关系管理过程上的行为、组织和技术方面的相同和不同之处。其次，通过整合现有文献资料、经过多案例研究以及对行政管理人员和当选官员的观点综合，这项研究将客户关系管理应用于政府部门的环境之中；这是以往对公民关系管理的研究从未采用过的方法。前人建立的公民关系管理模型建立在私营企业的客户关系管理和个人观点的基础之上，所有这些都无法应用于政府行政部门。这样的公民关系管理模型主要源于客户关系管理和研究者的主观观点。

本研究首次将公民关系管理与 TQM 或者电子政务这样的政府运动联系起来。由于我能够识别在 TQM 和电子政府中的客户关系管理的组成部分，因此这项研究阐明了公民关系管理的独特性和潜在影响。

该研究将公民关系管理与关于公民权和公众参与的讨论联系起来，由此，本研究对时下学界热议的、关于公民应该直接参与到行政管理还是应该间接参与的热点问题，提出了独特的看法。案例研究显示，管理实践中，直接的公民参与不再是假想的。在社会科学研究者关于公众参与的讨论中还没有涉及公民关系管理所带来的公众参与的新形式，而本研究已经对此进行了讨论。公众可以以聚会的形式参与行政管理，而其所起到的作用也是令人满意的；然而这样的公众参与如何与其他形式的公众参与相适应则需要更详细地探讨。我们也需要对于有效公众参与的公共准则（相对于研究结构准则、权利部门准则和政府机构准则）给予理解并付诸实施，这包括公众对于一些特殊问题所希望采取的方法。

这项研究中的行政管理人员强调：很多公民希望减少与政府的接触，这可能是事实。然而，我们大概应该这样假设：公民的期望千差万别——不仅是在个人层面上（人的差异），而且公民在与特定的政府部门打交道时，其偏好亦会各不相同。所以，关键是要确定公民在与政府关系中，其价值为何。许多客户愿意将他们详细的购买行为透露给私营公司，因为如果客户这样做了，就可以获得定制的服务或者特别的折扣。本研究并未对下列问题给出答案，即公民是否需要一个基于对公民个人和群体资料信息分析之上的“超级”公共服务。本文之前的阐述以及在本研究的发现中都指出了另一个重要的问题，即数据在管理决策制定中变得越来越重要。公共决策制定者必须在那些提供给他的、比以前多得多的有形信息中，确认哪些是应该优先处理的信息。因此，有必要将学术讨论集中在如何发展合理的管理体系上，这样可以确定哪种类型的数据是有用的，以及如何通过互利的方式解释和利用这些数据。以知识为中心的系统和组织需要这样的公务员，他们能够广泛理解组织目标、战略、利益相关者以及他们自己的工作怎样适应以上这些内容。一个术语经常被使用，那就是系统级官员（Reddick，2005）。如何胜任这样的新角色属于公共管理的问题，高层管理者对分享“知道”的权利将如何反应也有待进一步确定。

另一个需要强调的是公共管理研究者们应该继续探讨公民角色在管理实践中的作用的问题。这项研究清楚地强调了这样的事实，那就是我们应该停止对“将公民称为客户”这样的说法的批判了。首先，这方面的问题在过去已经被详细地讨论过了，在这里没有什么必要再说明。我们只需要知道从私营企业借鉴“客户”的概念，应用到政府部门总是会出现一些问题，这一点 Moore（1995）和其他人都已经讨论过。其次，大多数行政管理人员清楚地意识到公民具有多重角色。将公民称为客户不一定会导致公民被动的情况；也不存在一些政府不公开的工作流程使公民成为被动客户，从而回到 19 世纪的公民—政府关系上这样的可能性。如果“客户”这样的称呼有助于公务员在彼此之间或者在与公民互动时变得更加礼貌和友好，那么这样的称谓就不应该受到批评。

最后，这项研究的一个重要的贡献是强调了在战略、实施、理解和影响力等方面研究公民关系管理的必要性。这项研究有助于从市级和郡级政府的视角认识公民关系管理，也能使未来的研究方向着重于确定在多种政府组织（包括市、郡、州或者联邦一级的政府部门）的公民关系管理实施过程中是否存在着相似的方式。经过对公民和政府的研究，将公民关系管理作为一项活动长期执行下去将非常有益。进行多角度的单一案例的纵向研究会十分有趣，这种研究最好在整体公民关系管理实施开始之前就开始，这样我们可以了解发生在公民—政府关系中的真实变化。最后，由于公民关系管理容易实现跨区域的合作，这就促使研究者们要更详尽地研究管理安排的问题，比如说类似迈阿密—戴德郡那样的情况。

6.3 对政策和公共管理启示

研究结果显示公民关系管理能够指导公共管理者如何创建以客户为中心的组织。公民关系管理允许构建和设计与政府交互的公民体验，它提供了一种新的低强度的公民参与形式，支持向实时的、数据驱动型决策和绩效管理方式上的转变。然而它并不是解决所有政府问题的灵丹妙药，公民关系管理仅仅是被用来解决预算萎缩、劳动力人口下滑、资源分配问题和公民本位需求的一项战略步骤。为了实现其以客户为中心的组织并且提供比 311 热线项目更多的公共服务，有必要成立一个能够在整个政府内部协调公民关系管理工作的中心部门。迈阿密—戴德郡的 GIC 就是朝着这个正确的方向迈出了一步。

许多政府组织更关注公民关系管理内部处理中的自动化功能，想要以此提升内部工作效率。其实，建立分析的过程，以及根据公民信息和内部知识采取行动，这些措施都将会得到更多的回报。高质量的数据是有效分析的关键，所以我建议建立一个机制来从包括公民在内的内部和外部数据源中获取、吸收、转换和开发新信息。从类似 311 热线这样的资源中抽取数据对公共管理者来说非常重要。至于 311 热线，我怀疑是否所有的美国公民都能从中受益。311 方式确实是非常实用的，它避免了与司法部门管辖权的冲突。我们也可以借鉴德国的全国范围的网络化多层司法 N－1－1 解决方案（115 Bürgertelefon）或者韩国的 N－1－1 解决方案（110）。

311 大多数出现在市级层次，就像现行的按照政府各部门职能划分的门户网站一样，311 只提供了孤立的解决方案。例如，在马萨诸塞州，萨默维尔已经实施了 311，波士顿和剑桥到目前为止还没有做这项工作。然而对于包括公民在内的许多外部人员来说，很难理解为什么在大波士顿地区没有设置为民众生活服务提供解决方案的独立的 311 热线；更何况，许多 311 热线项目处理的仅仅是非紧急治安问题。最后，规模较小的社区努力效仿纽约或者芝加哥的行动。为了取得成功，它们需要与其他社区或者有更高管辖权力的机构进行合作。在前面阐述的具有几个邻近的联络中心的案例中也是需要有合作的。

这就是说，311 能够成为引领跨区域合作并实现实时政府的一种新的形式。下面对于政府中从事 311 项目的决策制定者给出了一些建议。

311 项目为你提供了创建以公民为中心的行政单位的机会。在这个过程中有可能会犯错，这是因为你正在从事前所未有的全新事业，你当然有机会进行真正的创造。因此：

• 选择正确的人领导你的项目。这个人不仅要熟悉政府的运作流程，而且还要受到资深管理者的尊重以及能够在执行层具有一定的代表性。

• 对公共部门变化过程的研究（Kelman，2005）显示，行政管理者更喜欢自己周围的人支持新的提议。但我提出反对的意见——在你的批评者身上花更多的时间。这是因为，从他们身上你能够学到更有用的东西。

• 从尽可能多的利益相关者中获得支持。按照案例研究的形式规划你的项目团队，使之包含所有与此相关的人，以确保该项目能够获得持续的支持，让那些项目支持者在项目的某些部分拥有发言权。

• 保持持续性和开放性的沟通，设置清晰的目标——简言之，这属于管理期望。例如，迈阿密—戴德郡的311联络中心团队为政府的各个部门、行政机构和当选官员做了数以百计的巡回讲解，向他们全面展示311热线究竟是如何运作的。与此同时，通过适当的渠道建立起公众意识——这才是强有力的支持动力。

• 选择拥有高政治曝光率的领域作为你的试点单位，这就意味着你会有一个成功的开始。越是有一个成功的开始，你越能获得整个组织的积极支持。那些本身已经积蓄了一大堆问题的行政部门已经没有什么能够再让他们失去的了，这或许意味着这样的部门将会有潜力迎接任何改进，并做出相应的改变。

• 政治上的支持是十分重要的，因为一文不名是失败的第一因素。巴尔的摩和纽约都是在财政危机时期实施了它们的联络中心（巴尔的摩为城市统计项目）。但是由于有强有力的市长和政治保障才得以实现目标，使得反对者不能阻止项目的进行。

• 寻找最佳实践者。世界各地的许多公共管理部门都面临着相同的挑战，一些可能已经找到了新的解决方法。邀请它们到你这来分享它们的经验和知识。拥有知识分享是政府相对于私营企业最大的优势。而且，即使是对最强硬的反对者来说，来自机构外部的意见看法和实践结果才是能够令人信服的。

• 打破陈规。不要按照常规的组织机构、处理过程和目标定位进行运作。在跨区域的环境中，立法程序和监督过程是不同的，如果要进行合作就需要每个人都具有开放性。同时，交流也很重要。与你所在机构组织中年长的成员交谈并咨询以前的改革设想，这样你能够避免二次犯错，同时还能获得大量丰富的信息。

• 在制定执行层的决策时，要考虑你的机构对于变化的承受能力，这个时候一定要考虑最底层人员需要执行哪些改变。变化越多，遇到的反对的也就越多，越应该注意如何进行有效沟通。

• 不要指望技术会给你带来投资上的直接回报。只有提高政策透明度和应用数据技术产品，才有机会节省成本。机会的形成和项目的顺利实施都需要技术作保障，同样也需要领导人在背后支持。技术所处的环境都是关于管理和政治上的，这是公共领导者的关键领域。

• 跨领域合作和技术实施有许多障碍需要克服。弊端在所难免，但要有耐心一步步地走下去。随着时间的流逝，一点点增加的变化必将带来巨大的改变。

参考文献

[1] 6 P. E-governance：Do Digital Aids Make a Difference in Policy Making? //J. E. J. Designing E-Government：On the Crossroads of Technological Innovation and Institutional Change. London，Boston：Kluwer，The Hague，2001：7-27.

[2] ABBATE J E. From ARPANET to Internet：A history of ARPA－sponsored Computer Networks，1966—1988. PA：PhD thesis，University of Pennsylvania Philadelphia，1994.

[3] ABBOTT J，STONE M，BUTTLE F. Customer relationship management in practice － A qualitative study. Database Management，2001，9（1）：24-34.

[4] ABERBACH J D，CHRISTENSEN T. Translating Theoretical Ideas Into Modern State Reform. Administration & Society，2003，35（5）：491-509.

[5] ABRAMSON M A，MEANS G E. E-Government 2001. Lanham：Rowman & Littlefield，2001.

[6] ABRAMSON M A，MORIN T L. E-Government 2003. Boulder：Rowman & Littlefield，2003.

[7] Accenture. Customer Relationship Management：A Blueprint for Government，2001.

[8] Accenture. CRM in Government：Bridging the Gaps，2003.

[9] ADLER P S，BORYS B. Two types of bureaucracy：Enabling and coercive . Administrative Science Quarterly，1996，41（1）：61-89.

[10] AGARWAL A，HARDING D P，SCHUMACHER J R. Organizing for CRM. [2004-04-09] . http：//www. mckinseyquarterly. com.

[11] AICHHOLZER G，SCHMUTZER R. E-Government im Aufwind. TADatenbank－Nachrichten. 1999，8：74-79.

[12] AL－KIBSI G，BOER K D，MOURSHED M，et al. Putting citizens online not in line. The Mckinsey Quarterly，2001：65-73.

[13] AL—MASHARI M, ZAIRI M. BPR implementation process: an analysis of key success and failure factors. Business Process Management Journal, 1999, 5 (1): 87-112.

[14] ALAVI M, LEIDNER D E. Review: Knowledge management and knowledge management systems: Conceptual foundations and research issues. MIS Quarterly, 2001, 25 (1): 107-136.

[15] ALBERS S, CLEMENT M, PETERS K, et al. eCommerce. Einstieg, Strategic und Umsetzung im Unternehmen, F. A. Z. — Institut, Frankfurt am Main, 2000.

[16] ALBRECHT K. Total quality service. Quality Digest. 1993, 1: 26-28.

[17] ALBRECHT K. Social intelligence. San Francisco, CA: Jossey—Bass 2006.

[18] ALFORD J. Defining the Client in the Public Sector: A Social—Exchange Perspective. Public Administration Review, 2002, 62 (3): 337-346.

[19] ALFORD J. Why do public — sector clients coproduce?: Toward a contingency theory. Administration & Society, 2002, 34 (1): 32-56.

[20] ALKADRY M G. Deliberative discourse between citizens and administrators. Administration & Society, 2003, 35 (2): 184-209.

[21] ALLAN D O J, RAMBAJUN N, SOOD S P, et al. The eGovernment Concept: A Systematic Review of Research and Practitioner Literature. Innovations in Information Technology, 2006: 1-5.

[22] ALMQUIST E, BOVET D, HEATON C J. What have we learned so Far? Making CRM make Money-Technology alone won't create value//KRACKIAUER A H. Collaborative customer relationship management: taking CRM to the next level. Berlin, New York: Springer, 2003: 7-22.

[23] ANDERSEN P H. Relationship development and marketing communication: an integrative model. Journal of Business & Industrial Marketing, 2001, 16 (3): 167-182.

[24] ANDERSON E W, FORNELL C, LEHMANN D R. Customer Satisfaction, Market Share, and Profitability: Findings from Sweden. Journal of Marketing, 1994, 58 (3): 53-66.

[25] ANDERSON E W, FORNELL C, RUST R T. Customer Satisfaction, Productivity, and Profitability: Differences between Goods and Services. Mar-

keting Science，1997，16（2）：129－145.

[26] ANDERSON J C，RUNGTUSANATHAM M，SCHROEDER R G. A Theory of Quality Management Underlying the Deming Management Method. The Academy of Management Review，1994，19（3）：472－509.

[27] ARISTOTLE，The Politics. New York：Penguin，1981.

[28] ARNOLD P E. Reform's changing role. Public Administration Review，1995，55（5）：407－417.

[29] ASHFORD R，ROWLEY J，SLACK F. Electronic Public Service Delivery through Online Kiosks：The user's Perspective//TRAUNMÜLLER R L，Klaus. Electronic Government－First International Conference，EGOV 2002，Aix-en-provence，France，September 2002，Proceedings. Berlin：Springer. 2002：169－172.

[30] Atlantic Canada Opportunities Agency. Government on－Line. [2005－12－01]. http：//www. apeca. gc. ca/e/about/gol. shtml.

[31] ATLURL V，SOON A C，HOLOWCZAK R，et al. Automating the Delivery of Governmental Business Services through Workflo Technology // MCLVER W，ELMARGARMID A K. Advances in Digital Government－Technology，Human Factors and Policy. Boston：Kluwer 2002：69－83.

[32] AU G，CHOI I. Facilitating implementation of total quality management through information technology. Information & Management，1999，36（6）：287－299.

[33] BAKER W H，ADDAMS H L，DAVIS B. Critical Factors for Enhancing Municipal Public Hearings. Public Administration Review，2005，65（4）：490－99.

[34] BALLANTYNE D，CHRISTOPHER M，PAYNE A. Relationship marketing：looking back，looking forward. Marketing Theory，2003，3（1）：159－166.

[35] BANDEMER S. Qualitätsmanagement und Controlling in der öffentlichen Verwaltung // BEHRENS F. Den Staat neu denken，Modernisierung des offentlichen Sektors. Berlin：1998：199－228.

[36] BANNISTER F. Dismantling the silos：extracting new value from IT in vestments in public administration. Info Systems Journal，2001，11：65－84.

[37] BARNES J G. Secretes of Customer Relationship Management. New York: MacGraw-Hill, 2001.

[38] BARNES M, PRIOR D. Spoilt for Choice? How Consumerism can Disem-power Public Service Users. Public Money & Management , July—September, 1995: 53-58.

[39] BARNES M, WISTOW G. Consulting with carers: What do they think? . Social Services Research, 1992, 20 (1): 9-30.

[40] BARNEY J. Firm Resources and Sustained Competitive Advantage. Journal of Management, 1991, 17 (1): 99-120.

[41] BARLZELAY M. Breaking through Bureaucracy. Berkley: University of California Press, 1992.

[42] BATISTA L, KAWALEK P. Translating Customer—Focused Strategic Issues into Operational Processes Through CRM — A Public Sector Approach//LNCS 3183, Proceedings, EGOV 2004, September 1—3, Zaragoza, Spain. Berlin: Springer, 2004: 128-133.

[43] BATLEY R. The Politics of Service Delivery Reform. Development and Change, 2004, 35 (1): 31-56.

[44] BATOR F M. The Anatomy of Market Failure. The Quarterly Journal of Economics, 1958, 72 (3): 351-379.

[45] BAUER H H, GRETHER M, RICHTER T. Customer Relationship Management in der offentlichen Verwaltung, Management Know—how: 66, Institut fur Marktorientierte Unternehmensfuhrung, Mannheim, 2002.

[46] Bearing Point, Kundenmanagement in der Bundesverwaltung, Frankfurt am; Main, 2006.

[47] BECKETT-CAMARATA E J, CAMARATA M R, BARKER R T. Integrating Internal and External Customer Relationships through Relationship Management: A Strategic Response to a Changing Global Environment. Journal of Business Re—search, 1998, 41: 71-81.

[48] BEHN R. The Big Questions of Public Administration. Public Administration Review, 1995, 55 (4): 10-17.

[49] BEHN R. The Psychological Barriers to Performance Management: Or why isn't everyone jumping on the Performance-Management bandwagon.

Public Performance and Management Review，2002，26（1）：5－25.

［50］BEHN R. The Varieties of CitiStat. Public Administration Review，2006，66：332－340.

［51］BEKKERS V J J M. Electronic service delivery in public administration：some trends and issues. International Review of Administrative Sciences，1999，65（6）：183－195.

［52］BELL D，DEIGHTON J，REINARTZ W J，et al. Seven Barriers to Customer Equity Management. Journal of Service Research，2002，5（1）：77－85.

［53］BENDAPUDI N，BERRY L L. Customers' Motivations for Maintaining Relationships with Service Providers. Journal of Retailing，1997，73（1）：15－37.

［54］BENNINGTON L，CUMMANE J. The road to privatization：TQM and business planning. International Journal of Public Sector Management，1997，10（5）：364－376.

［55］BERGER P D，NASAR N. Custorner Lifetime Value：Marketing Models and Applications. Journal of Interactive Marketing，1998，12（1）：17－30.

［56］BERGERON B. Essentials of CRM，John Wiley & Sons，Hoboken，2002.

［57］BERMAN E. Dealing with Cynical Citizens. Public Administration Review，1997，57（2）：105－112.

［58］BERMAN E M，WEST J P W. TQM in American Cities：Hypotheses regarding Commitment and Impact. Journal of Public Administration Research and Theory，1995，5（2）：213－230.

［59］BERRY L L. Relationship Marketing//BERRY L L，SHOSTACK G L. UPAH G D. Emerging perspectives on services marketing Chicago，1983：25－28.

［60］BEVIR M，RHODES R A W，WELLER P. Traditions of Governance Interpreting the changing role of the public sector Public Administration，2003，81（1）：1－17.

［61］BIMBER B. The Internet and Political Transformation：Populism Community and Accelerated Pluralism. Polity，1998，31（1）：133－160.

［62］BINZ-SCHARF M. Exploration and Exploitation：Toward a Theory of

Knowledge Sharing in Digital Government Projects, Dissertation, No. 2828, Universitaet St. Gallen, St. Gallen, 2003.

[63] BITNER M J. Evaluating service encounters the effects of physical surroundings and employee responses. Journal of Marketing, 1990, 54 (2): 69-82.

[64] BITRAN G R, MONDSCHEIN S. Mailing Decisions in the Catalogue Sales Industry. Management Science, 1996, 42 (9): 1364-1281.

[65] BLANCHARD L A, HINNANT C C, WONG W. Market—based reforms in government-Toward a social subcontract. Administration & Society, 1998, 30 (5): 483-512.

[66] BLAU P, SCOTT W R. Formal Organizations: A comparative approach. Stanford CA: Stanford University Press, 2004.

[67] BLEYER M, SALITERER I. Vom Customer Relationship Management (CRM) zum Public. Citizen Relationship Management Verwaltung und Management, 2004, 10 (6): 1-9

[68] BLIGH P, TURK D. CRMI Unplugged: releasing CRM's strategic value, John Wiley @ Sons. Hoboken, 2004.

[69] BOGUMIL J. Implementations problem in fortgeschrittenen Modernisierungsstadten und Schritte zu ihrer Oberwindung//KIBLER L B, JORG. Stillstand auf der "Baustelle"?: Barrieren der kommunalen Verwaltungsmodernisierung und Schritte zur ihrer Oberwindtung, Nomos, Baden—Baden, 1997: 131-150.

[70] BOGUMIL J. Vona Untertan zum Kunden? : Moglichkeiten und Grenzen von Kundenorientierung in der Kommunalverwaltung. Berlin: Edition Sigma, 1997.

[71] BOGUMIL J, HOLTKARNP L, KIBLER L. Verwaltung auf Augenhohe : Strategic und Praxis kundenorientierter Dienstleistungspolitik. Berlin: Edition Sigma, 2001.

[72] BOHMANN J. Public Deliberation: Pluralism, Complexity, and Democracy. Cambridge, MA: MIT Press, 1996.

[73] BONIN H E G. Citizen Relationship Management. Verwaltung und Management, 2001, 7 (4): 216-219.

[74] BORINS S. (Ed.), The Challenge of Innovating Government. Oxford: Rowman &Littlefield, 2002.

[75] BOSE R. Customer relationship management：key components for IT success. Industrial Management & Data Systems，2002，102 (2)：89 - 97.

[76] BOX R. Citizen governance：Leading American communities into the 21st century. Thousand Oaks，CA：Sage，1998.

[77] BOX R. Running Government like a Business：Implications for Public Administration Theory. American Review of Public Administration，1999，29 (1)：19 - 43.

[78] BOX R，GARY S M，REED B J，et al. New Public Management and Substantive Democracy. Public Administration Review，2001，61 (5)：608 - 619.

[79] BOZEMAN B，BRETSCHNEIDER S. Public management information systems：Theory and prescription. Public Administration Review：Special Issue，1986，46：475 - 487.

[80] BREWER G A，SELDEN S C. Why elephants gallop：Assessing and predicting organizational performance in federal agencies. Journal of Public Administration Research and Theory，2000，10 (4)：685 - 712.

[81] BRODIE R J，COVIELLEO N E，BROOKES R W，et al. Towards a paradigm shift in marketing：an examination of current marketing practices. Journal of Management，1997，13 (5)：383 - 406.

[82] BROWN D. Electronic government and public administration. International Review of Administrative Sciences，2005，71 (2)：241 - 254.

[83] BROWN P. Alternative Delivery Systems in the Provisions of Social Services. International Review of Administrative Sciences，1992，58 (2)：201 - 214.

[84] BROWN S，GULYCZ M. Performance driven CRM：how to make your customer relationship vision a reality. Ontario：Wiley Etobicoke，2002.

[85] BRUDNEY J L，HEBERT T，WRIGHT D S. Reinventing Government in the American States：Measuring and Explaining Administrative Reform. Public Administration Review，1999，59 (1)：19 - 30.

[86] BRUNNER R D. The Policy Sciences as Science. Policy Sciences，1982，15 (2)：115 - 135.

[87] BRUSTEIN J. 311s Growing Pains，Gotham Gazette New York，http：//

www. gothamgazette. com/article/issueoftheweek/20050725/2O0/1490，2005.

［88］BUDAUS D. Reform kommunaler Verwaltungen in Deutschland — Entwick—lung. Schwerpunkte und Perspektiven//SCHUSTER W，MURAWSKI K P. Dieregierbare Stadt，Kolhammer，Stuttgart，2002：15－39.

［89］Bundeskanzleramt Osterreich. E-Government-Strategic Stabsstelle IKT Strategic des Bundes，Bundesministerium des Innern，Bund Online 2005-Umsetzungsplan fur die eGovernment-Initiative，Bonifatius Druck，Paderborn，2001.

［90］BUNTIN J. Assertive Policing Plummeting Crirne：the NYPD Takes on Crime in New York City，C — 16 — 99 — 1530. 0，Case Program John F. Kennedy School of Government. Cambridge，MA：Harvard University，1999.

［91］BURKE B F，WRIGHT D S. Reassessing and reconciling reinvention in the American states：Exploring state administrative performance，State and Local Government，2002，34（1）：7－17.

［92］BURKE R R. Technology and the Customer Interface：What Consumers Want In the Physical and Virtual Store. Journal of the Academy of Marketing Science，2002，30（4）：411－432.

［93］BYRER T A. Toward a Relevant Agenda for a Responsive Public Administration. Journal of Public Administration Research and Theory Advance Access Published Online August 29，2006.

［94］Cabinet Office，Modernising Gvovernment London，1999.

［95］Cabinet Office，e. gov-Electronic Government Services for the 21st Century，London，2000.

［96］CALDOW J. The Quest for Electronic Government：A Defining Vision，Institute for Electronic Government. Washington：IBM Corp，1999.

［97］CALLAHAN D J. Reorganization as Reform：The Implementation Integrated Human Service Agencies //CALISTA D J. Bureaucratic and Governmental Reform. Greenwich，CT：JAI Press，1986：197－214.

［98］CALLAHAN R F，GILBERT R G. End—User satisfaction and design features of Public agencies. American Review of Public Administration，2005，35（1）：57－73.

［99］CAMPHELL A J. Creating customer knowledge competence：managing customer relationship management programs strategically. Industrial Marketing Management, 2003, 32: 37-383.

[100] CAMPBELL H, MARSHALL R. Public Involvement and Planning: Looking Beyond the One to the MIany. International Planning Studies, 2000, 5 (3): 321-344.

[101] CARNPBELL K B. Nobody Said It Was Easy Examining the Matryoshka Dolls of Citizen Engagement. Administration & Society, 2005, 37 (5): 636-648.

[102] Cap Gemini, eEurope-online Availability of Public Services: How is Europe Progressing? European Commission: Directorate General or Information Society and Media, 2005.

[103] CARR D K, LITTMAN I D. Excellence in Government: Total Quality Management in the 1990s. Arlington, VA: Coopers & Lybrand, 1990.

[104] CARROLL J D. The Rethoric of Reform and Political Reality in the National Performance Review. Public Administration Review, 1995, 55 (3): 302-312.

[105] CASTELLS M. Rise of the Network Society: The Information Age: Economy, Society and Culture. Cambridge: Blackwell, 1996.

[106] Center for Digital Government, HELLO, The First Word in Reinvigorating the Relationship between Citizens and their Government: An Introduction to Citizen Service Technologies and 3—1—1, Folsom, CA, 2005.

[107] CHEN I J, POPOVICH K. Understanding Customer Relationship Management (CRM) — People, Process and Technology. Business Process Management Journal, 2003, 9 (5): 672-688.

[108] CHEN Q, CHEN H M. Exploring the success factors of eCRM strategies in practice. Journal of Database Marketing & Customer Strategy Management, 2004, 11 (4): 333-343.

[109] CHRISTENSEN C M, VERLINDEN M, WESTERMAN G. Disruption, disintegration and the dissipation of differentiability. Industrial and Corporate Change, 2002, 11 (5): 955-994.

[110] CHRISTENSEN T, LAEGREID P. Administrative reform policy: the case of Norway. International Review of Administrative Sciences, 1998, 64 (3): 457-475.

[111] CHRISTENSEN T, LAEGREID P. New Public Management: The Transformation of Ideas and Practices. Ashgate: Aldershot, 2001.

[112] CHRISTIAENS J, WINDELS P, VANSLEMBROUCK S. Accounting and Management Reform in Local Authorities: A Tool for Evaluating Empirically the Outcomes, Universiteit Gent, Faculteit Economie, Working Paper 277, Gent, 2004.

[113] CIBORRA C U. Teams, Markets and Systems: Business Innovation and Information Technology. Cambridge: Cambridge University Press, 1993: 202.

[114] CIBORRA C U. Improvisation and Information Technology in Organizations, Proceedings of the 17th International Conference on Information Systems Cleveland, OH, 1996: 369-380.

[115] CLEARY R E. Revisiting the Doctoral Dissertation in Public Administration: Examination of the Dissertations of 1990. Public Administration Review , 1992, 52 (1): 55-61.

[116] CLEVELAND H. How do you get everybody in on the act and still get some action. Public Management , 1975, 57: 3-6.

[117] COASE R H. Adam Smith' View of Man. Journal of Law and Economics, 1976, 19: 529-546.

[118] COHEN A, Vigoda E. Do good Citizens Make Good Organizational Citizens?: An Empirical Examination of the Relationship between General Citizenship and Organizational Citizenship Behavior in Israel. Administration & Society, 2000, 32: 595-624.

[119] COHEN J. Procedure and Substance in Deliberative Dernocracy// BENHABIB S. Democracy and Difference: Contesting the boundaries of the political. Princeton: Princeton University Press , 1996: 95-119.

[120] COHEN S, MOORE J. Today's Buzzword: CRM (Customer Relationship Management) . Public Management, 2008, 2 (4): 10-13.

[121] COLEMAN J S. Social Capital in the Creation of Human Capital. American Journal of Sociology, 1988, 94: 95-120.

[122] CONYBEARE J A C. Public Goods, Prisoners' Dilemmas and the International political Economy. International Studies Quarterly, 1984, 28 (1): 5-22.

[123] COOK M E. What Citizens Want from E-Government, Center for Technology in Government. Albany: SUNY at Albany, 2000.

[124] COOPER T L. The Responsible Administrator : An Approach to Ethics for the Administration Role. San Francisco, CA: Jossey—Bass, 2006.

[125] COOPER T L, BRYER T A, MEEK J W. Citizen-Centred Gollaborative Public Management. Public Administration Review: Special Issue, 2006, 66, 12: 76-88.

[126] COOPER T L, GULICK L. Citizenship and Professionalism in Public Administration. Public Administration Review: Special Issue: Citizenship and Public, 1984, 44: 143-151.

[127] CORNER I, HINTON M. Customer relationship management system: implementation risks and relationship dynamics, Qualitative Market Research: An International Journal, 2002, 5 (4): 239-251.

[128] CORNES R, SANDLER T. The Theory of Externalities, Public Goods and Club Goods. Cambridge: Cambridge University Press, 1996.

[129] COULTER P B. Political Voice — Citizen Demand for Urban Public Services. Tuscaloosa: The University of Alabama Press, 1988.

[130] COX K R. Conflict, Power, and Politics in the City: A Geographic View. New York: McGraw—Hill, 1973.

[131] CRESWELL J W. Research design: Qualitative, quantitative, and mixed methods approaches. Thousand Oaks, CA: Sage, 2003.

[132] CURRY A, KKOLOU. Evaluating CRM to contribute to TQM improvement — across—case comparison. The TQM Magazine, 2004, 16 (5): 314-324.

[133] DA S R, BATISTA L. Boosting government reputation through CRM. International Journal of Public Sector Management, 2007, 20 (7): 588-607.

[134] DANZIGER J S, ANDERSEN K V. The impacts of`Information. Technology on Public Administration: An Analysis of Empirical Research from the "Golden Age" of Transformation. International Journal of Public Administration, 2002, 25 (5): 591-627.

[135] Datamonitor, CRM in Local Government, London, 2005.

[136] DAUML R. Integration von Informations— und Kommunikationstechnologien fur burgerorientierte Kommunalverwaltung, Nomos, Baden-Baden, 2002.

[137] DAWES S. Government and Technology: User, Not Regulator. Journal of Public Administration Research and Theory, 2002, 4: 627-631.

[138] DAWES S S. The Future of eGovernment, Center for Technology in Government. Albany: SUNY at Albany, 2002.

[139] DAY D. Citizen participation in the planning process: An essentially contested concept. Journal of Planning Literature, 1997, 11 (3): 412-434.

[140] DAY G S. Managing market relationships. Journal of Academy of Marketing Science, 2000, 28 (1): 24-30.

[141] DE L P. The Democratization of tile Policy Sciences. Public Administration Review, 1992, 52 (2): 125-129.

[142] DEAN J W, BOWEN D E. Management Theory and Total Quality: Improving Research and Practice through Development. The Academy of Management Review, 1994, 19 (3): 392-418.

[143] DELEON P. Democracy and the policy sciences. Albany: SUNY Press, 1997.

[144] DELEON P, STEELMAN T A. Making Public Policy Programs Effective and Relevant: The Role of the Policy Sciences. Journal of Policy Analysis and Management, 2001, 20 (1): 163-171.

[145] Deloitte Research, At the Dawn of e-Government-next generation-The Citizen as Customer, New York, 2000.

[146] Deloitte Research, e-Government's next generation-Transforming the Government Enterprise through Customer Service, New York, 2001.

[147] DEMING E. Out of the crisis. Cambridge: MIT Press, 1986.

[148] DENHART J V, DENHART R B. The new public service: serving, not steering. Armonk: M. E. Sharpe, 2003.

[149] DESHPANDE R. Using Market Knowledge. Thousand Daks, CA: Sage Publications, 2001.

[150] DETLOR B, FINN K. Towards a Framework for Government Portal Design: The Government, Citizen and Portal perspective//GRRNLUND

A. Electronic Government: Design, Applications and Management. London: Idea Group, 2002: 99-120.

[151] DEWAN S, MIN C K. The Substitution of Information Technology for Other Factors of Production: A Firm Level Analysis. Management Science, 1997, 43 (12): 1660-1675.

[152] DEWETT T, JONES G R. The role of information technology in the organization: a review, model and assessment. Journal of'Management, 2001, 27 (3): 313-346.

[153] DEWEY J. The Public and Its Problems. Athens, OH: Ohio University Press, 1927.

[154] DIBBEN P. The Socially Excluded and Local Transport Decision Making: Voice and Responsiveness in a Market Environment. Public Administration Quarterly, 2006, 84 (3): 655-672.

[155] DILULIO J. Principal Agents: The Culture bases of behavior in a Federal Government Bureaucracy. Journal of Public Administration Research and Theory, 1994, 4: 277-318.

[156] DOUGLAS T J, FREDENDALL L D. Evaluating the Deming Management Model of Total Quality Service. Decision Sciences, 2004, 35 (3): 393-422.

[157] DOWNS A. An Economic Theory of Democracy. New York: Harper & Row, 1957.

[158] DUNLEAVY P, HOOD C. From Old Public Administration to New Public Management. Public Money and Management, 1994, 14 (3): 9-16.

[159] DUNLEAVY P, MARGETTS H, BASTOW S, et al. New Public Management is Dead — Long Live Digital—Era Governance. Journal of Public Administration Research and Theory, 2005, 16 (3): 467-494.

[160] DUNLEAVY P, MARGETTS H, BASTOW S, et al. Digital era governance: IT corporations, the state and e-government. Oxford: Oxford University Press, 2006.

[161] DWYER F R. Customer Lifetime Valuation of Support Marketing Decision Making. Journal of Direct Marketing, 1997, 11 (4): 1-13.

[162] DWYER F R, SCHURR P H, OH S. Developing buyer—seller rela-

tionships. Journal of Marketing，1987，51 (2)：11 - 27.

[163] DWYER J H，SINGH H. The Relational View：Cooperative Strategy and Sources of Interorganizational Competitive Advantage. Academy of Management Journal，1998，23 (4)：660 - 679.

[164] EBNER M，HU A，LEVITT D，et al. How to rescue CRM. The McKinsey Quarterly，4，Special Edition：Technology，2002：49 - 57.

[165] EHRENBERG R H，STUPAK R J. Total Quality Management：Its relationship to administrative theory and organizational behavior in the public sector. Public Administration Quarterly，1994，18 (1)：75 - 98.

[166] EHRET M. Managing the trade—off between relationships and value networks. Towards a value-based approach of customer relationship management in business-to-business markets. Industrial Marketing Management，2004，33：465 - 473.

[167] EISFELD D. DIE S D S. Neue Formen stadtischer Demokratie. Stuttgart：Deutsche Verlags-Anstalt，1973.

[168] EISINGER P K. The Pattern of Citizen Contacts with Urban officials//HAHN H. People and Politics in Urban Society. Sage，Beverly Hills，CA，1972：43 - 69.

[169] ERIKSSON K，MATTSSON J. Manager's perception of relationship management in heterogenous markets. Industrial Marketing Management，2002，31 (3)：535 - 543.

[170] ESCHENFELDER K R. Behind the Web site：An inside look at the production of Web—based textual government information. Government Information Quarterly，2004，21：337 - 459.

[171] ETZIONI A. Administration and the Consumer. Administrative Science Quarterly，1958，3 (2)：251 - 264.

[172] EVANS K G. Reclaiming John Dewey：Democracy，Inquiry，Pragmatism and Public Management. Administration & Society，2000，32 (3)：308 -328.

[173] FAMA E F. Agency Problems and the Theory of the Firm. Journal of Political Economy，1980，88 (2)：288 - 307.

[174] FERLIE E，LYNN A，FITZGERALD L. The New Public Management in Action. Oxford：Oxford University Press，1996.

［175］ FINER H. Officials and the Public. Public Administration，1931，9（1）：23－35.

［176］ FINER H. （［1941］），Administrative responsibility in democratic government//ROURKE F E. Bureaucratic Power in National Politics，Brown，Boston：Little，1972：326－337.

［177］ FINLAYSON A. Public choice theory：enemy of democracy. Soundings，2003，24：5－40.

［178］ FISHKIN J. Voice of the People：Public Opinion and Democracy. New Haven：Yale University Press，1995.

［179］ FISHKIN J S. The Voice of the People：Public Opinion and Democracy. New Haven，CT：Yale University Press，1995.

［180］ FIATHMAN R. Citizenship and Authority：A Chastened View of Citizenship. News for Teachers of Political Science，1981，30：9－19.

［181］ FORD R. Understanding Business Markets：Interaction，Relationships and Networks. London：Academic Press，1980.

［182］ FOUNTAIN J E. Building the Virtual State—Information Technology and institutional Change. Washington：The Brookings Institution，2001.

［183］ FOUNTAIN J E. Paradoxes of Public Sector Customer Service，Governance：An International Journal of Policy and Administration，2001，14（1）：55－73.

［184］ FOUNTAIN J E. Information，Institutions and Governance：Advancing a Basic Social Science Research Program for Digital Government，Faculty Research Working Paper Series，KSG，Harvard University，Cambridge，MA，2003.

［185］ FOUNTAIN J E. Prospects of the Virtual State，Occasional Paper，University Tokyo 21st Century COE program. Tokyo：Invention of Policy Systems in Advanced Counties，2004.

［186］ FOUNTAIN J E，OSIRO-URZUA C A. Public Sector：First Stage of a Deep Transformation//LITAN R，RIVLIN A. The Economic Payoff from the Internet Revolution，Washington：Brookings，2001：235－268.

［187］ FOURNIER S，DOBSCHA S，MICK D. Preventing the premature death of relationship marketing. Harvard Business Review，1998，76（1）：

42-48.

[188] FOWLER H W, FOWLER F G, PEARSALL J. (Ed), Concise Oxford English Dictionary. Cambridge: Oxford University Press, 2004.

[189] FOX C, MILLER H T. Postmodern Public Administration: Towards a discourse. Thousand Oaks, CA: Sage, 1995.

[190] FREDERICKSON G. Toward a Theory of the Public for Public Administration. Administration & Society, 1991, 22 (2): 395-417.

[191] FREDERICKSON G. Comparing the Reinventing Government Movement with the New Public Administration. Public Administration Review, 1996, 56 (2): 263-70.

[192] FREDERICKSON H G, SMITH K B. The Public Administration Theory Primer, Westview, Boulder, 2003.

[193] FREELAND J. The ultimate CRM handbook: strategies and concepts for building enduring customer loyalty and profitability. New York: McGraw—Hill, 2002.

[194] FRIEDRICH C J. ([1941]), Public policy and the nature of administrative responsibility//ROURKE F E . Bureaucratic Power in National Politics. Brown, Boston: Little, 1972: 316-326.

[195] FRISSEN P H A. Public Administration in Cyberspace//Snellen I, VAN DE DONK W B J. Public Administration in an information age. Amsterdam: IOS Press, 1998: 33-46.

[196] FUNG A. Varieties of Participation in Complex Governance. Public Administration Review, 66, December, Special Issue, 2006: 66-75.

[197] GALBREATH J, ROGERS T. Customer Relationship Management. TQM Magazine, 1999, 11 (3): 161-171.

[198] GALITZ W O, CIRILLO D J. The electronic office: how to make it user friendly. Management Review, 1983, 72 (4): 24-38.

[199] GARBARINO E, JOHNSON M S. The Different Roles of Satisfaction, Trust, and Commitment in Customer Relationships. Journal of Marketing, 1999, 63 (2): 70-87.

[200] GARTHROP L C, WALDO D. CIVIS, CIVITAS, and CIVILITAS: A new focus for the year 2000. Public Administration Review, 44, Special Issue:

Citizenship and Public Administration, 1984: 101-106.

[201] GARTNER. Reaping Business Rewards from CRM—From Charting the Vision to Measuring the Benefits, Stamford, CT, 2004.

[202] GENTLE M. The CRM Project Management Handbook. London: Kogan Page, 2002.

[203] GIBBERT M, LEIBOLD M, PROBST G. Five Styles of Customer Knowledge Management, and How Smart Companies Use Them to Create Value. European Management Journal, 2002, 20 (5): 459-469.

[204] GIDDENS A. The constitution of society. Outline of the theory of structuration. Berkeley (CA): University of California Press, 1984.

[205] GIL-GARCIA J R, PARDO T. E-Government success factors: Mapping practical tools to theoretical foundations. Government Information Quarterly, 2005, 22: 187-216.

[206] GILBERT C R, NICHOLLS J A F, ROSLOW S. Public sector customer service satisfaction. Public Manager, 1998, 26 (4): 21-25.

[207] GISLER M, SPAHNI D. eGovernment—Eine Standortbestimmung, Paul Haupt, Bern, Stuttgart, Wien, 2001.

[208] GIASER B, STRAUSS A. The Discovery of Grounded Theory , Aldine, Chicago (IL), 1967.

[209] GODFREY A B. Ten areas for future research in total quality management. Quality Management Journal, 1993, 1: 47-70.

[210] GODIN S. Permission marketing: turning strangers into friends, and friends into customers. New York: Simon &Schuster, 1999.

[211] GOLDSMITH S, EGGERS W D. Government by Network. Washington: Brookings, 2004.

[212] GOLDSTEIN H. Who Killed the Virtual Case File. http://www.spectrum.ieee.org/sep05/1455, 2005, 12/9.

[213] GOODE W J, HATT P K. The case study. New York: McGraw Hill, 1952.

[214] GOODSELL C T. The Public Encounter: Where State and Citizen Meet. Bloomington: Indiana University Press, 1981.

[215] GOODSELL C T. The Case for Bureaucracy. Washington: CQ

Press, DC. GORE A. (1993), Creating a Government That Works Better and Costs Less: Report of the National Performance Review, Random House, New York, 2004.

[216] GRADSTEIN M. Rent Seeking and the Provision of Public Goods. The Economic Journal, 1993, 103 (420): 1236-1243.

[217] GRAFTON C. "Shadow Theories" in Fountain's Theory of Technology Enactment. Social Science Computer Review, 2003, 21 (4): 411-416.

[218] GRANT R. AMR Claptures TQM— Essence Escapes. The Academy of Management Review, 1995, 20 (1): 11-15.

[219] GRECO A J, RAGINS E J. Customer Relationship Management and E-Business: More Than a Software Solution. Review of Business, 24, Winter, 2003: 25-30.

[220] GREEN D P, SHAPIRO I. Pathologies of Rational Choice Theory: A Critique of Applications in Political Science. New Haven, CT: Yale University Press, 1994.

[221] GREÉNHILL A. Blurring The Boundaries: Disentangling The Implications Of Virtual Space, Proceedings of the IFIP WG8. 2 and 8. 6 Joint Working Conference on Information Systems, December 10 — 13, Hesinki, Finland, 1998.

[222] GREGORY B. All the King's Men: Putting New Zealand's Public Sector Back Together Again. International Public Management Review, 2003, 4 (2): 41-58.

[223] GRIFFIN A, HAUSER J R. The Voice of the Customer. Marketing Science, 1993, 12 (1): 1-27.

[224] GRONLUND A. (Ed), Electronic Government: Design, Applications and Management. London: Idea Group Publishing, 2002.

[225] GRONROOS C. Relationship Approach to Marketing in Service Contents: The Marketing and Organizational Behavior Interface. Journal of Business Research, 1990, 20 (1): 3-11.

[226] GRONROOS C. Service Management and Marketing: Managing the Moments of Truth in Service Competition. Lexington MA: Lexington Books, 1990.

［227］ GRONROOS C. From Scientific Management to Service Management：A Management Perspective for the Age of Service Competition. International Journal of Service Industry Management，1994，5（1）：5-20.

［228］ GRUNOW D. Das Forschungsdesign in der empirischen Verwaltungsforschung//KOCH R. Verwaltungsforschung in Perspektive，Nomos，Baden—Baden，1987：27-38.

［229］ HART D K. Theories of Government Related to Decentralization and Citizen Participation. Public Administration Review，32，October，Special Issue，1972：603-621 .

［230］ HART D K. The virtuous citizen，the honorable bureaucrat，and public administration. Public Administration Review，44，Special Issue：Citizenship and Public Administration，1984：111-120.

［231］ HART S，HOGG G，BANERJEE M. Does the leve of experience have an effect on CRM programs? Exploratory research findings. Industrial Marketing Management，2004，33：549-560.

［232］ HARTLEY J. Case Study Research//CASSELL C，SYMON G. Essential Guide to Qualitative Methods in Orgnizational Research. London，Thousands Oaks，New Delhi：Sage，2004：323-333.

［233］ HASAN M. Ensure success of CRM with a change in mindest. Marketing Management，2003，37（8）：16.

［234］ HAYES B E. Measuring Customer Satisfaction：Survey Design，Use，and Statistical Analysis Methods. Milwaukee，WI：ASQ Quality Press，1998.

［235］ HEDLUND G，NONAKA I. Models of knowledge management in the west and in Japan//LORANGE P，CHAKRAVARTHY B，ROOS J，et al. Implementing strategic processes ：change，learning，and co-operation，Blackwell Business，Cambridge，MA，1993：117-144.

［236］ HEEKS R. Most eGovernment-for-Development Projects Fail：How Can Risks be Reduced，14，iGovernment Working Paper Series，University of Manchester，Manchester，2003.

［237］ HEEKS R，BAILUR S. Analyzing e-government research：Perspectives，philosophies，theories，methods，and practice. Government Information

Quartlerly, doi; 10. 1016/j. giq. 2006. 06. 005, 2006: 243 - 265.

[238] HEEKS R, BAILUR S. Analyzing e-government research: Perspectives, philosophies, methods, and practice. Government Information Quartlerly, 2007, 24 (2) .

[239] HEIKKILA T, ISETT K R. Citizen Involvement and Performance Management in Special—Purpose Governments. Public Administration Review, 2007, 67 (2): 238 - 248.

[240] HEINRICH B. Transforming strategic goals of CRM into process goals and Business Process Management Journal, 2005, 11 (6): 709 - 723.

[241] HENDERSON L J. The Baltimore CitiStat Program: Performance and Accountability, Center for Public Policy, The University of Baltin1ore, Baltimore, 2003.

[242] HERBERT A W. Management under conditions of decentralization and citizen participation, Public Administration Review, 32, Special Issue: Curriculum Essays on Citizens, Politics, and Administration in Urban Neighborhoods, 1972: 622 - 637.

[243] HERO R E, DURAND R. Explaining Citizen Evaluation of Urban Services: A Comparison of Some Alternative Models. Urban Affairs Quarterly, 1985, 20 (3): 344 - 354.

[244] HERRING E P. Public Administration and the public interest. New York: McGraw Hill, 1936.

[245] HERRIOT R E, FIRESTONE W A. Multisite qualitative policy research: Optimizing description and generalizability. Educational Researcher, 1983, 12: 14 - 19.

[246] Hewson Group, Customer Relationship Management in the Public Sector, http: // www. hewson. co. uk/public _ sector/crm _ public _ sector _ more. htm, 10. 05, 2002.

[247] Hewson Group, Towards a Citizen—Centric Authority, Hewson Group, 2004.

[248] HILLER J S, BÉLANGER F. Privacy Strategies for Electronic Government, in: Abramson M A, Means G E. (Ed.), E-Government 2001, Rowman & Littlefield, Lanham, Boulder, New York, Oxford, 2001: 162 - 198.

［249］ HIRSCHFELDER R. Verwaltungsreform mit Total Quality Management in SaarbruckenZwischenbericht und Ausblick，in：Kibler L B，Jorg（Ed.），Stillstand auf der，Baustelle：Barrieren der kommunalen Verwaltungsmodernisierung und Schritte zur ihrer Uberwindung，Nomos，Baden—Baden，1998：69-85.

［250］ HIRSCHMANN A. Exit，Voice，and Loyalty. Cambridge，MA：Harvard University Press，1970.

［251］ HIRSCHMANN D. Customer Service in the United States Agency for International Development. Administration & Society，1999，31（1）：95-119.

［252］ HO A T. E-Government：Reinventing Local Governments and the E-Government Initative. Public Administration Review，2002，62（4）：434-444.

［253］ HOBBES T. On the Citizen. Cambridge：Cambridge University Press，1998.

［254］ HOBBES T. The Leviathan，Kessinger Publishing，Whitefish，MT，2004.

［255］ HOHN S. Der Reformprozeb in der offentlichen Verwaltung vor dem Hintergrund der Informationsgesellschaft：dargestellt am Beispiel von Burgerinformationsystemen in Online—Medien als Weiterentwicklung des Burgeramtkonzeptes，Universitatsverlag Trauner，Linz，1997.

［256］ HOLIDAY I. Is the British State Hollowing Out. The Political Quarterly，2000，71（2）：167-176.

［257］ HOMBURG C. Kundenzufriedenheit：Konzepte — Methode — Erfahrungen，Wiesbaden，Gabler，2003.

［258］ HOMBURG C，STOCK R. Theoretische Perspektiven zur Kundenzufriedenheit//HOMBURG C. Kundenzufriedenheit — Konzepte — Methoden — Erfahrungen，Wiesbaden，Gabler，2003：17-52.

［259］ HOOD C. Contemporary public management：a new global paradigm. Public Policy and Administration，1995，10（2）：104-117.

［260］ HOOD C. Exploring Variations in Public Management Reform of the 1980s//BEKKE A，PERRY J L，TOONEN T. Civil Service Systems in Comparative Perspective. Bloomington，IN：Indiana University Press，1996：268-287.

［261］ HOOD C，PETERS G. The middle Aging of New Public Management: Into the Age of Paradox. Journal of Public Administration Research and Theory, 2004, 14 (3): 267 - 282.

[262] HOSMER L T. Trust: The Connecting Link between organizational theory and philosophical ethics. Academy of Management Review, 1995, 20 (2): 379 - 403.

[263] HOWE J. The rise of crowdsourcing, Wired, 2006.

[264] HU W. Keeping a Running Count of New York's Complaints. New York: The New York Times. 2006: 6 - 24.

[265] HUBER G P. A Theory of the Effects of Advanced Information Technologies on Organizational Design, Intelligence, and Decision-Making. Academy of Management Review, 1990, 15 (1): 47 - 71.

[266] INGELSTAM L, PALMLUND I. Computers and People in the Welfare State: Information Technology and Social Securi15r in Sweden. Informatization and the Public Sector, 1991, 1 (2): 5 - 20.

[267] IRANI Z, AL-SEBIE M, ELLINMAN T. Transaction Stage of e-Government Systems: Identification of Its Location and Importance, Proceedings of HICSS 39th, 04—07 Jan, Hawaii, IEEE, 82c, 2006.

[268] ISHIKAWA K. Guide to Quality Control, Asian Productivity Organization, White Plains, NY, 1982.

[269] JACOBS J. The death and life of great American cities. New York: Random House, 1961.

[270] JAIIN D, SINGH S S. Customer Lifetime Value Research in Marketing: A review and future directions. Journal of Interactive Marketing, 2002, 16 (2): 34 - 46.

[271] JANOWITZ M, DELANY W. The Bureaucrat and the Public: A Study of international Perspective. Administrative Science Quarterly, 1957, 2 (2): 141 - 162.

[272] JANSSEN M, WAGENAR R. Customer Relationship Management in E-government: A Dutch survey, European Conference on E-Government, St erine's College Oxford, UK, 1—2 October, 2002: 227 - 238.

[273] JENSEN J L, RODGERS R. Cumulating the Intellectual Gold of Case study Research. Public Administration Review, 2001, 61 (2): 235 - 246.

［274］ JONES B D，GREENBERG S，DREW J. Service Delivery in the City：Citizen Demand and Bureaucratic Rules. New York：Longman，1980.

［275］ JONES B D，GREENBERG S，KAUFMAN C，et al. Bureaucratic response to citizen initiated contacts：Environmental enforcement in Detroit. American Political Science Review，1977，72（1）：148－165.

［276］ JUPP V. Realizing the Vision of eGovernment，in Curtin G G，Sommer M K，Vis－Sommer V.（Ed.），The World of E-Government. New York：Haworth Press，2003：129－145.

［277］ KALU K N. Entrepreneurs or conservators. Administration & Society，2003，35（5）：539－563.

［278］ KALU K N. Of Citizenship，Virtue，and the Administrative Imperative：Deconstructing Aristotelian Civic Republicanism. Public Administration Review，2003，63（4）：18－427.

［279］ KAMARCK E C. The End of Government as We Know it//DONAHUE J D，NYE J S J. Market－Based Government. Washington D C：Brooking Institution Press，2002：227－263.

［280］ KATHI P C，COOPER T L. Democratizing the administrative state Connecting neighborhood councils and city agencies. Public Administration Review，2005，65：59－67.

［281］ KAVANAGH S. Constituent Relationship Management Systems：A Primer for public Managers，S（Ed），Governrnent Finance Review，April，2007：1－5.

［282］ KAVANAGH S.（Ed.），Revolutionizing Constituent Relationships：The Promise of CRM Systems for Public Sector. Chicago：Government Finance Officers Association，2007.

［283］ KEARNEY R C，FELDMAN B M，SCAVO C P F. Reinventing Government：City Manager Attitudes an Actions. Public Administration Review，2000，60（6）：610－620.

［284］ KEETON K B. Residents' characteristics and satisfaction with city service delivery，Dissertation，University of Delaware，Newark，DE，1982.

［285］ KELEMEN M. Too much or too little ambiguity：the language of total quality management. Journal of Management Studies，2000，37（4）：483－

498.

［286］ KELLER K L. Conceptualizing, Measuring, and Managing Customer—Based Brand Equity. Journal of Marketing, 1993, 57 (1): 1-22.

［287］ KELLY J M. The Dilemma of the Unsatisfied Customer in a Market Model of Public Administration. Public Administration Review, 2005, 65 (1): 76-84.

［288］ KELLY J M, SWINDELL D. The case of the inexperienced user: Rethinking filter questions in citizen satisfaction surveys. The American Review of Public Administration, 2003, 33 (1): 91-108.

［289］ KELLY R M. An Inclusive Democratic Polity, Representative Bureaucracies, and the New Public Management. Public Administration Review, 1998, 58 (3): 201-208.

［290］ KETTL D. Reinventing Government: A Fifth—Year Report Card, Brookings, Washington D. C, 1998.

［291］ KETTL D, MILWARD H B. The State of Public Management. Baltimore, MD: John Hopkins University Press, 1996.

［292］ KGSt, Burgerberatungsstellen, October, Koln, 1974.

［293］ KICKERT W J M. Public management reforms in the Netherlands: Social reconstruction of reform ideas and underlying frames of reference, Eburon, Delft, 2000.

［294］ KINDLEBERGER C P. The World in Depression 1929—1939. Berkeley: University of California Press, 1986.

［295］ KING C S, FELTEY K M, SUSEL B O N. The Question of Participation: Toward Authentic Public Participation in Public Administration. Public Administration Review, 1998, 58 (4): 317-326.

［296］ KING S F. Citizen as Customers: Exploring the Future of CRM in UK Local Government. Government Information Quartlerly, 2007, 24 (1): 47-63.

［297］ KING S F, BURGESS T F. Citizen Relationship management: the Rocky Road from Transactions to Empowerment, Proceedings of the 10th UK Academy for Information Systems Conference, march, Newcastle, 2005.

［298］ KING S F, COTTERILL S. Transformational Government? The

Role of Information Technology in Delivering Citizen—Centric Local Public Services Local Government Studies, 2007, 33 (3): 333-354.

[299] KIRLIN J J. The big questions of public administration in a democracy Public Administration Review, 1996, 56 (5): 416-423.

[300] KINBLER L, BOGUMIL J, GREIFENSTEIN R, et al. Moderne Zeiten im Rathaus? Edition Sigma Berlin, 1997.

[301] KLAGES H. Das Verhaltnis zwischen Staat und Burgern in der Bundesrepublik Deutschland, in: Buschmann H, Buse M J. (Ed.), Burgernahe Verwaltung in der Verwaltungsausbildung Vortrage, Protokolle und Materialien zu einem Fachkongress der Fachhochschule des Bundes fur offentiche Verwaltung am 1./2. Oktober 1981 in Berlin, Nomos Baden—Baden 1982-1, 1982.

[302] KLAGES H, LOFFLER E. New public management in Germany: the implementation process of the New Steering Model International Review of Administrative Sciences, 1998, 64: 41-54.

[303] KONIG K. On the typology of public administration International Review of Administrative Sciences, 2003, 69 (4): 449-462.

[304] KONIG K, ADAM M. Governance als entwicklungspolitischer Ansatz 219, Speyerer Forschungsberichte, Deutsche Hochschule fur Verwaltrungswissenschaften Speyer. Speyer, 2001.

[305] KONTZER T, CHABROW E. Portals do their civic duty, http: //vww. informationweek. com/story/IWK2002404S0013, 2002, 27 (4).

[306] KOTLER P, BLIEMEL F. Marketing Management, Schaffer—Poeschel Stuttgart, 2001.

[307] KOTOROV R. Customer relationship management: strategic lessons and future directions. Business Process Management Journal, 2003, 9 (5): 556-571.

[308] KRACKLAUER A H. Collaborative customer relationship management: Making CRM to the next level. Berlin, New York: Springer, 2003.

[309] KRAEMER K L, KING J L. Computing and public organizations. Public Administration Review, 1986, 46: 488-496.

[310] KRUTILLA J V. Conservation Reconsidered. The American Economic Review, 1967, 57 (4): 777-786.

[311] KUBICEK H. Die digitale Spaltung der Gesellschat. Herausforderun-

gen und Strategien. http: // www. ifib — de/publikationsdateien/ddivide _ siemens—pdf, 2001, 10/6.

[312] KUMAR V, RAMANI G, BOHLING T. Customer Lifetime Value. Journal ofInteractive Marketing, 2004, 18 (3): 60 - 72.

[313] LAING A. Marketing in the public sector: Towards a typology of public services. Marketing Theory, 2003, 3 (4): 427 - 445.

[314] LAKE D A, BAUM M A. The Invisible Hand of Democracy — Political Control and the Provision of Public Services. Comparative Political Studies, 2001, 34 (6): 587 - 621.

[315] LANCE D. eGovernment — Creating Tools for Trade, eGov Prasenz, 2002, 2 (1): 9 - 11.

[316] LANE J E. New Public Management, Routledge, London, 2000.

[317] LARSEN B, MILAKOVICH M. Citizen Relationship Management and E-Government, Proceedings of Electronic Government, 4th International Conference, EGOV 2005, Copenhagen, Denmark, August 22 - 26, LNCS 3591, Springer, 2005: 57 - 68.

[318] LAWRENCE P. Why Organizations Change//MOHRMAN A M, MOHRRNAN S A, LEDFORD G F, et al. Large Scale Organizational Change, Jossey—Bass, San Francisco, 1989: 48 - 61.

[319] LAWRENCE P, DYER D. Renewing American Industry. New York: Free Press, 1983.

[320] LAWTON R L. Creating a Customer — Centered Culture. WI: ASQC Quality Press, Milwaukee, 1993.

[321] LAYNE K, LEE J. Developing fully functional E-government: A four stage model, Government Information Quarterly, 2001, 18: 122 - 136.

[322] LE G J, BARTLETT W. (Ed.), Quasi Markets and Social Policy, Macmillan, London, 1993.

[323] LEIGHLEY J E. Attitudes, Opportunities and Incentives: A Field Essay on Political Participation, Political Research Quarterly, 1995, 48 (1): 181 - 209.

[324] LENAGHAN J B N, MITCHELL E. Setting priorities: Is there a role for citizens juries?, British Medical Journal, 1996, 312 (7046): 1591 - 1593.

[325] LENGNICK-HALL C A. Customer Contributions to Quality: A Different View of the Customer—Oriented Firm, The Academy of Management Review, 1996, 21 (3): 791-823.

[326] LENK K. Neue Informiationsdienste im Verhaltnis von Burger und Verwaltung, Decker & Muller, Heidelberg, 1990.

[327] LENK K. Information systems In public administration from research to design Informatization In the Public Sector, 1994, 3 (4): 307-324.

[328] LENK K, TRAUNMULLER R. Electronic Government: Where Are We Heading? Proceedings, EGOV 2002, Aix—en—Provence, LNGS 2456, Springer, 2002: 1-9.

[329] LEVINE C H, FISHER G. Citizenship and Service Delivery The Promise of Coproduction Public Administration Review, 44, March, Special Issue, 1984: 178-189.

[330] LEWIS G B. In Search of the Machiavellian Milquetoasts: Comparing Attitudes of Bureaucrats and Ordinary People Public Administration Review, 1990, 50 (2): 220-227.

[331] LICHTENSTEIN S, SLOVIC P. (Ed.), The Construction of Preference, Cambridge University Press, Cambridge, 2006.

[332] LIGHT B. CRM packaged software: a study of organisational experiences, Business Process Management, 2003, 8 (5): 603-616.

[333] LIN B, OGUNYEMI F. Implications of total quality management in federal service the US experience International Journal of Public Sector Management, 1996, 9 (4): 4-11.

[334] LINDSAY W M, PETRICK J A. Total quality and organization development, Delreay Beach, FL, 1997.

[335] LIPSKY M. Street Level Bureaucray, Russell Sage, New York, 1980.

[336] LOCKE J. Two treatises of Government, Cambridge University Press, Cambridge, 1988.

[337] LOVELOCK C H. Designing and Managing the Customer Service Function, in: Lovelock C H. (Ed.), Managing Service Prentice Hall, New Jersey, 1992: 285-297.

[338] LOWENTHAL J N. Reenglneering the Organization a Step by Step Approach to Corporate Revitalization, ASQC Quality Press, Milwaukee, WI, 1994.

[339] LOWERY D. Consumer Sovereignty and Quasi—market Failure Journal of Public Administration Research and Theory, 1998, 8 (2): 137-172.

[340] LOWERY T. The CEO Mayor, Business Week, 2007.

[341] LUCKE V J. Regieren und Verwalten im Informationszeitalter: Abschlussbericht des Forschungsprojektes, Regieren und Verwalten im Informationszeitalter, Am Forschungsinstitut fur Offentliche Verwaltung bei der Deutschen Hochschulefur Verwaltungswissenschaften Speyer, Duncker &Humblot, Berlin, 2003.

[342] LUECK T. Ready or Not (for Many, It's 'Not'), New Noie Code is Taking Effect, The New York Times. New York, 2007: 6-30.

[343] LUMPKIN J R, CABALLERO M J, CHONKO L B. Direct marketing, direct selling, and the mature consumer : a research study, New York, Quorum Books, 1989.

[344] LYNN L E. Public Management as Art, Science and Profession, Chatham House, Chatham, NJ, 1996.

[345] LYNN L E. The New Public Management: How to Transform a Theme into a Legacy, Public Administration Review, 1998, 58 (3): 231-237.

[346] MAHRER H, KRIMMER R. Towards the enhancement of e—democracy: identifying the notion of the "middleman paradox", Info Systems Journal, 2005, 15: 27-42.

[347] MALTHOUSE E C, BLATTBERG R C. Can we predict customer lifetime value, Journal of Interactive Marketing, 2005, 19 (1): 2-52.

[348] MANI B G. O1d Wine in New Bottles Tastes Better: A Case Study of TQM Implementation Review, 1995, 55 (2): 147-158.

[349] MAOR M. The paradox of managerialism, Public Administration Review, 1999, 59 (1): 5-18.

[350] MARCH J, OLSEN J. Rediscovering Institutions: The Organizational Basis of Politics, The Free Press, New York, 1989.

[351] MARCHE S, MCNIVEN J D. E-Government and E-Governance:

The Future Isn't What It Used to Be, Canadian Journal of Administrative Sciences, 2003, 20 (1): 74-86.

[352] MARGUAND D, ALTENA J V. Decline of the public: The Hollowing Out of Citizenship, Polity Press, Cambridge, 2004.

[353] MARSH D, RHODES R A W. Policy networks in British government, Oxford University Press, Oxford, 1992.

[354] MARSHALL D. The restorative qualities of citizenship, Public Administration Review, 1990, 50 (1): 21-25.

[355] MARTIN W J. The global information society, Aslib Gower, Hampshire, 1995.

[356] MAY R. Lean Politics, Knaur, Munchen, 1995.

[357] MAYER-SCHOENBERGER V. Useful Void: The Art of Forgetting in the Age of Ubiquitous Computing, RWP07-022, Faculty Research Working Paper Series, John F. Kennedy School of Government, Harvard University, Cambridge, MA, 2007.

[358] MAZEROLLE L, ROGAN D, FRANK J, et al. Managing Citizen Calls to the Police: An Assessment of Non-Emergency Call Systems, 199060, National Institution of Justice, Washington, D. C, 2003.

[359] MCIVER W, ELMARGARMID A K. Advances in Digital Government: Technology, Human Factors, and Policy, Kluwer International, Boston, 2002.

[360] MCIVOR R, MCHUGH M, CADDEN C. Internet technologies: supporting transparency in the public sector, The International Journal of Public Sector Management, 2002, 15 (3): 170-187.

[361] MCKEAN J. Customers Are People … The Human Touch, John Wiley&Sons, Hoboken, NJ, 2004.

[362] MCSWITE O C. Taking public administration seriously: Beyond humanism and bureaucrat bashing, Administration & Society, 2005, 37 (1): 116-125.

[363] MELE C. The synergic relationship between IQM and marketing in creating customer value, Managing Service Quality, 2007, 17 (3): 240-258.

[364] MELITSKI J. Capacity and e-government performance: An analysis

based on early adopters of internet technologies in New Jersey, Public Performance and Management Review, 2003, 26 (4): 376-390.

[365] MELKERS J, THOMAS J C. What Do Administrators Think Citizens Think? Administrator Predictions as an Adjunct to Citizen Surveys, Public Administration Review, 1998, 58 (4): 327-334.

[366] MERTON R K. The unanticipated consequences of purposive social actions, American Sociological Review, 1938, 1: 894-904.

[367] MEYER W W. The growth of public and private bureaucracies, Theory and Society, 2004, 16 (2): 215-235.

[368] MICHEL H. e—Administration, e-Government, e-Governance and the Learning City: A typology of Citizenship management using ICTs, Electronic Journal of e-Government, 3, 4, http: // www. ejeg. com/volume—3/vol3—iss4/v3—i4—art7, htrn. 2005.

[369] MILAKOVICH M E. Balancing customer service, empowerment and performance with citizenship, repsonsiveness and political accountability, International Journal of Public Management Review, 2003, 4 (1): 61-82.

[370] MILES M, HUBERMAN A. Qualitative Data Analysis, Sage, Thousand Oaks, CA, 1994.

[371] MILLER B. Collective Action and Rational Choice: Place, Community, and the Limits to Individual Self—Interest, Economic Geography, 1992, 68 (1): 22-42.

[372] MILLS P K, CHASE R B. Motivating the client/employee system as a service production strategy, Academy of Management Review, 1983, 8 (2): 301-310.

[373] MILWARD H B, PROVAN K G. Governing the Hollow State, Journal of Public Administration Research and Theory, 2000, 10 (2): 359-380.

[374] MILWARD H B, PROVAN K G. Managing the hollow state-Collaboration and contracting, Public Management Review, 2003, 5 (1): 1-18.

[375] MILWARD H B, PROVAN K G, ELSE B A. What does the "hollow state" look like? in: Bozerman B. (Ed.), Public Management: The State of the Art, Jossey _ Bass, San Francisco, 1993: 309-322.

[376] Ministerio de —Administraciones Publicas, Plane de Choque para el

impulso de la administratcion electronice en Espana, Madtid, 2003.

［377］ Ministro per L' innovazione e le Tecnologie, Linee guida del Governo per lo sviluppo della Societa dell? Informazione nella legislature, Roma, 2002.

［378］ MINSKY M. The society of Mind, Simon and Schuster, New York, 1986.

［379］ MINTROM M. Market Organizations and Deliberative Democracy, Administration & Society, 2003, 35 (1): 52－81.

［380］ MINTZBERG H. The manager's job: Folklore and fact, Harvard Business Review, 1975, 53 (4): 49－61.

［381］ MIRANDA A D. Total Quality Management and Inequality: The Triple Helix in Global Historical Perspective, Science, Technology & Human Values, 2003, 28 (1): 34－51.

［382］ MITHAS S, ALMIRALL D, KRISHNAN M S. Do CRM Systems Clause One-to-One Marketing Effectiveness, Statistical Science, 2006, 21 (2): 223－233.

［383］ MITTAL V, KAMAKURA W A. Satisfaction, Repurchase Intent, and Repurchase Behavior: Investigating the Moderating Effect of Customer characteristics, Journal Marketing, 2001, 38 (1): 131－142.

［384］ MIYAKE N. Constructive interaction and the iterative process of understanding, Cognitive Science, 1986, 10 (2): 151－177.

［385］ MOE R C, GILMOUR R S. Rediscovering the principle of public administration: The neglected foundation of public law, Public Administration Review, 1995, 55 (2): 135－146.

［386］ MOLLER K, HALINEN A. Relationship marketing theory: its roots and direction, Journal of Marketing Management, 2000, 16: 29－54.

［387］ MOON M J. The Evolution of E-Government among Municipalities: Rethoric or Reality?, Public Administration Review, 2002, 62 (4): 424－434.

［388］ MOORE M H. Creating Public Value, Harvard University Press, Cambridge MA, 1995.

［389］ MOORMAN C, DESHPANDE R, ZALTMAN G. Factors Affecting Trust in Market Research Relationships, Journal of Marketing, 1993, 57 (1): 81－101.

［390］ MORONE J. The Democratic Wish：Popular Participation and the Limits of American Government，Basic Books，New York，1990.

［391］ MOSSE B，WHITLEY E A. Critically Classifying：UK E-Government Website Benchmarking and the Recasting of the Citizen as Customer ，Working Paper，Department of Management，Information Systems Group，London School of Economics and Political Science，London，2007.

［392］ MYERS J B，PICKERSGILL A D，VAN M E S. Steering customers to the right channels，McKinsey Quarterly，2004，4.

［393］ MYRON D. CRM. GOV，Customer Relationship Management. 2004，8：26－29.

［394］ NAIRN A. CRM：Helpful or full of hype?，Journal of Database Management，2002，9（4）：376－382.

［395］ NASCHOLD F，WATT A，ARNKILL R. New Frontiers in Public Sector Management：trends and issues in state and local government in Europe，Walter de Gruyter，Berlin，New York，1996.

［396］ NASH E L. Database marketing ：the ultimate marketing tool，McGraw-Hill，New York，1993.

［397］ NABMACHER H，NABMACHER K H. Kornrnunalpolitik in Deutschland，Leske—Budrich，Opladen，1998.

［398］ National Audit Office：Difficult forms — How government agencies interact with citizens，HC1145，Session 2002—2003，London.

［399］ National Audit Office for the Information Economy，Government Online：A Strategy for the Future，Canberra，2000.

［400］ NEUMANN W L. Social Research Methods：Qualitative and Quantitative Approaches，Allan & Bacon，Needham Heights，1997.

［401］ NEWELL F. Why CRM Doesn't Work，Bloomberg，Princeton，2003.

［402］ NISKANEN W A. The Peculiar Economics of Bureaucracy，The American Economic Review，1968，58（2）：293－305.

［403］ NONAKA I，TAKEUCHI H. The knowledge—creating company—How Japanese companies create the dynamics of innovation，Oxford University Press，New York，1995.

［404］ NORMAN R，RAMIREZ R. From value chain to value constellation：designing interactive strategy, Harvard Business Review, 1993, 71 (4): 65-77.

[405] NORRIS D F. Building the virtual State... or Not?, Social Science Computer Review, 2003, 21 (4): 417-424.

[406] Northern Ireland eGovernment Unit , A Digital Inclusion Strategy, Dublin, 2000.

[407] NYBORG K. Homo Economicus and Homo Politicus: Interpretation and Aggregation of Environmental Values, Journal of Economic Behavior & Organization, 2000, 42 (3): 305-322.

[408] O'LOONEY J. Wiring governments: challenges and possibilities for public managers, Quorum, Westport, 2002.

[409] OECD, Government of the Future, Paris, 2000.

[410] OECD, Understanding the Digital Divide, OECD Publications, Paris, 2001.

[411] OECD, The e-Government Imperative, Paris, 2003.

[412] OECD, OECD e-Government Studies —Mexico, Paris, 2005.

[413] OLSEN S O. Comparative Evaluation and the Relationship between Quality, Satisfaction, and Repurchase Loyalty, Journal of the Academy of Marketing Science, 2002, 30 (3): 240-249.

[414] OSBORNE D, GAEBLER T. Reinventing Government: how the Entrepreneurial Spirit Is Transforming the Public Sector, Addison—Wesley, Reading, MA, 1992.

[415] OVIATT B, MCDOUGALL P. Global start—ups: Entrepreneurs on a worldwide stage, Academy of Management Executive, 1995, 92: 30-43.

[416] PAN S L, TAN C W, LIM E T K. Customer relationship management (CRM) in e-government: a relational perspective, DECISION SUPPORT SYSTEMS, 2006, 42 (1): 237-250.

[417] PANG L M G, NORRIS R. Applying customer relationship management (CRM) to government, The Journal of Government Financial Management, 2002, 51 (1): 41-45.

[418] PARKHE A, MILLER S R. The Structure of Optimal Trust: A Comment and Some Extensions, Academy of Management Review, 2000, 25 (1): 10-11.

[419] PATTERSON P. Market Metaphors and Political Vocabularies, Public Productivity and Management Review, 1998, 22 (2): 220—231.

[420] PAYNE A, FROW P. The role of multichannel integration in customer relationship management, Industrial Marketing Management, 2004, 33: 527 - 538.

[421] PEGNATO J. Is a Citizen a Customer'? Public Productivity and Management? Review, 1997, 20 (4): 387 - 394.

[422] PELED A. Do computers cut red tape?, American Review of Public Administration, 2000, 31 (4): 414 - 435.

[423] Peoplesoft , Creating a Constituent—Focused Government, Pleasanton, 2002.

[424] PEPPARD J. Customer relationship management (CRM) in financial services, European Management Journal, 2000, 18 (3): 312—327.

[425] PEPPERS D, ROGERS M. The One to One Future: Building relationships one customer at a time, Currency, Doubleday, New York, 1993.

[426] PEPPERS D, ROGERS M. Managing Customer Relationships, John Wiley &Sons, Hoboken, 2004.

[427] PEPPERS D, ROGERS M, DORF B. Is your company ready for one—to—one marketing?, Harvard Business Review, 1997, 7 (1): 101 - 119.

[428] PERRY C, WONG S M, BERNHARDT S. Relationship between TQM, marketing and strategic management, Asia Pacific Journal of Quality Management, 1995, 4 (3): 6 - 29.

[429] PERRY J L, KATULA M C. Does Service affect citizenship?, Administration&Society, 2001, 33 (3): 330 - 365.

[430] PERRY J L, KATULA K L. Research Methodology in the "Public Administration Review", Public Administration Review, 1986, 46 (3): 215 - 226.

[431] PETERS B, PIERRE J. Governance without Government? Rethinking Public Administration, Journal of Public Administration Research and Theory, 1998, 8 (2): 223 - 243.

[432] PETTS J, LEACH B. Evaluating Methods for Public Participation: Literature Review, Environment Agency, Bristol, 2000.

[433] PHILLIPS A. Why docs local democracy matter? in: Pratchett L,

Wilson D. (Ed.), Local democracy and local government, MclMillan, London, 1996: 20 - 37.

[434] PICCOLI G, O'CONNOR P, CAPACCIOLI C, et al. Customer Relationship Management — A Driver for Change in the Structure of the U. S. Lodging Industry, Cornell Hotel and Restaurant Administration Quarterly, 2003: 61 - 73.

[435] PINO E d. Spanish Citizens and Public Administration: Stereotypes, Expectations and Perceptions in a Federalising System, Paper prepared for EGPA Conference, Potsdam, Germany, 4. —7. September, 2002, Madrid.

[436] PIPPKE W. Beratungsgestaltung bei computergestutzer Sachbearbeitung, in: Lenk K. (Ed.), Neue Informationsdienste im Verhaltnis von Burger und Verwaltung, Decker & Muller, Heidelberg, 1990: 79 - 95.

[437] PIPPKE W. Umgang mit Publikum: Kommunikation der Kommunalverwaltung mit dem Burger, Link, Kronach, 1998.

[438] PITAC, Interim Report to the President, President's Information Technology Advisory Committee (PITAC), National Coordination Office for Computing, Information and Communication, Arlington, VA, 1998.

[439] POISTER T H, GARY T H. Citizen ratings of public and private service quality: a comparative perspective, Public Administration Review, 1994, 54 (2): 155 - 160.

[440] POISTER T H, THOMAS J C. The Wisdom of Crowds: Learning from Administrators' Predicitions of Citizen Perceptions, Public Administration Review, March/April, 2007: 279 - 289.

[441] POLLITT C. Managerialism and the Public Service: Cuts or cultural change in the 1990s?, Blackwell, Oxford, 1993.

[442] POLLITT C, BOUCKAERT G. Public Management Reform, Oxford University Press, Oxford, 2000.

[443] PORTER M E. Competitive advantage: creating and sustaining superior performance, Free Press, New York, 1985.

[444] POWELL T C. Total Quality Management as Competitive Advantage: A Review and Empirical Study, Strategic Management Journal, 1995, 16 (1): 15 - 37.

[445] PRICE L L, ARNOULD E J, TIERNEY P. Going to extremes:

Managing service encounters and assessing provider performance，Journal of Marketing，1995，59（2）：83－97.

［446］ PROELLER I，ZWAHLEN T. Kundenmanagement in der offentlichen Verwaltung，Mummert Consulting，Zurich，2003.

［447］ PROHL M，PLAMPER H. Von der Mibtrauens — zur Vertrauenskultur：Erfolgsbcdingungen des Neuen Steuerungsmodells，in：Topfer A.（Ed.），Die erfolgreiche Steuerung offentlicher Verwaltungen，Gabler，Wiesbaclen，2000：113－124.

［448］ PUNCH K F. Introduction to Social Research — Quantitative and Qualitative Approaches，Sage，London，Thousand Oaks，New Delhi，2000.

［449］ PUTNAM R. Making Democracy Work：Civic Traditions in Modern Italy，Princeton University Press，Princeton，1993.

［450］ RAAIJ E MV，VEROOIJ MJ A，TRIEST S V. The implementation of customer profitability analysis：A case study，Industrial Marketing Management，2003，32：573－583.

［451］ RAGO W V. Adapting Total Quality Management（TQM）to Government：Another Point of View，Public Administration Review. 1994，54，61－64.

［452］ RAHMAN S. The Future of TQM is Part. Can TQM be Resurrected?，Total Quality Management，2004，15（4）：411－422.

［453］ RAWLS J. A Theory of Justice，Harvard University Press，Cambridge，MA，1971.

［454］ REDDICK C G. Citizen interaction with e-government：From the streets to the servers?，Government Information Quarterly，2005，22：38－47.

［455］ REDMAN T. Is quality management working in the UK?，Journal of General1Management，1995，20（3）：44－59.

［456］ REED R，LEMAK D J，MONTGOMERY J C. Beyond Process：TQM Content and Firm Performance，The Academy of Management Review，1996，21（1）：173－202.

［457］ REGER R K，GUSTAFSON L T. Reframing the organization：why implementing total quality is easier said than done，Academy of Management Review，1994，19：565－584.

［458］ REICHHELD F F，TEAL T. The Loyalty Effect，HBS Press，Cambridge, MA, 1996.

[459] REINARTZ W J, KRAFFT M, HOYER W D. The Customer Relationship Management Process: Its Measurement and Impact on Performance, Journal of Marketing Research, 2004, 41 (3): 293 - 305.

[460] REINARTZ W J, KUMAR V. On the Profitability of Long Lifetime Customers: An Empirical Investigation and Implications for Marketing, Journal of Marketing, 2000, 64 (4): 17 - 35.

[461] REINERMANN H. Verwa1tungsmodernisierung mit Public Management und Electronic Government, http: //www. hfv—spyer. de/rei/PUBLICA/online/Duwen dag. pdf, 05 - 01, 2003.

[462] REINERMANN H, FIEDLER H, GRIMMER K, et al. (Ed.), Neue Informationstechniken. Neue Verwaltungsstrukturen, v. Decker und Milller, Heidelberg, 1988.

[463] REINERMANN H, RIDLEY F F, THOENIG J C. Neues Politik— und Verwaltungsmanagement in der kommunalen Praxis — ein internationaler Vergleich, Interne Studie, Konrad — Adenauer — Stiftung, Sankt Augustin, 1998.

[464] REINERMANN H, VON L J. Portale in der offentlichen Verwaltung, Forschungsinstitut fur offentliche Verwaltung, Forschungsberichte, 205, Speyer, 2002.

[465] RICCUCCI N M. The "Old" Public Management versus the "New" Public Management: Where does Public Administration Fit in?, Public Administration Review, 2001, 61 (2): 172 - 175.

[466] RICHTER P, CORNFORD J, MCLOUGHLIN I. The e—Citizen as talk, as text and as technology: CRM and e-Government, Electronic Journal of e-Government, 2005, 2 (3): 207 - 218.

[467] RIDLEY F F. The New Public Management in Europe: Comparative Perspectives, Public Policy and Administration, 1996, 11 (1): 16 - 29.

[468] RIGBY D K, REICHHELD F F, SCHEFTER P. Avoid the four perils of CRM, Harvard Business Review, 2002, 80 (4): 101 - 109.

[469] RIKER W H. Liberalism against Populism: A Confrontation between the Theory of Democracy and the Theory of Social Choice, Waveland

Press, Prospect, IL, 1982.

[470] RILEY P. On Kant as the Most Adequate of the Social Contract Theorists, Political Theory, 1973, 1 (4): 450-471.

[471] RIVER R. 311 Expands With Scouts to Patrol the Streets , The New York Times. New York, 2007, 8 (17) .

[472] ROBERTS C. Keeping Public Officials Accountable through Dialogue: Resolving the Accountability Paradox, Public Administration Review, 2002, 62 (6): 658-669.

[473] ROBERTS B. Public Deliberation in an age of Direct Citizen Participation, American Review of Public Administration, 2004, 34 (4): 315-353.

[474] ROCHELEAU B. Governmental information system problems and failures: A preliminary preview, Public Administration and Management: An Interactive Journal, 2, 3, online, 1997.

[475] ROCHELEAU B. Prescriptions for Public—Sector Information Management, American Review of Public Administration, 2000, 30 (4): 414-435.

[476] ROCHELEAU B, WU L. Public versus Private Information Systems—Do They Differ in Important Ways? A Review and Empirical Test, American Review of Public Administration 2002, 32 (4) .

[477] ROGERS E M. Diffusion of Innovation, Free Press, New York, 1983.

[478] ROHR J A. To run a constitution: The legitimacy of the administrative state Law, University of Kansas Press, Lawrence, 1986.

[479] ROSEGRANT S. The Toxics Release Inventory: Sharing Government Information with the Public Case Study, C16 - 92 - 1154.0, John F. Kennedy School of Government Harvard University, Cambridge, MA, 1992.

[480] ROSENBAUM W A. Public Involverment as Reform and Ritual, in: Langton S. (Ed .), Citizen Participation in America, Lexington Books, Lexington, MA, 1978: 81-96.

[481] ROSENBLOOM D H. Have an Administrative Rx? Don't forget the politics, Public Administration Review, 1993, 53 (6): 503-506.

[482] ROSENER J. Citizen Participation: Can We Measure Its Effectiveness?, Public Administration Review, 1978, 38 (5): 457-463.

[483] ROUSSEAU J J. The Social Contract，Oxford University Press，Oxford，1999.

[484] ROWE G，FREWER L J. Public Participation Methods：A Framework for Evaluation，Science，Technology，& Human Values，2000，25 (1)：3-29.

[485] RUBIN H J，RUBIN I S. Qualitative Interviewing — The Art of Hearing Data，Sage，Thousand Oaks，CA，1995.

[486] RYAN N. Reconstructing Citizens as Consumers：Implications for New Modes of Governance，Australian Journal of Public Administration ，2001，60 (3)：104-109.

[487] SASAKI T，WATANABE Y A，MINAMINO K. An Empirical Study on Citizen Relationship Management in Japan，PICMET，Portland，August 5—9，Portland International Center for Management of Engineering and Technology，2007：2820-2823.

[488] SAUERESSIG G. Internetbasierte Self—Service—Systeme fur kundenorientierte Oienstleistungsprozesse in offentlichen Verwaltungen，dissertation. de，Berlin，1999.

[489] SAWHNEY M，ZABIN J. Managing and Measuring Relational Equity in the Network Economy，Journal of the Academy of Marketing Science，2002，30 (3)：313-332.

[490] SCHACHTER H L. Reinventing Government or Reinventing Ourselves：The Role of Citizen Owners in Making a Better Government，SUNY Press，New York，1997.

[491] SCHARITZER D，KORUNKA C. New public management：evaluating the success of total quality management and change management interventions in public service on employees' and customers perspective ，Total Quality Management，2000，11 (7)：941-953.

[492] SCHEDLER K. Local and Regional Public Management Reforms in Switzerland，Public Administration，2003，81 (2)：325-344.

[493] SCHEDLER K，SUMMERMATTER L. Was treibt eGovernment? in：Spahni D. (Ed.)，eGovernment 2 — Perspektiven und Prognosen，Haupt，Bern，2002：106-122.

［494］ SCHEDLER K，SUMMERMATTER L. Customer orientation in electronic government：Motives and effects，Government Information Quartlerly，2006，24 (2)：291－311.

［495］ SCHELIN S H. E-Government：An overview，in：Carson G D.（Ed.），Public information technology：Policy and management issues，Idea Group，Hershey，PA，2003：120－137.

［496］ SCHELLONG A. CRM in the Public Sector — Towards a conceptual research framework，6th Annual International Conference on Digital Government Research DG. O，Atlanta，GA，2005.

［497］ SCHELLONG A. Citizen Relationship Management，in：Anttiroiko A V，Malkia M.（Ed.），Encyclopedia of Digital Government，Idea Group，Hershey，PA，2006：174－182.

［498］ SCHELLONG A，LANGENBERG T. Managing Citizen Relationships in Disasters：Hurricane Wilma，311 and Miami—Dade County，System Sciences，HICSS 2007，Waikoloa，HI，10. 1109/ HICSS，2007：331.

［499］ SCHELLONG A，MANS D. Citizens preferences towards One—Stop Government，DG. O 2004 — The National Conference on Digital Government Research，Seattle，May，2004：24－26.

［500］ SCHMITT H E. CRM—Systeme in der offentlichen Verwaltung：eine Analyse von Einsatzpotentialen mit Schwerpunkt A2C，WiKu，Berlin，2003.

［501］ SCHMITTLEIN D，MORRISON D G，COLOMBO R. Counting Your Customers：Who are they and what will they do Next，Management Science，33，January，1987：1－24.

［502］ SCHMITTLEIN D，PETERSON R A. Customer base analysis：an industrial purchase process application，Marketing Science，1994，13 (1)：41－67.

［503］ SCHROTER E，WOLLMANN H.（Ed.），Der Staats—，Markt— und Zivilburger und seine Muskeln in der Verwaltungsmodrunisiruang. Oder：vom Fliegen— zum Schwergewicht? Brinkhauser，Boston，Basel，1998.

［504］ SCHUMACHER J，MEYER M. Customer Relationship Management strukturiert dargestellt：Prozesse，Systeme，Technologien，Springer，Berlin，2004.

[505] SCHUMPETER J A. Capitalism, Socialism and Democracy, Harper & Row, New York, 1942.

[506] SCHWETZ W. Customer Relationship Management — Mit dem richtigen CRM System Kundenbeziehungen erfolgreich gestalten, Gabler, Wiesbaden, 2001.

[507] SECAN M A. Quality Management in Public Organizations: The United States and Germany, Dissertation, University of Nebraska, Lincoln, 1996.

[508] SEIFERT J W, PETERSEN R E. The Promise of all Things E? Expectations and Implications of Electronic Government, 97th Annual Meeting of the American Political Science Association, Information Technology and Politics Section, 30. 08 — 02. 09, San Francisco, 2001.

[509] SERRA G. Citizen—initiated contact and satisfaction with bureaucracy: A multi — variate analysis, Public Administration Research and Theory, 1995, 5 (2): 175-188.

[510] SHARP B, SHARP A. Loyalty programs and their impact on repeat—purchase loyalty patterns, International Journal of Research in Marketing, 1997, 14 (5): 473-486.

[511] SHARP E B. Citizen demand making in the urban context, University of Alabama Press, Tuscaloosa, 1986.

[512] SHARPE R. Citizens' Preferences — Measuring the acceptability of E—channels, Kable Ltd, London, 2000.

[513] SHEPPPARD J E, MINTZ—ROTH J O. District Managers Rate 311: Citizen Service Center Needs Improvement , Public Advocate for the City of New York , NewYork City, NY, 2004.

[514] SHINE S, CORNELIUS C B. Government: Giving the People what they want, in: Freeland J. (Ed.), The Ultimate CRM Handbook, McGraw—Hill, New York, 2003: 269-279.

[515] SHOEMAKER M E. A framework for examining IT—enabled market relationships, Journal of Personal Selling and Sales Management, 2001, 21 (2): 177-185.

[516] SIEW SIEW L, LENG L Y. (), E-Government in Action: Singapore Case Study, Journal of Political Marketing, 2003, 2 (3/4): 19—30.

［517］ SIMON H. Administrative behavior，Macmillan，Sew York，1947.

［518］ SIMON H. A behavioral model of rational choice，Quarterly Journal of Economics，1955，69：99－118.

［519］ SINGH J，Siredeshmukh D. Agency and Trust Mechanisms in Consumer Satisfaction and Loyalty Judgments，Journal of Academy of Marketing Science，2000，28（1）：150－167.

［520］ SINGH S S. Customer Lifetime Value Analysis，Dissertation，Northwestern University，Evanston，IL，2003.

［521］ SKALEN P. New public management reform and the construction of organizational identities，International Journal of Public Sector Management，2004，17（3）：251－63.

［522］ SKELCHER C. Improving the quality of local public service，The Service Industry Journal，1992，12（4）：463－477.

［523］ SMITH S E，HUNTSMAN C A. Reframing the Metaphor of the Citizen－Government Relationship：A Value－Centered Perspective，Public ，Administration Review，1997，57（4）：309－318.

［524］ SMITH J.（2005），Migrating citizens to e-government channels in Hong Kong，http：//www. pstm. net/article/index. php? articleid＝511，15th of April 2006.

［525］ SMITH M R，MARX L. Does Technology Drive History? The Dilemma of Technological Determinism，MIT Press，Cambridge，MA，1994.

［526］ SMITH S R，LIPSKY M. Nonprofits for hire：The welfare state in the age of contracting，Harvard University Press，Cambridge，MA，1999.

［527］ SNELLEN I. Automation of Policy Implementation，Informatization and the Public Sector，1994，3（2）：135－148.

［528］ SOUDER D. CRM Improves Citizen Service in Fairfax County，Public Management，2001，83（4）：14－17.

［529］ SPENCER B A. Models of Organization and Total Quality Management：A Comparison and Critical Evaluation，The Academy of Management Review，1994，19（3）：446－471.

［530］ SRIVASTAVA R K，SHERVANI T A，FAHEY L. Marketing，business process and shareholder value：An organizationally embedded view of marketing activities and the discipline of marketing, Journal of Marketing (Special Issue), 1999..63: 168-179.

[531] STAKE R E. Case Studies, in: Denzin N K, Lincoln Y S. (Ed.), Handbook of Qualitative Research, Sage, London, Thousands Oaks, New Delhi, 1994: 236-247.

[532] STALLINGS R A, FERRIS J M. Public Administration Research: Work in PAR, 1940—1984, Public Administration Review, 1988, 48 (1): 580-587.

[533] STARK A. What is the New Public Management?, Journal of Public Administration Research and Theory, 2002, 12 (1): 137—151.

[534] STEENKAMP J. Product quality: An investigation into the concept and how it is perceived by customers, Van Gorcum, Maastricht, 1989.

[535] STEINGARD D S, FITZGIBBONS D E. A postmodern deconstruction of total quality management (TQM), Journal of Organisational Change Management, 1993, 6 (5): 27-42.

[536] STEWART J. The rebuilding of public accountability, in: Stewart J, Lewis N, Longley D. (Ed.), Accountability to the Public, European Policy Forum, London, 1992: 3-13.

[537] STEWART J. The Limitations of Government by Contract, Public Money and Management, 1993, 13 (3): 7-12.

[538] STEWART J, Ranson S. Management in the Public Domain, Public Money and Management, 1988, 8: 13-19.

[539] STEYAERT J. Local Governments Online and the Role of the Resident, Social Science Computer Review, 2000, 18 (1): 3-16.

[540] STIPAK B. Citizen Satisfaction with Urban Service: Potential Misuse as a Performance Indicator, Public Administration Review, 1979, 39 (1): 46-52.

[541] STIPAK B. Local Government Use of Citizen Surveys, Public Administration Review, 1980, 40 (5): 521-525.

[542] STIVERS C. The Public Agency as Polis: Active Citizenship in the Administrative State, Administration & Society, 1990, 22 (1): 86-105.

[543] STOKER G. British Local Government: Under New Management,

in: Grunow D W, Helmut (Ed.), Lokale Verwaltungsforschung in Aktion: Fortschritte und Fallstricke, Brinkhauser, Basel, Boston, 1998: 372－385.

[544] STOLTZFUS K. Motivations for Implementing E-Government: An Investigation of the Global Phenomenon, dg. O2005, Atlanta, GA, May, 2005, 15 (18), 333－338.

[545] STONE M, BOND A, CLARKSON R, et al. Managing public sector customers, in: Foss B, Stone M, Woodcock N. (Ed.), Customer management scorecard, Kogan Page, London and Sterling, VA, 2003: 255－280.

[546] STRANG D, SOULE S A. Diffusion in Organizations and Social Movements: From Hybrid Corn to Poison Pills, Annual Review of Sociology, 1998, 24: 265－290.

[547] STRAUSS A. Qualitative analysis for social scientists, Cambridge University Press, Cambridge, 1987.

[548] STRAUSS A L, CORBIN J M. Basics of Qualitative Research: Grounded Theory Procedures and Techniques, Sage, Newbury Park, 1998.

[549] STREIB G, SLOTKIN B J, RIVERA M. Public Administration Research from a Practitioner Perspective, Public Administration Review, 2001, 61 (5): 515—525.

[550] SWINDELL D, KELLY J M. A multiple—indicator approach to municipal service evaluation: Correlating performance measurement and citizen satisfaction across jurisdictions, Public Administration Review, 2002, 62 (5): 610－620.

[551] SWISS J E. Adapting Total Quality Management (TQM) to Government, Public Administration Review, 1992, 52 (4): 356－362.

[552] SYMONDS M. Government and the internet: no gain without pain, The Economist, 2000, 355: 9—14.

[553] SZYMANSKI D M, HENARD D H. Customer Satisfaction A Meta Analysis of the Empirical Evidence, Journal of the Acadenly of Marketing Science, 2001, 29 (1): 16－35.

[554] TAPSCOTT D. Citizen Relationship Management, Intelligence Enterprise, 2004, 7 (13): 16－17.

[555] TAYLOR F W. The principles of scientific management, Harper & Brothers, New York, 1911.

[556] TAYLOR S, BAKER T. An Assessment of the Relationship Between Service Quality and Customer Satisfaction in the Formation of Consumers' Purchase Intentions, Journal of Retailing, 1994, 70 (2): 163-178.

[557] TERRY L D. Leadership of Public Bureaucracies: The Administrator Conservator, Sage, Thousand Oaks, 1995.

[558] TERRY L D. Administrative leadership, neo—managerialism, and the public management movement, Public Administration Review, 1998, 58 (3): 194-200.

[559] TESCH R. Qualitative Research: Analysis Types and Software Tools, Falmer Press, New York, 1990.

[560] The Royal Academy of Engineering, The Challenges of Complex IT Projects, London, 2004.

[561] THOMAS J K. Citizen—Initiated Contacts with Government Agencies: A Test of Three Theories, American Journal of Political Science, 26, August, 1982: 504-522.

[562] THOMAS J C. Bringing the Public into Public Administration: The Struggle Continues, Public Administration Review, 1999, 59 (1): 83-88.

[563] THOMAS J C, MELKERS J. Explaining citizen—initiated contact with municipal bureaucrats: Lessons from the Atlanta experience, Urban Affairs Review, 1999, 34 (5): 667-690.

[564] THOMAS J C, STREIB G. The New Face of Government: Citizens—Initiated Contacts in the Era of E-Government, Journal of Public Administration Research and Theory, 2003, 13 (1): 83-102.

[565] THOMPSON F J. Sources of Responsiveness By A Government Monopoly—The Case of a People Processor , Administration & Society, 1976, 7 (4): 387-418.

[566] TORGERSON D. Contextual orientation in policy analysis: The contribution of Harold D. Lasswell, Policy Sciences, 1985, 18 (3): 241-261.

[567] TRAUNMULLER R, LENK K. Electronic Government, Sprirnger, Berlin, 2002.

[568] TROITZSCH K G, KAISER S, MAYER A, et al. E-Government — Forschungsfragen, State—of—the—Art und Perspektiven, 37, Arbeitsberichte,

Institut fur Wirtschaftsinformatik — und Verwaltungsinformatik, Universitat Koblenz, Koblenz, 2003.

[569] TROSTMANN T, LEWY S. CERM — Citizen Encounter and Relationship Management, eGov Prasenz, 2002, 2 (2): 32-35.

[570] TULLOCK G. The Welfare Costs of Taritffs, Monopolies and Theft, Western Economic Journal, 1967, 5 (3): 224-232.

[571] United Nations, Benchmarkting E-government: A global Perspective, New York, 2001.

[572] United Nations, World Public Sector Report 2003 —eGovernment at the crossroads, ST/ESA/PAD/SER. E/49, New York, 2003.

[573] United Nations, UN Global E-Government Readiness Report 2004 — Towards Access for opportunity, UNPAN//2004/11, New York, 2004.

[574] United Nations, UN Global E-Government Readiness Report 2005 — From e-Government to e—Inclusion, UNPAN/2005/14, New York, 2005.

[575] US Department of Defense, Total Quality Management Guide, Government Printing Office, Washington, 1990.

[576] Van Dijk J, Hacker K. The Digital Divide as a Complex and Dynamic Phenomenon, the Information Society, 2003, 19: 315-326.

[577] van Ryzin G G. Expectations, performance, and citizen satisfaction with urban service, Journal of Policy Analysis and Management, 2004, 23 (3): 433-448.

[578] van Ryzin G G, Muzzio D, IMMERWAHR S, et al. Drivers and consequences of citizen satisfaction: An application of the American customer satisfaction index model to New York City, Public Administration Review, 2004, 64 (3): 331-341.

[579] van Sylke D M, ROCH C H. What do they know, and whom do they hold accountable? Citizens in the Government—Nonprofit Contracting Relationship, Journal of Public Administration Research and Theory, 2004, 14 (2): 191-209.

[580] VARDON S. We're from the Government and We're Here to Help — Centre— link's Story, Australian Journal of Public Administration, 2000, 28 (3): 63-71.

［581］ VAUGHAN D. Theory elaboration：the heuristics of case analysis，in：Ragin C C，Becker H S.（Ed.），What is a Case? Exploring the Foundations of Social Inquiry，Cambridge University Press，Cambridge，1992：173－202.

［582］ VELDITZ A，DYER J A，DURAND R. Citizen Contacts with Local Governments：A comparative View，American Journal of Political Science，24，February，1980：50－67.

［583］ VERBA S，NIE N H. Participation in America，Harper &Row，New York，1972.

［584］ VERBA S，SCHLOZMAN K L，BRADY H E. Voice and Equality：Civic voluntarism in American Politics，Harvard University Press，Cambridge，MA，1995.

［585］ VERHOEF P C，DONKERS B. Predicting customer potential value：An application in the insurance industry，Decision Support System，2001，32（2）：189－199.

［586］ VERHOEF P C，LANGERAK F. Eleven misconceptions about customer relationship management，Business Strategy Review，2002，13（4）：70－76.

［587］ VERHOEF P C，LANGERAK F. Strategically embedding CRM，Business Strategy Review，2003，14（4）：75－80.

［588］ VIGODA E. Are you being served? The Responsiveness of Public Administration to Citizens' Demands：An Empirical Examination in Israel，Public Administration，2000，78（1）：91－165.

［589］ VIGODA E.（2002a），Administrative agents of democracy? A structural equation modeling of the relationship between public—sector performance and citizenship involvement，Journal of Public Administration Research and Theory，2002，12（2）：241－272.

［590］ VIGODA E.（2002b），From Responsiveness to Collaboration：Governance，Citizens，and the Next Generation of Public Administration，Public Administration Review，2002，62（5）：527－540.

［591］ VIGODA E，GOLEMBIEWSKI R T. Citizenship behavior and the spirit of new managerialism—A Theoretical Framework and Challenge for Governance，American Review of Public Administration，2001，31（3）：273－295.

［592］ VIGODA E，SHOHAM A，SCHWABSKY N A R. Public Sector Innovation for the managerial and the post—managerial era：promises and realities in a globalizing public administration，International Journal of Public Management，2005，8（1）：57-81.

［593］von Hippel E. Democratizing Innovation，The MIT Press，Cambridge，MA，2005.

［594］von Lucke J.（2003a），Citizen—Relationship—Management uber Hochleistungsportale der offentlichen Verwaltung，in：Uhr W，Esswein W，Schoop E.（Ed.），Wirtschaftsinformatik 2003 — Medien — Markte — Mobilitat，Physica，Heidelberg，2003：901-915.

［595］von Lucke J.（2003b），Regieren und Verwalten im Informationszeitalter：Abschlussbericht des Forschungsprojektes，Regieren und Verwalten im Informationszeitalter，am Forschungsinstitut fur Offentliche Verwaltung bei der Deutschen Hochschule Eir Verwaltungswissenschaften Speyer，Duncker & Humblot，Berlin，2003.

［596］WALDO D. The administrative state：A study of the political theory of American public administration，Holmes &Meier，New York，1984.

［597］WALSH J P，UNGSON C R. Organizational Memory，The Academy of Management Review，1991，16（1）：57-91.

［598］WALSH K. Citizens and consumers：marketing and public sector management，Public Money and Management，1991，11（2）：9-16.

［599］WATSON D J，JUSTER R J，JOHNSON G W. Institutionalized Uses of Citizen Surveys in Budgetary and Policy—Making Process，Public Administration Review，1991，51（3）：232-239.

［600］WEBER M. Wirtschaft und Gesellschaft，Tubingen，1922.

［601］WEISS R S. Learning from Strangers：The Art and Method of Qualitative Interview Studies，The Free Press，New York，1994.

［602］WERNER K，WIND M. Verwaltung und Vernetzung，Leske＋Budrich，Opladen，1997.

［603］WEST D M. Global E-Government，2004，Center for Public Policy，Brown University，Providence，2004.

［604］WEST D M.（2005a），Digital Government Technology and Public Sector Performance，Princeton University Press，Princeton，Oxford，2005.

[605] WEST D M. (2005b), Global E-Government, 2005 Center for Public Policy, Brown University, Providence, 2005.

[606] WHITEHOUSE C, SPENCER R E, PAYNE M. Customer Strategy: Whom do you want to reach? in: Freeland J. (Ed.), The Ultimate CRM Handbook , McGraw Hill, New York, London, 2002: 18-29.

[607] WHITLEY R C. The Customer Driven Company, Addison—Wesley, Reading, 1991.

[608] WICKS A C, BERMAN S L, JONES T M. The structure of optimal trust: Moral and strategic implications, Academy of Management Review, 1999, 24 (1): 99-116.

[609] WILKINSON A, WILLMOTT H. Making Quality Critical: New Perspectives on Organizational Change, Routledge, London, 1995.

[610] WILSON J Q. Bureaucracy, Basic Books, New York, 1989.

[611] WILSON L, DURANT R. Evaluating TQM: The Case for a Theory Driven Approach, Public Administration Review, 1993, 23 (3): 137-146.

[612] WILSON W. ([1887]), The Study of Administration, in: Shafr'itz J M, Hyde A C. (Ed.), Classics of Public Administration, Dorsey Press, Chicago, 1987: 10-25.

[613] WIMMER M, KRENNER J. An Integrated Online One—stop Government Plattform: The "eGov" Project, in: Hofer C. (Ed.), IDIMIT— 9th Interdisciplinary Information Management Talks: Proceedings, Universitatsverlag Trauner, Linz, 2001: 329-337.

[614] WIMMER M A. Integrated Service Modelling for Online One—stop Government, Electronic Markets, 2002, 12 (3): 149-156.

[615] WIMMER M A, TRAUNMULLER R, LENK K. Electronic business invading the public sector: considerations on change and design, System Sciences, HICSS 2001, Waikoloa, HI, 0—7695—0981—9, 10, 2001.

[616] Windhoff—Héretier A. Partizipation und Politikinhalte, in: Gabriel, O. W. (Ed.), Burgerbeiteiligung und kommunale Demokratie, Munchen, 1983: 305-338.

[617] WISNIEWSKI M. Using SERVQUAL to assess customer satisfaction with public sector services, Managing Service Quality, 2001, 11 (6): 380-388.

［618］ WORCESTER. Regional Research Bureau, Compstat and Citistat: Should Worcester adopt these management techniques?, 03－01 , Worcester, MA, 2003.

［619］ WRUCK K H, JENSEN M C. The two key principles behing effective TQM programs, European Financial Management, 1998, 4 (3): 401－423.

［620］ WUSTINGER J, JAKISCH G, WOHLMANNSTETTER R, et al. vCRM － Vienna Citizen Request Management, EGOV 2002, Aix－en－Provence, France, September 2－5, Springer, 2002: 191－194.

［621］ XU Y, YEN D C, LIN B, et al. Adopting customer relationship management technology, Industrial Marketing Management 85 Data Systems, 2002, 102 (8): 442－452.

［622］ YAMAMOTO H. New Public Management: Japan's practice, Institute for International Policy Studies, IIPS Policy Paper, 293e, Tokyo, 2003.

［623］ YANG K. Public Administrators' Trust in Citizens: A Missing Link in Citizen Involvement Efforts, Public Administration Review, 2005, 65 (3): 273－285.

［624］ YIN R K. Case Study Research, Design and Methods, Sage, London, 2003.

［625］ ZABLAH A R, BELLENGER D N, JOHNSTON W J. An evaluation of divergent perspectives on customer relationship management: Towards a common understanding of an emerging phenomenon, Industrial Marketing Management, 2004, 33: 475－489.

［626］ ZALTMAN G. How customers think. Essential Insights into the mind of the Market, HBS Press, Cambridge, MA, 2003.

［627］ ZHOU X. E-Government in China: a content analysis of national and provincial web sites, Journal of Computer Mediated Communication, 9, 4, doi: 10. 1111/j. 1083－6101. 2004－tb00297. x.

［628］ ZIMMERMANN K W, JUST T. Interest Groups, Referenda, and the Political Process: On the Efficiency of Direct Democracy, Constitutional Political Economy, 2000, 11 (2): 147－163.

［629］ ZITO J. From good to excellent － A case for service and change @ Miami－Dade County, Miami－Dade County, (2003) .

[630] ZMUD R W. Information systems in organizations, Scott & Foresman, Glenview, IL, 1983.

[631] ZUURMOND A. From Bureaucracy to Infocracy: A Tale of Two Cities, Information Infrastructure and Policy, 1994, 3, 3/4, 189-204.

附录A　实证研究方案

Document guidelines

(related to CRM/CiRM/311 or citizen orientation)

—List of involved external and internal actors

—Studies (intern, external)

—Project Plans

—Proposals

—Written documentation of meetings

—Emails (i. e. which are a good example of reactions to organizational changes, ect.)

— (Progress) reports, Memos, Policy papers

—Budget plans/calculations

—Citizen surveys (before/after)

—Citizen preferences analysis or similar

—Other internal documents

Interview guidelines

Executive Level Administrators

Bold questions were the most important ones. In case of time restrictions, the interview focused only on these questions.

Area	Questions
	Please describe your involvement in the 311/CiRM project
	Please describe the role of elected leadership the project?
Start	Could you summarise some lessons learned so far? (For yourself, government, PA)
	What has changed since the introduction of 311/CiRM
C>PA Rel	What are your plans for a better understanding of the citizens?

C>PA Rel	How would you describe the relationship between citizen and public administration? (Why manage it)
C>PA Rel	How would you describe the roles of a. the citizens in terms of PA and b. pa in terms of C?
C>PA Rel	How does the organization deal with citizen feedback
C>PA Rel	What kind of relationship would citizens want to have with their public administration?
Call Center—311	What did you learn from 311 feedback?
Call Center—311	How was the reaction of certain divisions or authorities when you announced 311?
Case	What are your current citizen—oriented practices?
Change	What are the biggest barriers to change in your organization?
CiRM	Who made the decision with respect to CRM?
CiRM	Did you look at CRM in the private sector? Where are the major differences to public sector use?
CiRM	Please define CiRM from your point of view or what you think about-the term?
CiRM	What would be the goals or vision of CiRM from your point of view?
CiRM	Where do you expect the greatest hurdles? Can you recall similar difficulties or experience from other projects?
CiRM	What effects do you expect from Citizen Relationship Management/311? (C, PA)
CiRM	What is the effect of ICT and eGovernment on departments, public administration and government?
CiRM	Does CiRM change the role of PA in society/state (Figure, 3 actors)
CiRM	Did you realize a change in citizen behaviour or activities during service delivery since you have information available online?
CiRM	For which aspects of CRM did you seek external advice? What was your experience?
CiRM	How can you finance a wider channel variety?

CiRM	What are the challenges of establishing and having a multi channel environment?
CiRM	Which service level is appropriate per channel? (Information，Communication，Transaction)
CiRM	How did or do you plan to implement your CRM project?
CiRM	How does CRM and eGovernment fit together?
CiRM	Did the Web channel/311 uncover any issue that you were not aware of? (demand，problems，etc.)
CiRM	Did you redesign processes during your CRM initiatives?
CiRM	What was your experience when you offered new channels (Web/call) to the citizens?
CiRM	Do you track channel effectiveness (How) ，that is among others，which channel most effectively serving different customer segments?
CiRM	You did some best practice research before you started. What were the most striking lessons you draw for your own strategy and implementation?
CiRM	What incentives did you offer agency heads or executives to join in sharing?
Citizen as Customers	How do you communicate new services，channels and changes to the citizens?
Participation	What are your measures of encouraging public participation?
Citizen—orientation	What effects of improved customer service on citizens do you expect from citizens in terms of public participation?
Citizen—orientation	What is the value for public administration to be more citizen—oriented?
Citizen—orientation	Who defines citizen—orientation for the public administration?
Citizen—orientation	Are citizen needs clearly defined and updated regularly within your organization?
Citizen satisfaction	How do you measure satisfaction at the moment? How often?
Citizen satisfaction	What do you expect from higher citizen satisfaction?

Citizen satisfaction	What are factors for citizen satisfaction (from your own research)?
Citizen satisfaction	From your point of view, would citizens use services more often if There are more satisfied with the way of delivery, the PA in general or are offered a broader service range?
Citizen satisfaction	How often did you survey customer expectations in the past?
Citizen satisfaction	Do citizens become less active participants if satisfaction rises
Citizen satisfaction	When do citizens participate?
Collaboration	Please describe your experience with cross—departmental and multi—jurisdictional collaboration.
Collaboration	What are the major constraints to agency / multi—jurisdictional collaboration?
Collaboration	What are the main incentives for co—operations across agencies?
Collaboration	What are you measures to foster cross agency /multi—jurisdictional collaboration?
Costs and Funding	Can you tell me how many services (combined) you offer to the citizens?
Costs and Funding	Do you know the costs of each service?
Costs and Funding	What are the key drivers for costs?
Costs and Funding	Were do you see the greatest opportunity for cost reduction?
Data	Which data do you share with different agencies?
Data	Which citizen data would you like to store centralized and share across all departments, jurisdictions?
Data	How can or did you solve data security and privacy issues?
eGov	What is your understanding of eGovernment and its goals?
eGov	Did you realize a change in citizen behaviour or activities during service delivery since you put information online?
eGov	Are you satisfied with citizens uptake of eGov. ?
eGov	Please describe some of the major challenges in your eGovernment related projects.

eGov	When comparing with the past, has ICT improved your control of the organisation?
PA> P relationship	Is there a commitment from politicians to support the citizen service concept (Show my drawing)? Are they aware of the implications?
PA> P relationship	Did you ever try to approach politics with citizen feedback to change something? How was the reaction?
Performance	Are you measuring performance?
PS improvement	What is public service improvement (in general) for you? Where is the limit?
PS improvement	What is public service improvement for the citizens?
PS improvement	Do you think tasks or new regulations are usually clear enough to create a process/ service/work effectively?
PS improvement	Do you think they are implemented according to citizens needs?
PS improvement	How would characterize high quality citizen services?
PS improvement	Did initiatives lead to loss of resources in other areas? How was reaction by public servants?
PS improvement	Where do you see your greatest area of improvement in terms of citizen—orientation?
Public Services	Do you have an estimate on how much an average or specific citizen costs the city/county every year?
Public Services	Do you know how often an average Miami resident has contact with the pain a year?
Public Services	What is your opinion on offering citizens more choices for one and the same service?

	How did you initiate change?
	Own comments, questions you would like to get answer from colleagues around the globe on citizen—orientation / citizen relationship / CRM?
End	How would you describe the most widely shared aims of your organization?
	If you think about the future, how might 311 and similar activities change the relationship with citizens and EO?
	Is there anything you would like to say regarding anything we discussed?
	Do you have any questions regarding about anything we discussed?

Elected Officials

Area	Question
	Please describe your involvement in the 311/ CiRM project
	Please describe the role of elected leadership the project?
Start	Could you summarise some lessons learned so far? (For yourself, government, pa)
	What has changed since the introduction of 311/CiRM?
C> PA Rel	How would you describe the relationship between citizen and public administration?
C> PA Rel	How do you deal with citizen feedback? (Examples pos/neg)
C> PA Rel	What kind of relationship would citizens want to have with their public administration?
Call Center—311	What did you learn from 311 feedback?
Change	What are the biggest constraints to change in public administration?
Change	Did the Internet channel or use of 311 lead to a structural change of public admin?
CiRM	Please define CiRM from your point of view or what you think about the term?
CiRM	What would be the goals or vision of CiRM from your point of view?
CiRM	Where do you expect the greatest hurdles? Can you recall similar difficulties or experience from other projects?

CiRM	What effects do you expect from Citizen Relationship Management/311? (C, PA)
CiRM	What is the effect of ICT and eGovernment on departments, public administration and government?
CiRM	Does CiRM change the role of PA in society/state (Figure, 3 actors)?
CiRM	Did you realize a change in citizen behaviour or activities during service delivery since you have information available online?
Citizen as Customers	What effects of improved customer service on citizens do you expect (passive)?
Citizen—orientation	What is the value for public administration to be more citizen—oriented?
Citizen—orientation	How do you balance the interest of different groups, especially less eloquent groups?
Citizen—orientation	Who defines citizen—orientation in government?
Citizen—orientation	Did you ever change a process/service due to citizen requests/feedback to PA after legislation was passed?
Citizen—orientation	What are your measures of encouraging public participation?
Citizen—orientation	Where do you see your greatest area of improvement in terms of citizen—orientation?
Citizen—orientation	What are factors for citizen satisfaction (from your own research)?
Citizen—orientation	When do citizens participate?
Collaboration	Please describe your experience with cross—departmental and jurisdictional collaboration.
Collaboration	What are the majors constraints to agency / multi—jurisdictional collaboration?
Collaboration	What are your measures to foster cross agency /multi—jurisdictional collaboration?
Data	What do you think about sharing basic citizen data profiles across agency and jurisdictional boundaries?

eGovernment	What is your understanding of eGovernment, its goals and impact?
PA>P relationship	Do we have to rethink the whole structure and organization of PA to use the advantages of ICT and be more citizen—oriented?
PA>P relationship	Do you expect any changes in your relationship to PA through 311/ CiRM?
PA>P relationship	What do you think about the greater power of PA through citizen knowledge accumulation?
PA>P relationship	What do you think of the possibility that direct citizen contacting to you decreases significantly through 311 and other measures?
PS improvement	What is public service improvement (in general) for you? Where is the limit?
PS improvement	What is public service improvement for the citizens?
PS improvement	Do you think tasks or new regulations are usually clear enough to create a process/ service / work effectively?
PS improvement	Do you think they are implemented according to citizens needs?
PS improvement	How would you characterize high quality citizen services?
End	Are there some questions or things you would like to ask or learn from your colleagues or researchers in the field of CiRM? Is there anything you would like to say regarding anything we discussed?

Customer Service Representatives (CSR - 311 call takers)

Area	Questions
Start	Please describe your involvement in the 311/ CiRM project Please describe the role of elected leadership the project? Could you summarise some lessons learned so far? (For yourself, government, pa) What has changed since the introduction of 311 CiRM?
C > PA Rel	How would you describe the relationship between citizen and public administration?
C > PA Rel	How would you describe the roles of a. the citizens in terms of PA and b. pa in terms of C?

C > PA Rel	Please describe some unique experience you had with your callers? (Pos/Neg)
C > PA Rel	How do you analyse citizen input and preferences?
C > PA Rel	Have citizens ever called you with suggestions for improvement of anything gov. / PA related?
C > PA Rel	What kind of relationship would citizens want to have with their public administration?
Data	Do you think something like a citizen profile would make your 311 work easier?
Data	Can citizens request a complete erasure of their data?
Collaboration	How often does customer interaction/transaction require cross agency work?
Collaboration	What is your experience with cross—agency work?
Call Center — 311	Why do citizens call 311 (major reasons)?
Call Center — 311	Did you learn something through 311 that you were not aware of your fellow citizens?
Call Center — 311	When do you support call talkers?
Call Center — 312	How often does this happen?
PS improvement	How would you characterize high quality citizen services?
PS improvement	Where do you see your greatest area of improvement in terms of citizen—orientation?
Public Services	Which service characteristics may be important to your clients/ citizens? (i. e. timeliness, transparency, etc.)
Public Services	What is your experience with citizens as co—producers?
CiRM	How do you like your software solution?
CiRM	Is there anything you would like to improve in future versions?
CiRM	Please describe the role of executives and elected leadership the project?

End	If you think about the future, how might 311 and similar activities change the relationship with citizens and EO? Is there anything you would like to say regarding anything we discussed?

311 Manager

Area	Questions
Start	Please describe your involvement in the 311/ CiRM project. Please describe the role of elected leadership in the project. Could you summarize some lessons learned so far? (For yourself, government, pa) What has changed since the introduction of 311/ CiRM?
CiRM	You did some best practice research before you started. What were the most striking lessons you draw for your own strategy and implementation?
eGov	What is the effect of ICT on organizational and cultural change of departments/public administration)?
eGov	What was or is the impact of eGovernment on your organization?
eGov	Did you realize a change in citizen behaviour or activities during service delivery since you put information online?
eGov	Are you satisfied with citizens uptake of eGovernment?
eGov	Please describe some of the major difficulties in your eGovernment related projects.
eGov	What is your understanding of eGovernment and its goals?
eGov	What are the effects of 311/CiRM and ICT on hierarchy within pa organization?
eGov	How about control?
C > PA Rel	How would you describe the relationship between citizen and public administration?
C > PA Rel	Please describe some unique experience you had with your callers. Pos/Neg
C > PA Rel	How does the organization deal with citizen feedback?

C > PA Rel	What kind of relationship would citizens want to have with their public administration?
C > PA Rel	How much information on citizen feedback do you get at your level in the hierarchy?
Citizen as Customers	What effects of improved customer service on citizens do you expect from citizens in terms of public participation?
Citizen as Customers	How do you communicate new services，channels and changes to the citizens?
Citizen orientation	Can you describe the current state of your organization on terms of citizen orientation?
Citizen orientation	What is the value for public administration to be more citizen oriented?
Citizen orientation	How did you approach the creation of a citizen oriented PA?
Citizen orientation	Are citizen needs clearly defined and updated regularly within your organization?
Citizen orientation	How do you communicate results from citizen surveys/feedback within your organization? (also Externally)
Citizen orientation	Did you ever change or a process/service due to citizen requests/feedback to PA?
Data	Which citizen data would you like to store centralized and share across all departments，jurisdictions?
Data	Can citizens request a complete erasure of their data?
Collaboration	Please describe your experience with cross departmental and multi-jurisdictional collaboration.
Collaboration	What are the major constraints to agency / multi－jurisdictional collaboration?
Collaboration	What are the main incentives for cooperation across agencies?
Collaboration	What are you measures to foster cross agency / multi－jurisdictional collaboration?

Collaboration	How often does customer interaction/transaction require cross agency work?
	When you compare Miami/Dade 311 to other 311s you have visited. What is different? What is the same?
Call Center — 311	Why do citizens call 311 (major reasons)?
Call Center — 311	What did you learn from 311 feedback?
Call Center — 311	How do you analyze 311 data and feedback?
Call Center — 311	How was the reaction of certain divisions or authorities when you announced 311? (collaboration)
Call Center — 311	How did you communicate 311?
Call Center — 311	How many citizens are taken care of by public service personell.
Call Center — 311	How often do you train CSR?
Call Center — 311	What are you doing in training?
Call Center — 311	What are your future plans for 311?
PS improvement	What is public service improvement (in general) for you? Where is the limit?
PS improvement	What is public service improvement for the citizens?
Public Services	Can you tell me how many services (combined) you offer to the citizens?
Public Services	Do you know how often each service is used?
Public Services	Do you know the costs of each service?
Public Services	Do you have an estimate on how much an average or specific citizen costs the city/county every year?
PS improvement	Do you think tasks or new regulations are usually clear enough to create a process/ service / work effectively?
PS improvement	Do you think they are implemented according to citizens needs?
PS improvement	How would you characterize high quality citizen services?
PS improvement	Did initiatives lead to loss of resources in other areas? How was reaction by public servants?

PS improvement	Where do you see your greatest area of improvement in terms of citizen orientation?
Public Services	Do you know how often an average Miami resident has contact with the pa in a year?
Public Services	What are the key drivers for costs in current PS?
Public Services	Where do you see the greatest opportunity for cost reduction?
Public Services	How do you want to raise transparency of process?
Public Services	Which customer process involves all state levels?
Public Services	Which product / service characteristics may be important to your clients/citizens? (i. e. timeliness, transparency, etc.)
Public Services	Which agencies have most citizen contacts?
Public Services	What is your opinion on offering citizens more choices for one and the same service?
Public Services	What is your experience with citizens as coproducers?
CRM	Please describe the role of executives and elected leadership the project?
CRM	Who made the decision with respect to CRM?
CRM	Did you try to request feedback from the citizens before? What was your experience? How did you use the information?
CRM	Please define CRM from your point of view or what you know about the term?
CRM	Describe CRM major goals, impact? Where do you expect the greatest hurdles? Can you recall similar difficulties or experience from former projects?
CRM	What benefits do you expect for the PA from CRM?
CRM	How would staff react to implied changes?
CRM	For which aspects of CRM did you seek external advice? From whome?
CRM—Channels	How can you finance a wider channel variety?

CRM—Channels	What are the challenges of establishing and having a multi channel environment?
CRM—Channels	Which service level is appropriate per channel? (Information, Communication, Transaction)
CRM	How did or do you plan to implement your CRM project?
CRM—Channels	How does CRM and eGovernment fit together?
CRM—Channels	How much will CRM cost you? Estimates?
CRM—Channels	Did the web channel/311 uncover latent demand / feedback for certain PS/ issues?
CRM	Did you redesign processes during your CRM initiatives?
CRM—Channels	How did you approach the CRM project: One major change or smaller projects?
CRM—Channels	What was your experience when you offered new channels (web/call) to the citizens?
CRM—Channels	Do you track channel effectiveness (How), that is among others, which channel most effectively serving different customer segments?
CRM—Channels	Did you define the role and service level of each channel?
Citizen satisfaction	How do you measure satisfaction at the moment? How often?
Performance	Are you measuring performance?
Citizen satisfaction	What do you expect from higher citizen satisfaction?
Citizen satisfaction	What are factors for citizen satisfaction (from your own research)?
Citizen satisfaction	From your point of view, would citizens use services more often if there are more satisfied with the way of delivery, the PA in general or are offered a broader service range?
Citizen satisfaction	How often did you survey customer expectations in the past?
Citizen satisfaction	Do citizens become less active participants if satisfactions rises?
Citizen satisfaction	When do citizens participate?
TQM	Did you have a TQM initiative? What was your experience?
Change	What are the biggest barriers to change in your organisation?

$PA > P$ *relationship*	Is there a commitment from politicians to support the citizen service concept (Show my drawing)? Are they aware of the implications? Do you think they might misuse it?
$PA > P$ *relationship*	How much time in the week/day to you spend answering questions?

Jane E. Fountain
Professor of Political Science and Public Policy
Director, National Center for Digital Government
Director, Science, Technology and Society Program

October 26, 2005

To Whom it May Concern

This is to introduce Alexander Schellong and to ask that you support his doctoral dissertation research by making available your time and insights in his research area. Alexander is a highly qualified individual with wide experience in the field of Citizen Relationship Management (CiRM) and eGovernment. He began his studies at a well-known university in Europe, has been a private sector professional and decided to pursue graduate study in public management. Mr. Schellong served with distinction as a Visiting Research Fellow at the National Center for Digital Government (NCDG) which I founded and directed at Harvard's Kennedy School of Government before its recent move with me to the University of Massachusetts at Amherst. His fellowship was based at the Kennedy School of Government from August 2004 to August 2005. He remains a Fellow at Harvard University in the successor program of the NCDG, the Program on Networked Governance.

I have been intrigued by the dissertation research plan developed by Mr. Schellong which concerns the detailed analysis of the Customer Relationship Management concept and The project provides a basis for a stream of related studies which, if undertaken, have promise to shape significantly the emerging field of Citizen Relationship Management, which includes a deeper understanding of the citizen as a client of public admintstration, as well as citizen participation. Alexander will conduct cases studies which include a broad document analysis and in-depth interviews. The knowledge on CiRM/311 and citizen orientation provided through your internal documents and by his interviewees is essential for his dissertation.

The letter is directed towards administrative leaders, public managers, elected officials and other involved actors. I ask you to support Alexander's dissertation research by making available your time and knowledge. Your cooperation is crucial if the case studies are to provide researchers and public managers alike with sound results. Alexander has excellent communicative skills and the professional background to work with managers and employees at all levels within any organization. His approach to case research is to treat data and interviews as confidential material unless reviewed and cleared by the host organization. He approaches his cases with a high degree of professionalism and objectivity. I strongly recommend supporting Alexander Schellong without reservation.

Please do not hesitate to contact me by email at fountain@polsci.umass.edu or by telephone at 413-545-1007 should you have further questions or concerns.

Many thanks and with best regards,

Jane E. Fountain

Jane E. Fountain

National Center for Digital Government • Phone: 413-545-1007
fountain@polsci.umass.edu • www.umass.edu/digitalcenter
University of Massachusetts • Thompson Hall • Amherst, MA 01003 • tel;413 • 545 • 1108 • info@pubpol.umass.edu

CPPA CENTER FOR PUBLIC POLICY & ADMINISTRATION

David Lazer
Associate Professor of Public Policy

December 3,2005

To Whom It May Concern

I am writing to respectfully ask for your participation or support of the doctoral research entitled "CRM in the Public Sector—Empirical and Theoretical Analysis of the impact of Citizen Relationship Management (CRM) on the citizen government relationship" by Alexander Schellong. There is little academic research on CRM, despite its rapidly emerging importance in local government. Alexander is a Research Fellow at Harvard University, where I have sponsored him in my position as the Director of the Program for Networked Governance.

Alexander Schellong received his masters in political science and economics from the elite Johann Wolfgang Goethe—University in Germany. He began his PhD studies in winter of 2003 and has been a Research Fellow at Harvard University since August 2004. I have been his sponsor at the Kennedy School, overseeing his research. I am in a good position, therefore, to vouch for him, which I do so with enthusiasm.

To truly understand the process and challenges in the adoption of CRM in local government, he will need to interview the key decision makers as well as to have access to support of the study is therefore critical to its success.

In short, I have full confidence in Mr. Schellong's abilities and integrity. He is well qualified to pursue this research. Of course, interviews and other obtained material will not be given to any third parties. Individuals and organizations will not be named unless otherwise requested by participants. Participants may not receive any direct benefit from this study, except to the extent that the study provides general insight into CRM. Mr. Schellong will also personally debrief each organization that has participated in the reserch regarding his overall findings.

Please contact me personally anytime by email (david_lazer@harvard.edu) or telephone (617 384-8319) should you have any questions or concerns.

Sincerely yours,

David Lazer
Associate Professor of Public Policy
Director
Program on Networked Governance
Harvard University

附录B　编码

开放编码（初始预设编码：76个）

311

911

Baltimore

BPR/BPA

Budget

Call Center Implementation

Call Center Operation

Call Centers (pre311)

Challenges

Challenges (Overcoming, Solving)

Change

Change Management

Channels

Chicago

CiRM

CiRM definition

CiRM Market

CiRM Motivation for

Citizen Behaviour

Citizen Empowerment

Citizen Insights

Citizen Interaction

Citizen—oriented organisation

Cross—/Up—selling

Customer Lifetime Value

Customer orientation

Customer Satisfaction

Customer Service

eGovernment

Employees feedback/innovation

IVR

Knowledge Sharing

Knowledgebase

Latent Demand

Leadership

Marketing

Miami—Dade County

Nlulti—channel

Multi—jurisdictional issues

New Public Management

New York City

One—Stop

Performance Management

Personalization

Privacy

Quality Control

Relationship — EO <> C

City of Miami

Closed Loop

Collaboration

Communication (Lack/Imponance)

Costs

Counter (Agency)

CRM (culture — Lack oi)

CRM (culture)

CRM (Private vs. Public)

CRM analytical

CRM Europe

CRM operational

CRM other

CRM Software

CRM Vision

Relationship — PA <> C

Relationship — PA <> EO

Relationship Pa <> Pa

Segmentation

Self Service

Services

Siebel CRM

Strategic Planning

Survey

Technology

Technology (Issues—Challenges)

TQM

Training

Web: Portal

开放编码（最终编码：224个）

211
311
411
911
Access
Accountability
Admin 311 perception
Agreements/Contracts
Backend － Front－end Integration
Baltimore
Bloomberg
Bloomberg，Emma
BPR / BPA
Budget
Call Center Implementation
Call Center Operation
Call Center/Contact Front face issue
Call Centers（pre311）
Call Taker as Advocate/Navigator
Call takers
Call Volume
Call/Contact Center Manager
Case Management
Centralization
Challenges
Challenges（Overcoming，Solving）
Change
Change － 311 impact
Citizen Behaviour
Citizen Demand
Citizen Empowerment
Citizen Insights
Citizen Interaction
Citizen less important than location/incident
Citizen not understanding how gov works
Citizen－oriented organization
Citizen Participation（lack of interest）
Citizen Participation/Reintegration
Citizen Passive
Citizen Perception（of Gov.）
Citizen Profile
Citizen Reaction
Citizens Calls
City of Miami
Closed Loop
Collaboration
Communication（Lack/Importance）
Complaint
Complexity
CompStat
CompStat and 311
Conflict of Interest
Consultant Influence
Consultants
Coordination
Costs

Change — Loss of resources

Change — Public Servants

Change — Role of Leadership

Change (organizational)

Change (People)

Change (Process)

Change Management

Channels

Chicago

CiRM

CiRM definition

CiRM Market

CiRM Motivation for

Cities (Exchange for Planning & Impl)

CitiStat

Cross—boundary perception

CSA

Customer Lifetime Value

Customer orientation

Customer Satisfaction

Customer Service

Data

Date analysis and presentation

Decision Marking

Departments/Agencies

Digital Divide

Efficiency gains

eGovernment

Elected/Re—elected

Counter (Agency)

Crime

Critics

CRM (culture — Lack of)

CRM (culture)

CRM (Private vs. Public)

CRM analytical

CRM operational

CRM other

CRM Software

CRM Vision

Cross—/Up—selling

Cross—boundary collaboration

Cross—boundary constraints

Cross—boundary example

Information

Institutionalized

Intangibles

Interviewee Personal Background

IVR

Knowledge—Explicit (Codifiable)

Knowledge—Tacit (non—codifiable)

Knowledge Sharing

Knowledgebase

Knowledgebase Issue

Latent Demand

Leadership

Leadership (Bad)

Legal issues

Elected Official 311 Perception

Elected Officials

Elected Officials — contra

Elected Officials — lose contact

Elected Officials — pro

Emergency Management

Employees feedback/innovation

Escalation

Executive Power (Lack ot)

Executive support/ Decision

Expectations

Failed Projects

Finance

Finance — funding 311

Financial Crisis

Gartner

Getting the buy—in/Buy—in

GIS

Governance Structure

Government perception

Hanson

Hierarchies

Human touch /Contact

Impact— Data

Impact — call takers

Impact — citizens

Impact elected officials

Impact —government

Implementation

Legislation / Legislation into Process

Limit to Service Orientation

Management

Marketing

MBO

Miami—Dada County

Mobile

Motorola CSR

Multi—channel

Multi—jurisdictional issues

Municipality

Networked Government

New Public Management

New York City

Non—emergency Definitions

One—Stop

Performance Management

Personalization

Personal Relationship influencing project

Philadelphia

Phone/Cell phone Companies

Police role / Police

Policy

Priorities/Conflicts of interest (different)

Privacy

Proactive/ Reactive

Process overlaps

Process Time

PSAP

Incentives

Public vs Private differences

Quality Control

Real Time

Reconnecting lower <> higher hierarchies

Red Tape

Relationship – EO <> C

Relationship – PA <> C

Relationship – PA <> EO

Relationship Pa <> Pa

Resistance

Resource Allocation

Responsiveness

Reverse 911

Savings (Costs)

Secret Shopping

Segmentation

Self Service

Service Level Agreement

Service Request

Services

Servicestat

Shared Services

Siebel CRM

Silo mentality

Situational Awareness

Social Network

Soft launch

Standards

Public Outreach

Turf / Territorialism

Unions

Usability

Vendor (Influence, Reliance, etc.)

Voice Options

Web: Portal

Strategic Planning

Sunk Costs

Survey

Sustainability

System Level Bureaucrat

Taxonomy

Technology

Technology (Issues—Challenges)

Technology (Role)

Technology (Telephony)

Tension between work ethics

Time

TQM

Training

Transparency

Trust

附录C　全面质量管理（TQM）

Deming's（1986）14 points

1. Create constancy of purpose to improve product and service.

2. Adopt new philosophy for new economic age by management learning responsibilities and taking leadership for change.

3. Cease dependence on inspection to achieve quality; eliminate the need for mass inspection by building quality into the product.

4. End awarding business on price, instead minimize total cost and move towards single suppliers for items.

5. Improve constantly and forever the system of production and service to improve quality and productivity and to decrease costs.

6. Institute training on the job.

7. Institute leadership; supervision should be to help to do a better job; overhaul supervision of management and production workers.

8. Drive out fear so that all may work effectively for the organization.

9. Break down barriers between departments; research, design, sales and production must work together to foresee problems in production and use.

10. Eliminate slogans, exhortations, and numerical targets for the workforce, such as zero defects or new productivity levels. Such exhortations are diversory as the bulk of the problems belong to the system and are beyond the power of the workforce.

11. Eliminate quotas or work standards, and management by objectivity or numerical goals; substitute leadership.

12. Remove barriers that rob people of their right to pride workmanship; hourly workers, management and engineering; eliminate annual or merit ratings and management by objective.

13. Institute a vigorous education and self-improvement program.

14. Put everyone in the company to work to accomplish the transformation.

Juran's (1988) **quality planning road map**

1. Identify who are the customers.

2. Determine the needs of those customers.

3. Translate the needs into language.

4. Develop a product which can respond to those needs.

5. Optimise the product features so as to meet our needs as well as customer needs.

6. Develop a process which is able to produce the product.

7. Optimise the process.

8. Prove that the process can produce the product under operating conditions.

9. Transfer the process to operations.

全面质量管理的工具 (Tools of TQM)

Archetypes of systems (Senge)

Affinity diagram (Walton)

Arrow diagram (Mizuno)

Benchmarking (Camp)

Brainstorming (de Bono)

Cause — effect diagram (Walton)

Charts and graphs (Walton)

Control charts (Oakland)

Cost-benefit analysis (Oakland)

Five whys (Murgatroyd/ Morgan)

Force field analysis

Histograms (Walton/Oakland)

House of quality (Murgatroyd/Morgan)

Mental mapping (Senge)

Pareto charts (Waltonn)

Process decision program charts (Mizuno)

Process mapping (Murgatroyd/Morgan)

Run charts (Walton)

Sampling (Oakland)

Scatter diagrams (Walton)

Six thinking hats (de Bono)

Six action shoes (de Bono)

Systematic diagram (Mizuno)

Three MUS (Murgatryod/Morgan)

附录 D　实证数据

巴尔的摩

Abandoned Vehicle Complaint
Animal Control — Barking Dog Report
Animal Control — Running at Large
Animal Control — Unsanitary Conditions
Ball Field Maintenance
Bulk Trash Pickup
City Pool Repair
Construction without Building Permit
Dead Animal Pickup
Debris Hanging From Wires or Poles
Dirty Alley Cleaning
Dirty Street Cleaning
Food Facility Complaint
Footway/ Sidewalk Repair
Forestry Stump Removal
Forestry Tree Pruning
Forestry Tree Removal
Forestry Tree Road Hazard.
Graffiti Removal
Grass Mowing — Public Property
HCD Sanitation
Housing Inspection — Animal Issue
Housing Inspection — Fire Protection
Housing Inspection — High Grass and Weeds

Illegal Sign Investigation — Public Property
Lot Cleaning (city—owned Lot)
Missed Mixed Refuse Pickup
Missed Recycling Pickup
Open Fire Hydrant
Park Maintenance
Parking Meter Complaints
Playground Maintenance
Pothole Repair
Rat Rubout Request
Recycling Schedule Request
Sewer Investigation
Sewer Water in Basement
Snow or Icy Condition
Steel Plaint Complaint
Storm Inlet Choke
Storm Inlet Damage
Street Light Out
Street Repair
TRP — Truck Restriction Violation
Traffic Sign — Change Request
Traffic Sign — Missing
Traffic Sign — New Request

Housing Inspection — Insect Infestation

Housing Inspection — Rodent Infestation

Housing Inspection — Space and Occupancy

Housing Inspection — Structural Deficiencies

Housing Inspection — Trees and Shrubs

Housing Inspection — Utility Systems

Housing Inspection —Vacant Residential Property

Illegal Flyer Investigation — Private Property

Illegal Parking complaint

Traffic Signal Repair

Traffic/ Parking Sign Damaged

Water — No water at Business or Residence

Water — Discoloured at Faucet

Water — Leak (Exterior)

Water — Low Pressure

Water — Meter Cover Missing/Damaged

Water — Repair Debris Removal

Water — Repair Surface Repair

Water — in Basement

芝加哥

1. 组织结构图（311）

2. 给某市民的一封关于市政服务的信件

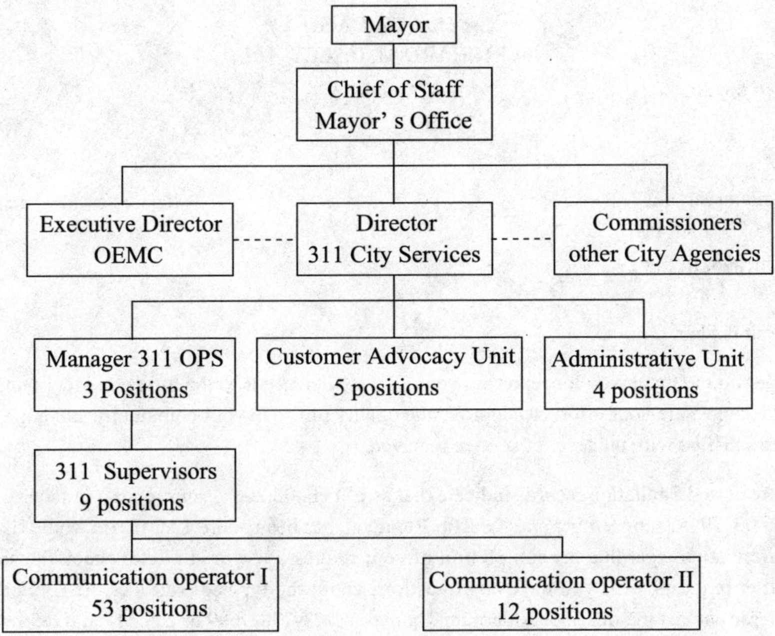

CrrY OF CHICAGO
RICHARD M. DALEY
MAYOR

Feb 08, 2006

Gailann Jarocki
3356 W 65th Pl
Chicago, IL 60629

Dear Gailann Jarocki,

We want to thank you for reporting your City service needs to the office of Alderman Thomas. We appreciate your efforts to improve the quality of life in your community and hope that you are satisfied with the level of service received.

Streets and Sanitation records indicate that as of Feb. 08,2006, your request number 06-00179957, concerning a/an Graffiti Removal, has been addressed. If you would like more information regarding the completion of your request, or would like to check the status of other requests, or if you have any questions about the types of services the City provides, please contact the office of Alderman Thomas at 773-778-9609 or call 311 and reference the request number listed above.

This year we anticipate processing some 2.5 million requests for services citywide. We are confident that by working in partnership with you we can expedite the delivery of City services and continue to build a better Chicago. Again, thank you for doing your part. We pledge that we will do our part by providing all residents with the best level of service possible.

Sincerely,

Richard M. Daley
Mayor

Alderman Thomas
Ward 15

Michael Picardi, Commissioner
Streets and Sanitation

EMERGENCIES 911·NON-EMERGENCIES 311·312-744-8599(TTY)·http://www.cityofchicago.org

纽约

1. 311 隐私条款

The City of New York
311 Citizen Service Center
Client Information Privacy Policy
（“311 Privacy Policy”）

The City of New York（“City”）is committed to maintaining the confidentiality of the information provided by clients to the 311 Citizen（“311 Call Center”）. This commitment is reflected herein，in the City's 311 Citizen Service Center Client Information Privacy Policy（“311 Privacy Policy”），a formal statement of principles and procedures concerning the protection of client information provided to the 311 Call Center. The objective of the 311 Privacy Polity is the responsible management of 311 cient information. It is intended to reflect the high regard which the City views the management of information provided by clients. The City will review the 311 Privacy policy periodically ensure it is relevant，and remains current with changing laws，technologies and client needs. The City is not responsible for breaches of security by third parties.

Principle 1—Accountability

The City，through the 311 Call Center，is responsible for personal information under its control and shall designate one or more persons who are accountable for the 311 Call Center's compliance with the 311 Security and Privacy Policy.

1. 1 Responsibility for ensuring compliance with the provisions of the 311 privacy Policy rests with the senior management of 311 Call Center，which shall designate one or more “privacy compliance officers” to be accountable for 311 Call Center compliance with the 311 Privacy Policy. Other individuals within 311 Call Center may be designated to act on behalf of the privacy compliance officers，or to take responsibility for the day—to—day collection and processing of personal information. The 311 Call Center shall make known，upon request，the identity of the privacy compliance officers who oversee the 311 Call Center's compliance with the 311 Privacy Policy.

1. 2 The 311 Call Center has implemented policies and procedures to give effect to the 311 privacy policy，in cluding：

a） implementing procedures to protect personal information and to oversee the 311 Call Center's compliance with the 311 Privacy Policy；

b） training and communicating to staff about the 311 Call Center's policies and practices；and

c） establishing procedures to receive and respond to inquiries or complaints.

1. 3 The 311 Privacy Compliance Officer may be contacted with any questions or comments regarding this policy via mail at

311 Privacy Compliance Officer
NYC DoITT
59 Maiden Lane，14th Floor Mailroom
New York City，NY 10038.

Principle 2—Limiting the Collection of Personal Information

The 311 Call Center shall limit the collection of personal information to that which is reasonably necessary to address client needs，to conduct City business，to provide emergency assistance，or as otherwise required by law.

2. 1 The 311 Call Center collects personal information only for the following purposes：

a） to efficiently address client needs；

b） to conduct and improve City business and/or services；

c） to help provide emergency assistance，if necessary；and

d） as otherwise required by law.

2.2 Unless required by law, the 311 Call Center shall not collect personal information for any other purpose without first informing the client.

Principle 3 — Limiting Access and Disclosure of Personal Information

The 311 Call Center shall not use personal information for purposes other than those for which it was provided, except as otherwise disclosed to the client and/or approved by a 311 privacy compliance officer.

3.1 Only those City employees who require access only for the purposes set forth in 2.1 are to be granted access to personal information about clients.

3.2 Personal information is subject to disclosure, without the knowledge and consent of the client, only for the purposes set forth in 2.1.

3.3 The 311 Call Center shall adhere to the Automatic Number Identification ("ANT") Terms and Conditions, as prescribed by New York State's Public Service Commission, which provide:

a) The City may use or transmit ANI information to third parties for billing and collection, routing, screening, ensuring network performance, and completion of a telephone subscriber's Call or transaction, or the telephone subscriber's original Call or transaction.

b) The City is prohibited form utilizing ANI information to establish marketing lists or to conduct outgoing marketing Calls, except as permitted by the preceding paragraph, unless the ANI recipient obtains the prior written consent of the telephone subscriber permitting the use of ANI information for such purposes. The City may not utilize ANI information if prohibited elsewhere by law.

c) The City is prohibited form reselling, or otherwise disclosing ANI information to any other third party for any use other than those listed in subheading a, unless the City obtains the prior written consent of the telephone subscriber permiting such resale or disclosure.

Principle 4 — Limiting Access and Disclosure of Personal Information

The 311 Call Center shall retain personal information for the fulfillment of the purposes for which it was collected, except as otherwise provided in 4.3.

4.1 Where personal information is reasonably necessary to provide ongoing assistance to a client, the 311 Call Center shall retain that information that is reasonably sufficient to enable the provision of such service until it is determined that retention is no longer necessary.

4.2 The 311 Call Center shall maintain reasonable and systematic controls and practices for information and records retention and destructon which apply to personal information that is no longer necessary or televant for the identified purposes or required by law to be retained.

4.3 Voice recordings of phone Calls are kept are kept for fourteen days then erased, with several exceptions. First, certain recordings are kept longer than fourteen days for quality assurance purposes. The personal information on these recordings shall be redacted. Second, recording shall be preserved when subject to subpoena. Third, recordings shall be preserved when subject to Freedom of Information Law requests. Fourth, recordings shall be preserved if they are material to an ongoing law enforcement investigation or Proceeding or when otheruise required by law.

Principle 5 — Security Safeguards

The 311 Call Center shall protect personal information by adhering to security safeguards apprpriate to the sensitivity of the information.

5. 1 The 311 Call Center shall establish commercially reasonable protocols to protect personal information, reagrdless of the format in which it is held, against such risks as loss or theft, unauthorized access, disclosure, copying, use, modification or destruction, through appropriate security measures.

5. 2 Every 311 Call Center employee with access to personal information shall be trained, and required as a condition of employment, to respect the confidentiality of personal information.

5. 3 The 311 Call Center shall protect personal information disclosed to third parties affiliated with the 311 Call Center by contractual agreements stipulating the confidentiality of the information and the purposes for which it is to be used.

Principle 6—Transparency

The 311 Call Center shall make readily available specific information about its policies and practices relating to personal information.

The 311 Call Center shall make information about its policies and practices available online. Such information will include:

a) the contact information for the 311 Privacy Compliance Officer; and

b) the means of gaining access to one's personal information held by the 311 Call Center.

Principle 7—Client Access to Information

The 311 Call Center shall, upon request, provide individuals with access to information that is being retained about them pursuant to the guidelines that follow. Such individuals shall be able to challenge the accuracy and completeness of the information and to have it amended as approriate.

7. 1 A client can obtain information or seek access to his or her individual record by contacting the 311 Call Center's Privacy Compliance Officer. Information will normally be released to the client only if the client provides the service request numbner. At the discretion of the Privacy Compliance Officer, status reports may be disclosed to address the purposes set forth in 2. 1.

7. 2 In certain situations, the 311 Call Center may not be able to provide access to the information it holds about a client that is in a third parties'individua record. For example, the 311 Call Center may not provide access to information if doing so could reasonably be expected to reveal personal information about the third party or could reasonably be expected to compromise the privacy interests of that or any other individual.

7. 3 Upon written request to the Privacy Compliance Officer, the 311 Call Center shall review and, if deemed appropriate, correct or complete any information on a client's personal record that is determined to be inaccurate or incomplete.

Principle 8—Challenging Compliance

Client shall be able to address a challenge concerning compliance with the above principles to the designated person or persons accountable for the 311 Call Center's compliance with the 311 privacy Policy.

8. 1 Complaints or inquiries about the handling of personal information shall be directed to the Privacy Compliance Offcer. The Privacy Compliance Officer shall investigate all written complaints concerning compliance with the 311 Priacy Policy.

8. 2 If the Privacy Compliance Officer determines that a complaint is justified, the 311 Call Center shall take appropriate measures to resolve the complaint including, if necessary, amending its policies and procedures. A client shall be informed of the outcome of the investigation reagrding his or her complaint.

Principle 8—Challenging Compliance

311 *Call Center-An entity established by the City of New York, and administered by DoITT for the purpose of providing callers with one point of contact from which to obtain information on all nonemergency City services. All rights and obligations herein pertaining to the* 311 *Call Center apply to the City of New York and DoITT.*

Client-Any individual or individuals legitimately seeking to avail themselves of the services provided by and through the 311 Call Center.

Disclosure-Making personal information available to third party.

Employee-An employee, consultant or contractor of the 311 Call Center, DoITT, or the City of New York.

Individual record-Information about a specific complaint/report/call that is associated with a unique identifiable number.

Personal information-Information about an identifiable individual that is recorded in any form. Personal information includes a client's name, telephone number, Internet Protocol adress, or physical address, as well as the nature of an identifiable client's inquiry, request, and complaints to the 311 Call Center. Personal information is not information that cannot be associated with a specific individual. Aggregated information that cannot be traced to identifiable individuals is not considerd "personal information".

迈阿密—戴德郡

1. 311 技术示意图

2. 地方协议

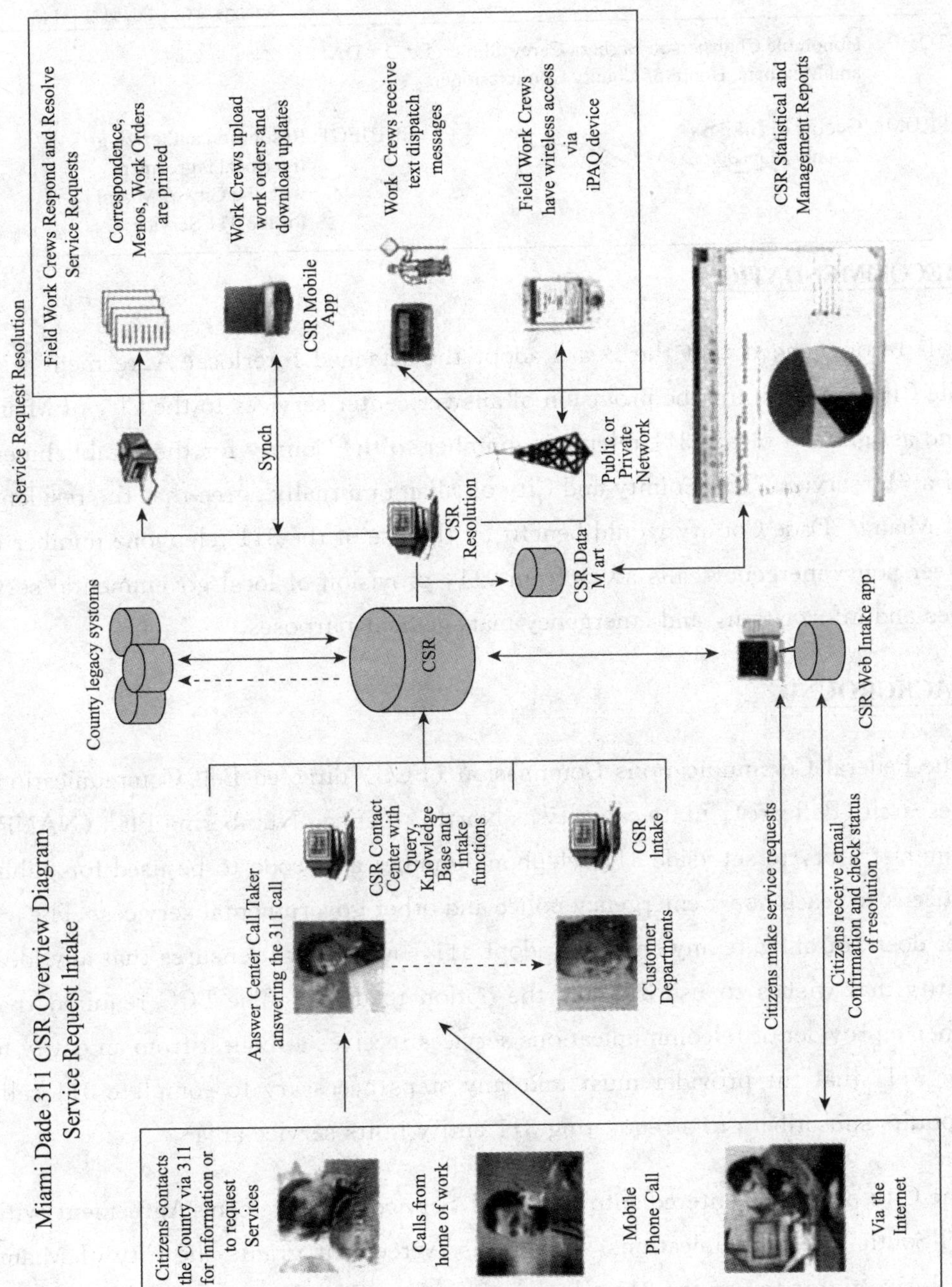

MEMORANDUM

Agenda Item No.8(T)(1)(A)

TO: Honorable Chairperson Barbara Carey-Shuler, Ed.D. and Members, Board of County Commissioners

DATE: June 8, 2004

FROM: George M Burgess County Manager

SUBJECT: Resolution authorizing Interlocal Agreement with the City of Miami for the 311 Service

RECOMMENDATION

It is recommended that the Board adopt the attached Interlocal Agreement with the City of Miami for the provision of answer center services to the City of Miami and assignment of the 311 telephone unmber to the County for the establishment of a 311 service. The County and City of Miami mutually agree that the residents of Miami—Dade County would benefit by the use of the 311 telephone number to steer non—energency calls away from 911, provision of local govemmental services and information, and emergency management purposes.

BACKGROUND

The Federal Communications Commission (FCC) directed Bell Communications Research (Bellcore), in its capacity as North American Numbering Plan (NANP) administrator, to set aside 311 telephone unmber as a code to be used for public citizens to reach non—emergency police and other governmental services. The order does not obligate any entity to adopt 311, but rather it ensures that any local entity that wishes to use 311 has the option to do so. The FCC required that when a provider of teleommunications services receives a request from an entity to use 311, that the provider must take any steps necessary to complete 311 calls from its subscribers to a requesting 311 entity in its service area.

The City of Miami entered into a Special Service Arrangement Agreement with BellSouth Telecommunications, Inc., this Agreement grants the City of Miami exclusive rights to use the 311 telephone number. The County and City have mutually agreed that the residents of Miami－Dade County would benefit by the reqional use of the 311 telephone number for local govemmental services and emergency management purposes.

The City of Miami Commission approved a different version of a 311 Interlocal agreement in December 2003. At that time the County was in the process of reviewing the draft a greement. This item reflects a revised agreement that both the City Manager and I have agreed to advance. To expeditiously implement the 311 service, I am forwarding this agreement through the Committee and Members, Board of county Commissioners.
Page 2

Process prior to City of Miami Commission review.

The City Commission will review the agreement prior to the Board of County Commissioners final approval.

The original Answer Center plan contemplated locating a limited service Answer Center within the Fire Headquarters. The Fire Headquarters provided no room for future growth possibly necessitating relocation with associated build-out and technology capital costs. I recommended in the adopted 2003－04 fiscal year budget including funding to house the 3－1－1 Answer Center in a portion of the second floor of the building occupied by the Elections Department. The change in location provides a permanent, long term location. Capital expenditures will be funded through capital financing and pay－as－you－go capital funding.

The Answer Center is scheduled for a soft launch late Fall. Staffing will be phased－in to commensurate with call volumes. The key issues contained in the agreement are:

- The City of Miami will make its best efforts to have the 311 number assigned to Miami－Dade County, including terminating its Special Service Arrangement Agreement with BellSouth Telecommunications, Inc. and making any necessary requests, applications and petitions to BellSouth, the Florida Pubic

Service Commission, and the Federal Communications Commission. This agreement will not become effective until the 311 number is assigned to the County.

- The County will operate and manage the Regional 311 Answer Center. The Regional 311 Answer Center will be capable of routing, managing, recording and reporting on citizen interactions.

- The term of this agreement shall be for a period of ten years and shall automatically renew for three additional periods of the years each. The County of City of Miami can give either party three hundred sixty (360) days advance written notice of its intention to cancel.

- The City and County will receive the same level of Answer Center case management and call taking services. Over time, we envision offering case management services to all cities as desird and as funds permit.

- The City will indemnify and hold harmless the County and its officers, employees, agents and instrumentalities from any and all liability, losses or damages, which the County or its officers, employees, agents or instrumentalities may incur as a result of claims, demands, suits, caused of actions or proceedings of any king or nature arising out of, relating to or resulting form the performance of this agreement.

AIex Munoz
Assistant County Manager

MEMORANDUM

(Revised)

To: Hon Chairperson Barbara Carey-Shuler. Ed. D. and Members, Board of Counry Commissioners

DATE: June 8, 20004

FROM: Robert A. Ginsburg
Counry Attorney

SUBJECT: Agenda Item No.8(T)(1)(A)

Please note any items checked.

______ "4-Day Rule" ("3-Day Rule" for committees) applicable if raised

______ 6 weeks required between first reading and public hearing

______ 4 weeks notification to municipal officials required prior to public hering

______ Decreases revenues or increases expenditures without balancing budget

______ Budget required

______ Statement of fiscal impact required

______ Bid waiver requiring County Manager's written rcommendation

______ Ordinance creating a new board requires detailed County Manager's report for public hearing

______ Housekeeping item (no policy decision required)

______ No committee review

Approved ______________________ Mayor
Veto ____________
Override ____________

Agenda Item No. 8(T)(1)(A)
6-8-04

OFFICIAL FILE COPT
CLERK OF THE BOARD
OF COUNTY COMMHSSIONERS
DADE COUNTY FLORIDA

RESOLUTION NO R-760-04

RESOLUTION APPROVING AN INTERLOCAL AGREEMENT BETWEEN MIAMI-DADE COUNTY AND THE CITY OF MIAMI IN CONNECTION WITH THE REGIONAL 3-1-1 ANSWER CENTER; AUTHORIZING THE COUNTY MANAGER TO EXECUTE THE AGREEMENT AND TAKE ANY ACTION REQUIRED OF THE COUNTY HEREIN

WHEREAS, Miami-Dade County and the City of Miami desire to serve their citizens with a Regional 3-1-1 Answer Center,

NOW, THEREFORE, BE IT RESOLVED BY THE BOARD OF COUNTY COMMISSIONERS OF MIAMI-DADE COUNTY, FLORIDA, thag:

Section 1. The matter contained in the foregoing recital is incorporated by reference in this Resolution.

Section 2. The Interlocal Agreement between Miami-Dade County and the City of Miami is hereby approved, in substantially the form attached hereto and the County Manager is hereby authorized to execute such agreement after approval from the County Attorney's Office and take any action required of the County herein.

The foregoing resolution was offered by Commissioner Dennis C.Moss, Who moved its adoption. The motion was seconded by Commissioner Natacha Sei jas and upon being put to a vote, the vote was as follows:

Dr. Barbara Care-Shuler, Chairperson aye
Katy Sorenson, Vice-Chairperson aye

Bruno A. Barreiro	aye	Jose "Pepe" Diaz	absent
Betty T. Ferguson	aye	Sally A. Heyman	absent
Joe A. Martinez	aye	Jimmy L. Morales	absent
Dennis C. Moss	aye	Dorrin D. Rolle	absent
Natacha Seijas	aye	Rebeca Sosa	aye
Sen. Javier D. Souto			

Agenda Item No. 8(T)(1)(A)
Page No. 2

The Chairperson thereupon declared the resolution duly passed and adopted this 8th day of June, 2004. This Resolution and contract, if not vetoed, shall become effective in accordance with Resolution No. R-377-04.

MIAMI-DADE COUNTY, FLORIDA
BY ITS BOARD OF
COUNTY COMMISSIONERS

HARVEY RUVIN, CLERK

KAY SULLIVAN
By: ____________
Deputy Clerk

Approved by County Attorney as to form and legal sufficiency. TWL

Thomas W. Logue

INTERLOCAL AGREEMENT
for
JOINT PARTICIPATION
TO DEVELOP A REGIONAL 311 ANSWER CENTER

Miami-Dade County, Florida, a political subdivision of the State of Florida, (hereinafter "County") and the City of Miami, a municipal corporation organized and existing under the laws of the State of Florida (hereinafter the "City") agree as follows:

1. OPERATION OF REGIONAL 311 ANSWER CENTER

1.1 The County and the City agree to cooperate in good faith to establish and operate a Regional 311 Answer Center. The purpose of the Regional 311 Answer Center is to steer non-emergency calls away from 911 and make local governments more user-friendly by providing citizens convenient telephone access to information and service requests regarding their City and County governments. In doing so, the 311 Answer Center will preserve the availability of the emergency 911 systems for those individuals truly in need of emergency response.

1.2 The County will have the responsibility to operate the Regional 311 Answer Center including the responsibility to provide necessary staff and to obtain all equipment, hardware, and software.

1.3 The City will have no responsibility to operate the Regional 311 Answer Center. In this regard the City will have no responsibility to provide staff, equipment, hardware or software for the operation of the Regional 311 Answer Center.

1.4 The County will be responsible to connect the Regional 311 Answer Center network to City's network at the access point designated by the City. The City will remain responsible for City operations on the City's side of the designated access point.

1.5 The City will make reasonable efforts to alert the County in a timely manner to any circumstances or events that may generate excess calls to the Regional 311 Answer Center in order to allow the County to adequately increase staff and resources to receive and handle such calls.

1.6 The County will also undertake certain case management responsibilities regarding calls by the City's residents to the Regional 311 Answer Center for information or services such as routing, recording, and reporting calls regarding certain City Departments. The City will continue to do such case management for calls made directly by residents to the City.

1.7 The City and the County will jointly develop an interface to their existing land management and complaint tracking computer systems within 18 months of the date that the Regional 311 Answer Centers begins accepting calls from residents. The City will be responsible to maintain the integrity of the interface between the City's existing system and Regional 311 Answer Center computer system.

1.8 The City will not use automation or automatic means to forward calls to Regional 311 Answer Center except to the extent that the parties may agree in writing. The Regional 311 Answer Center will forward non-emergency police calls to the appropriate non-emergency police telephone number determined by the City.

1.9 The County will be responsible for the reasonable expense of training City personnel on the County's CRS system for the initial launch. After the initial launch, the City will be responsible for training its personnel.

1.10 The County will seek the advice of the City in regards to the campaign to advertise 311 to help make sure the City residents are aware of the service.

1.11 The operations of the Regional 311 Answer Center will include knowledge base, information and referral, and service requests for Miami-Dade County, including the City of Miami. The knowledge base is a collection of information defining the rules, responsibilities and procedures of County and City services, programs, departments and agencies. The City will keep the City's knowledge base current. All City Departments that have supplied knowledge based information to the County will be included in knowledge-based launches.

2. FUNDING OF REGIONAL 311 ANSWER CENTER

2.1 It is the understanding of the parties that the Regional 311 Answer Center is a regional responsibility of the County. In this regard, the County will be responsible to fund the establishment and operation of the Regional 311 Answer Center. For fiscal year 2003—2004, the County budgeted sixteen million and one hundred eighty-nine thousands dollars ($16.189 million) toward capital costs to acquire necessary infrastructure, hardware and software for the Regional 311 Answer Center.

2.2 The City will not be responsible to fund the establishment or operation of the Regional 311 Answer Center.

2.3 The County will be responsible for the costs associated with connecting the Regional 311 Answer Center network to City's network at the access point designated by the City up to a cost of $500 monthly. The City will assume any access costs in excess of that amount. The City will be responsible for the costs associated with the City's operations on the City's side of the designated access point.

2.4 The City agrees that it will cooperate and use its best efforts to support any applications by the County to seek grants to establish, enhance, or fund the facilities or operations of the Regional 311 Answer Center.

2.5 In the event that the State authorizes local governments to levy a fee to finance a Regional 311 Answer Center, nothing herein shall prevent the County from levying such fee in the City to the same extent that it levies such fee in the remainder of the County and to apply the proceeds of such fee to finance the Regional 311 Answer Center.

2.6 The County's obligation to operate the Regional 311 Answer Center is subject to the annual budget process of the Board of County Commissioners of Miami-Dade County and nothing in this contract shall be understood to require the County to expend money in excess of the amounts appropriated and budgeted by the Board of County Commissioners.

3. PERFORMANCE STANDARDS

The County agrees to operate the Regional 311 Answer Center as "State-of-the-Art," which shall mean at least as professional and efficient as any similar Regional 311 Answer Center in any similar community in Florida. In this regard, the County will utilize five call taking performance standards with maximum and minimum acceptable targets: Average Speed to Answer, Average Abandoned Rate, Average Time in Queue, Percentage of Resolution on First Contact, and a Quality Rating on Calls. The County will set specific numerical targets every budget cycle and will seek advice from the City in doing so. These minimum and maximum targets will conform to the standards of such similar Centers. The County will generate a monthly report on the performance standards. Upon written request by the City, the County will generate a report explaining why targets are not being met, and setting forth a plan to met or modify the targets. Calls from City residents will be entitled to parity in service as calls from County residents. In particular, Calls from City residents will receive the same level of promptness, professionalism, and service, such as routing, recording, and reporting, as calls from other County residents. This parity in service will be maintained through staffing, software, or hardware changes.

4 RE-ASSIGNMENT OF 311 CENTRAL OFFICES

4.1 The County and the City understand that the Regional 311 Answer Center envisioned by this agreement cannot be established unless the County is assigned the 311 in the relevant area, which includes the entire geographic area of Miami-Dade County. Accordingly, except for sections 4.2 and 4.3, this agreement will have no force and effect unless and until the 311 number is assigned to the County for the 26 current Central Offices outside the City's jurisdiction and the 6 current Central Offices within the City's jurisdiction for the purposes of operating the Regional 311 Answer Center described in this agreement.

4.2 After execution of this agreement, the County will make its best efforts to have the 311 number assigned to the County for the 26 current Central Offices outside the City's jurisdiction and the 6 current Central Offices within the City's jurisdiction for the purposes of operating the Regional 311 Answer Center described in this agreement. The County's efforts will include, but are not limited to making the necessary requests, applications and petitions to BellSouth, the Florida Public Service Commission, and the Federal Communications Commission.

4.3 After execution of this agreement, the City will make its best efforts to have the 311 number assigned to the County for the 26 current Central Offices outside the City's jurisdiction and the 6 current Central Offices within the City's jurisdiction, subject to the provisions in section 5 of this agreement. The City's efforts in this regard will include, but are not limited to, terminating the Special Service Arrangement Agreement, Case no. FL02-N407-02, dated February 21, 2003 and making any necessary requests, applications and petitions to BellSouth, the Florida Public Service Commission, and the Federal Communications Commission and supporting such requests by the County.

5 RE-ASSIGNMENT OF 311 CENTRAL OFFICES IN THE EVENT OF TERMINATION

5.1 In the event that this agreement is terminated, and the City indicates in writing to the County that the City intends to operate a Municipal 311 Answer Center 311 within the City limits, the County will make its best efforts to have the 311 number re-assigned to the City for all Central Offices necessary for the City to offer such service. The County's efforts in this regard will include, but are not limited to, making any necessary requests, applications and petitions to BellSouth, the Florida Public Service Commission, and the Federal Communications Commission and supporting such requests by the City. In the event that the 311 is not allocated on the basis of Central Offices at that time, the County will make its best efforts to ensure the City has all access to the 311 number necessary for the City to operate a Municipal 311 Answer Center within the City's limits.

5.2. In the event that this agreement is terminated, and the County indicates in writing to the City that the County intends to operate the Regional 311 Answer Center 311 outside the City limits, the City will make its best efforts to ensure the County continues to have the 311 number assigned to the County for all Central Offices necessary for the County to offer such service. The City's efforts in this regard will include, but are not limited to, making any necessary requests, applications and petitions to BellSouth, the Florida Public Service Commission, and the Federal Communications Commission and supporting such requests by the County. In the event that the 311 is not allocated on the basis of Central Offices at that time, the City will make its best efforts to ensure the County has all access to the 311 number necessary for the County to operate a Regional 311 Answer Center outside the City limits.

6 CITY'S USE OF REGIONAL 311 ANSWER CENTER'S COMPUTER SYSTEM

6.1 The City will be authorized to use the Regional 311 Answer Center's Computer system for purposes of processing service requests to the City generated by the Regional 311 Answer Center or by other sources. The County will not charge the City for such use. When the County initially launches the project, such launch will include the City's departments of Solid Waste, Code Enforcement, Parks and NET. Within six months of the launch, the system shall include the City's departments of Public Works, Building, Planning & Zoning, and CATV. The parties may agree to extend such use to other City departments in the future. To ensure the quality of the City's access in this regard, the County will utilize three system performance standards with maximum and minimum acceptable targets: Average transaction response time, system available for use, and wide area network link ability. The County in consultation with the City shall set specific numerical targets every budget cycle.

6.2 If 311 Regional Answer Center upgrades its computer system, City Departments granted use of the computer system pursuant to this agreement will have use of the upgraded computer system and will not be relegated to any non-upgraded computer system different than the 311 Regional Answer Center computer system used by the corresponding County Department.

7 LENGTH OF AGREEMENT AND RENEWAL PROVISIONS

The term of this agreement shall be for a period of ten years from the date that it is executed and shall automatically renew for three additional periods of ten years each unless terminated as provided in section 8 of this agreement.

8 TERMINATION OF AGREEMENT

8.1 Either party can terminate this agreement at any time upon giving 360 days advance written notice of their intent to do so, sent to the other party's Mayor and Manager. Termination of this agreement will not terminate the party's respective responsibilities under section 5 of this agreement which will remain in full force and effect as if this agreement had not been terminated.

8.2 Upon termination, the parties will cooperate in good faith to ensure the return to the City of any City data.

9 INDEMNIFICATION

9.1 The City shall indemnify and hold harmless the County and its officers, employees, agents and instrumentalities from any and all liability, losses or damages, including attorneys' fees and costs of defense, which the County or its officers, employees, agents or instrumentalities may incur as a result of claims, demands, suits, causes of actions or proceedings of any kind or nature arising out of, relating to or resulting from the performance of this agreement by the City or its employees, agents, servants, partners, principals or subcontractors. The City shall pay all claims and losses in connection therewith and shall investigate and defend all claims, suits or actions of any kind or nature in the name of the County, where applicable, including appellate proceedings, and shall pay all costs, judgments, and attorneys' fees which may issue thereon. Provided, however, this indemnification shall only be to the extent and within the limitations of Section 768.28 F. S., subject to the provisions of that statute whereby the City shall not be held liable to pay a personal injury or property damage claim or judgment by any one person which exceeds the sum of $100,000, or any claim or judgment or portions thereof, which, when totaled with all other claims or judgment paid by the government entity arising out of the same incident or occurrence, exceed the sum of $200,000 from any and all personal injury or property damage claims, liabilities, losses or causes of action which may arise as a result of the negligence of the City.

9.2 The County shall indemnify and hold harmless the City and its officers, employees, agents and instrumentalities from any and all liability, losses or damages, including attorneys' fees and costs of defense, which the City or its officers, employees, agents or instrumentalities may incur as a result of claims, demands, suits, causes of actions or proceedings of any kind or nature arising out of, relating to or resulting from the performance of this agreement by the County or its employees, agents, servants, partners, principals or subcontractors. The County shall pay all claims and losses in connection therewith and shall investigate and defend all claims, suits or actions of any kind or nature in the name of the City, where applicable, including appellate proceedings, and shall pay all costs, judgments, and attorneys' fees which may issue thereon. Provided, however, this indemnification shall only be to the extent and within the limitations of Section 768.28 F. S., subject to the provisions of that statute whereby the County shall not be held liable to pay a personal injury or property damage claim or judgment by any one person which exceeds the sum of $100,000, or any claim or judgment or portions thereof, which, when totaled with all other claims or judgment paid by the government entity arising out of the same incident or occurrence, exceed the sum of $200,000 from any and all personal injury or property damage claims, liabilities, losses or causes of action which may arise as a result of the negligence of the County.

10 MERGER AND PRIOR AGREEMENTS

This document incorporates and includes all prior negotiations, correspondence, conversations, agreements, and understandings applicable to the matters contained herein and the parties agree that there are no commitments, agreements or understandings concerning the subject matter of this Agreement that are not contained in this document. Accordingly, the parties agree that no deviation from the terms hereof shall be predicated upon any prior representations or agreements, whether oral or written.

11 GOVERNMENTAL DISPUTES

Prior to any party filing suit against the other asserting any claim arising under this Agreement, the procedural options required by the "Florida Governmental Conflict

Resolution Act," sections 164.101 – 164.1061 of Florida Statutes, as amended from time to time, shall be exhausted.

IN WITNESS WHEREOF, the parties hereto have executed these presents this 28th day of July, 2004.

City of Miami, Florida

By: Joe Arriola

Name: Joe Arriola, City Manager

Date:

Miami-Dade County, Florida

By: [signature] for

Name: George M. Burgess, County Manager

Date:

4/05 3:45pm

ATTEST:

Sylvia Scheider for
Priscilla A. Thompson,
CITY CLERK

APPROVED AS TO FORM AND CORRECTNESS:

Maria J. Chiaro
Maria J. Chiaro,
Interim City Attorney
RGR

WITNESS:(If Corporation,
attach Seal and Attest by Secretary)

____

07/20/2004 13:20 FAX 3053726396 TEAM METRO LIEN UNIT 001/001

MIAMI-DADE COUNTY, FLORIDA

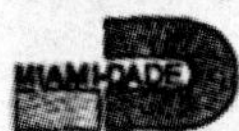

STEPHEN P. CLARK CENTER

OFFICE OF COUNTY MANAGER
SUITE 2910
111 N.W. 1st STREET
MIAMI, FLORIDA 33128-1994
(305) 375-5311

July 21, 2004

Don Riedel
Director, CitiStat
City of Miami
444 S.W. 2 Avenue, 10th Floor
Miami, FL 33130

VIA Telefax 305-400-5082

Dear ~~Mr. Riedel~~ Don:

As the Assistant County Manager that oversees the 311 Regional Answer Center project, I can confirm that upon the City's written request, specific recorded data of a City of Miami's citizens interaction with the 311 Regional Answer Center will be provided to the City. The County will work with the City to resolve any identified problems.

Thank you for working with us to resolve this. Should you have further questions, please do not hesitate to contact me.

Sincerely,

Alex Muñoz
Assistant County Manager

Cc: Rafael Suarez-Rivas, Assistant City Attorney
Harold Concepcion, Team Metro, Miami-Dade County
Thomas W. Logue, Assistant County Attorney